Financiación internacional

Financiación internacional

Adolf Rodés Bach

Paraninfo

Financiación internacional

© Adolf Rodés Bach

Gerente Editorial
María José López Raso

Equipo Técnico Editorial
Paola Paz Otero
Sofía Durán Tamayo

Editora de Adquisiciones
Carmen Lara Carmona

Producción
Nacho Cabal Ramos

Diseño de cubierta
Ediciones Nobel

Preimpresión
Montytexto

2.ª edición, 2024

C/ Sierra de Guadarrama 35. Naves 2, 3, 4 y 5
Polígono Industrial San Fernando II
28830 San Fernando de Henares
Teléfono: 914 463 350
clientes@paraninfo.es / www.paraninfo.es

ISBN: 978-84-283-6333-4
Depósito legal: M-14384-2024

(28.729)

Impreso en España / *Printed in Spain*
Gráficas Eujoa (Meres, Asturias)

Las actividades contenidas en este libro han de realizarse en un cuaderno aparte.
Los espacios incluidos en las actividades son meramente indicativos y su finalidad es didáctica.

Presentación

Este libro desarrolla los contenidos del módulo profesional de **Financiación Internacional,** del Ciclo Formativo de grado superior en Comercio Internacional perteneciente a la familia profesional de Comercio y Marketing.

Las unidades del libro se acompañan de multitud de **recursos didácticos** que ayudarán al futuro profesional a comprender la materia y acercarlo a su inminente realidad laboral:

Esta **nueva edición** se ha enriquecido con temas de debate y gran cantidad de actividades orientadas a dinamizar el proceso formativo en el aula, relacionadas con las variaciones en los tipos de interés y la creciente proyección de las empresas españolas en el exterior, así como la posible afectación de los recientes conflictos militares en los mercados financieros.

- Revisión del texto y actividades relacionadas.
- Legislación y normativa actualizada.
- Lenguaje claro y sencillo que favorece la comprensión.
- Recuadros de texto con información complementaria.
- Numerosos esquemas y tablas resumen.
- Ejemplos prácticos desarrollados.
- Actividades propuestas intercaladas con los contenidos principales.
- Conceptos importantes para repasar en todas las unidades.
- Actividades de comprobación de tipo test, de aplicación y para reflexionar.
- Propuestas de tema de debate al final de cada unidad.

Este libro dispone de los siguientes **materiales y recursos** disponibles en línea para el **profesorado** que confirme su adopción como libro de texto para impartir la materia:

- **Programación didáctica.**
- **Solucionario.**
- **Presentación en PowerPoint.**
- **Examina.**
- **LDP (Libro Digital Proyectable).**

Materiales disponibles en

www.paraninfo.es

Contenido

Unidad 4 — 107

DETERMINACIÓN DE LA FINANCIACIÓN ADECUADA DE LAS OPERACIONES DE COMPRAVENTA INTERNACIONAL Y CÁLCULO DE COSTES FINANCIEROS Y RIESGOS

Unidad 5 — 143

GESTIÓN DEL CRÉDITO CON APOYO OFICIAL A LA EXPORTACIÓN

ORGANIZACIÓN DE LA INFORMACIÓN Y DOCUMENTACIÓN RELATIVA A LAS OPERACIONES DE FINANCIACIÓN INTERNACIONAL

Unidad 1

Contenidos

1.1. Organismos y entidades que proporcionan información relacionada con la financiación de las operaciones de comercio internacional

1.2. Elaboración de una base de datos de los organismos que facilitan apoyo financiero, ayuda o subvenciones a la exportación y venta internacional

1.3. Elaboración y mantenimiento de bases de datos de clientes y proveedores potenciales

Objetivos

- Conocer las fuentes de la información requerida en las operaciones de financiación internacional.
- Obtener información a través de las páginas web de diferentes organismos.
- Establecer sistemas y técnicas de archivo para la organización de la información.
- Identificar los organismos e instituciones competentes para la solicitud de ayudas y subvenciones a la exportación.
- Reconocer las fuentes primarias y secundarias de financiación.
- Confeccionar ficheros maestros de clientes y proveedores.
- Realizar el mantenimiento de la base de datos de clientes y proveedores.

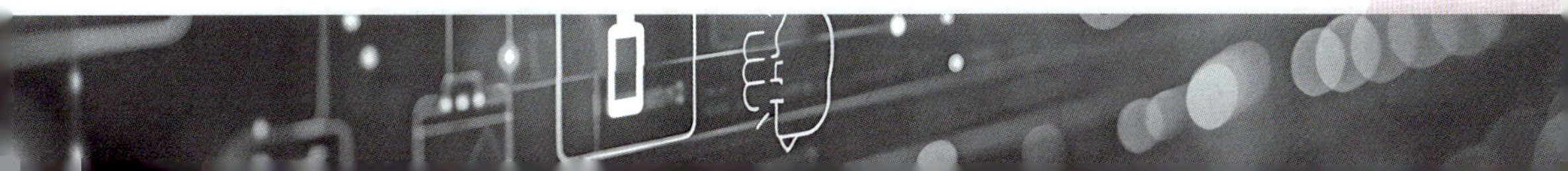

INTRODUCCIÓN

Las empresas exportadoras, especialmente aquellas cuya actividad económica principal es de carácter productivo, financian todas o parte de sus operaciones con capitales ajenos. Ello es debido a los fuertes volúmenes y costes de la primera materia que manejan y a los prolongados espacios de tiempo que median entre la recepción del pedido y el cobro efectivo de la exportación, factores que en otro caso requerirían de una enorme disponibilidad de recursos propios que, aún disponibles, sería imprudente dedicar.

Ejemplo 1.1

Una firma de ingeniería española, que participa en distintos proyectos en el extranjero, dispone de una tesorería libre de 20 millones de euros. Ha ganado una licitación internacional para la construcción de una infraestructura portuaria en Marruecos, por un importe total presupuestado de 50 millones de euros.

Puesto que la ejecución del proyecto va a suponer dos años de trabajo y que la forma ofrecida de pago en las bases concursales implica una fuerte demora en el cobro, va a ser necesario asumir costes de mano de obra y materiales mediante recursos propios en tanto no lleguen los primeros pagos. En este caso modelo, la firma de ingeniería debe financiar con recursos ajenos la diferencia entre el presupuesto (50 M.) y la disponibilidad propia (20 M.), es decir, 30 millones de euros.

El problema planteado se agrava cuando la empresa, por su pequeña dimensión, dispone de recursos muy limitados. Es entonces cuando las pymes, con ánimo de internacionalizar sus actividades, deben intentar optimizar la financiación de sus exportaciones, siendo en primer término prioritario buscar la mejor información relacionada, con el fin directo de optar a las mejores condiciones.

Ejemplo 1.2

La empresa española Royal Garden, S. A. dedicada a la construcción, distribución y venta de equipamiento para jardines, recibe un importante pedido de césped artificial para ser colocado en varios hoteles de lujo y residencias en Marrakech. Para dar respuesta a este pedido debe adquirir materiales, satisfacer mano de obra y asumir otros gastos de fabricación por un valor de 250 000 euros, dinero que deberá pagar prácticamente al contado, o, en cualquier caso, mucho antes de que cobre la venta. Considerando que el proceso de fabricación es de un mes, que con el cliente se ha acordado el pago a 90 días y que la tesorería disponible es de únicamente 50 000 euros, para atender el pedido será necesario financiar la diferencia de alguna forma, esto es, 200 000 euros, con algún tipo de financiación.

Sabías que

El economista norteamericano Richard Baldwin ha afirmado: «La globalización financiera ha transformado la forma en que las empresas financian sus actividades internacionales. La innovación financiera y la integración de los mercados de capitales son elementos clave en este proceso».

1.1. Organismos y entidades que proporcionan información relacionada con la financiación de las operaciones de comercio internacional

Inicialmente, la financiación básica que buscará el exportador es la **privada** que ofrecen los **bancos y otras entidades financieras** y que se presenta comercialmente ajustada a las necesidades de las empresas, como viene siendo habitual en las operaciones mercantiles internas: pólizas de crédito, de préstamo, descuento de efectos, anticipos sobre documentos, servicios híbridos de financiación y medios de pago, etc.; por otra parte, y en directa dependencia de la naturaleza de la operación internacional que debe ser financiada y de su regulación por normativa dirigida al interés general del país, existe la opción de financiación de carácter **público o semipúblico,** opción que en la mayoría de ocasiones representa un complemento o ayuda a la financiación privada de base.

De estas opciones de financiación de carácter público o semipúblico, la información disponible procede básicamente del Gobierno de España a través de distintos ministerios, de los Gobiernos autonómicos y de las Cámaras de Comercio.

La gestión de todos estos organismos e instituciones deben estar presididos por el **principio de transparencia,** principio que debe garantizar el acceso de cualquier ciudadano a la información pública, así como el control sobre la gestión de los recursos, elementos que se consideran clave en la mejora continua de la calidad democrática.

1.1.1. Ministerio de Economía, Comercio y Empresa

Secretaría de Estado de Economía y Apoyo a la Empresa

Es el órgano superior del Ministerio de Economía, Comercio y Empresa que asume, entre otras, las funciones relativas a la tesorería del Estado, la gestión de la deuda pública, la política financiera y la regulación de entidades financieras. Cuenta con un presupuesto de 4500 M. de euros (2023). Dentro del organigrama de esta secretaría se incluye el Instituto de Crédito Oficial (ICO).

1. Instituto de Crédito Oficial (ICO)

https://www.ico.es/

El Instituto de Crédito Oficial (ICO) es una organización pública con naturaleza jurídica de **entidad de crédito,** y, por tanto, su finalidad es la de financiar operaciones a través de préstamos y créditos, entre las que se incluyen las operaciones internacionales.

Su gestión es autónoma e independiente de los presupuestos generales del Estado, debiéndose autofinanciar como los demás bancos mediante la emisión de deuda en los mercados financieros, líneas de crédito de operadores financieros internacionales y otros. A diferencia de los bancos privados, no capta depósitos entre la población ni realiza pagos de consumos domésticos.

Los sistemas y líneas de financiación del ICO serán analizados profundamente en la Unidad 5.

Secretaría de Estado de Comercio

El organigrama de la Secretaría de Estado de Comercio distingue empresas públicas, sociedades estatales y organismos colaboradores.

Las **empresas o entidades públicas empresariales** son organizaciones de carácter económico cuya propiedad y control pertenecen al Estado y operan en sectores de interés estratégico, como son la energía, el transporte y las comunicaciones. Aunque el Estado sea el propietario de la mayoría de las acciones, también suelen haber accionistas privados minoritarios, expertos en el sector. Este tipo de empresas tiene como objetivo el servicio al bien público. En relación con el comercio internacional, la empresa pública principal es ICEX España Exportación e Inversiones.

Las **sociedades mercantiles estatales** son una de las formas específicas de empresas públicas y se caracterizan por haber sido creadas y ser controladas exclusivamente por el Estado. En este caso, no hay accionistas privados involucrados en la propiedad y control. Las sociedades estatales más significativas, en relación con servicios e información sobre financiación, son CESCE y COFIDES.

Actividad propuesta 1.1

Material. Acceso a la red.

Contexto. Distinción de organizaciones estatales empresariales.

a) Explica a tus compañeros/as, en voz alta, las diferencias y las afinidades existentes entre los conceptos de empresa pública empresarial y sociedad mercantil estatal.

b) Aporta ejemplos de empresas públicas empresariales y de sociedades mercantiles estatales indicando su misión básica y su posible relación con la financiación internacional, preferentemente cercanas geográficamente al centro de estudios.

1. ICEX

https://www.icex.es

Se trata de una entidad pública empresarial cuya misión es la de promover la internacionalización de la empresa española y la promoción de la inversión extranjera.

El ICEX ofrece numerosos programas y servicios de apoyo a la internacionalización de las empresas, asesoramiento y estudios de mercado. En relación con la financiación internacional, proporciona **servicios de consultoría** sobre productos financieros como seguros, divisas, créditos documentarios, operaciones de *confirming*, etc.

2. CESCE

https://www.cesce.es/es

CESCE es una sociedad estatal que se ocupa fundamentalmente de favorecer el desarrollo de las empresas españolas en relación con las necesidades de **avales y garantías** para la financiación. Los servicios de CESCE serán analizados en profundidad en la Unidad 5.

3. COFIDES

https://www.cofides.es

COFIDES es una sociedad mixta público-privada, formada por la Secretaría General de Comercio, el ICO, ENISA y el ICEX como entidades públicas y por el Banco Santander, el BBVA, el Banco de Sabadell y el Banco de Desarrollo de América Latina como entidades privadas.

Su función básica es la gestión de fondos financieros destinados a la internacionalización de la economía española, promoción del desarrollo económico y refuerzo de la solvencia de las empresas afectadas por la COVID-19.

Los servicios de COFIDES serán analizados en profundidad en la Unidad 5.

4. Asociaciones de exportadores

Las asociaciones de exportadores son agrupaciones de empresarios que tienen **intereses en común,** debido a que trabajan el mismo producto o bien la misma área geográfica.

Ejemplos:

Son asociaciones de exportadores importantes:

- ALMENDRAVE: agrupación de exportadores de almendras y avellanas de España.
- AGRUCON: agrupación española de fabricantes de conservas vegetales.
- CERVECEROS: agrupación de cerveceros de España.

Las iniciativas de creación de asociaciones de exportadores buscan:

- El reconocimiento de la Secretaría de Comercio como interlocutores oficiales de programas de exportación.
- El acceso a subvenciones y ayudas públicas.
- La recepción de información completa acerca de la normativa sobre comercio exterior.
- La organización de misiones comerciales financiadas en común por la agrupación.

Para las pequeñas empresas del sector primario, con fuerte tradición en la formación de cooperativas, las asociaciones de exportadores, el reconocimiento oficial de la Secretaría de Estado de Comercio representa otro paso adelante en competitividad y una importante oportunidad de acceso a subvenciones y ayudas públicas, incluida la financiación, siempre que reúnan las condiciones establecidas por ley.

La normativa acerca de las condiciones de reconocimiento y acceso de las agrupaciones de exportadores se halla contenida en:
https://www.boe.es/eli/es/o/2023/07/20/ict870/dof/spa/pdf

5. Cámaras de Comercio en el extranjero

https://comercio.gob.es/es-es/SecretariaDeEstado/Paginas/CAMACOES.aspx

Para fomentar la internacionalización de la empresa española y los intereses de sus asociados, en el año 2018 fueron creadas en numerosas partes del mundo asociaciones de empresarios, constituyendo cámaras de comercio bajo el auspicio de la Secretaría de Estado de Comercio. Estas organizaciones actúan como órganos de consulta y como intermediarios en la comunicación con la Administración española.

La información que ofrecen las cámaras de comercio relativas a la financiación, se refiere a proyectos concretos, públicos o privados. En las mismas bases de los proyectos suele especificarse las condiciones de acceso, tipos de interés, plazos, etcétera.

Ejemplo 1.3

Camera di Commercio Italiana per la Spagna:

https://www.italcamara-es.com/es/ayudas-para-jovenes-y-mujeres-emprendedoras-en-italia

En este caso, «se trata de nuevas ayudas que tienen como objetivo el apoyar en toda Italia la creación y desarrollo de micro y pequeñas empresas preferentemente con participación juvenil o femenina total o mayoritaria: financiaciones sin intereses para proyectos de inversión de hasta 1,5 millones de euros».

1.1.2. Ministerio de Industria y Turismo

Secretaría General de Industria y PYME

La Secretaría General de Industria y PYME, integrada en el **Ministerio de Industria y Turismo,** posee un portal institucional con información sobre normativa y políticas públicas, estadísticas y publicaciones de la PYME, entre la que se incluye la financiación. Además, participa mayoritariamente en empresas públicas dedicadas a la financiación y las ayudas a la proyección internacional de las empresas españolas.

1. Plataforma PYME

https://plataformapyme.es/es-es/Financiacion

La Plataforma PYME es el portal institucional de la Secretaría General de Industria y de la PYME. Contiene una amplia información y guía de ayuda al emprendedor, desde la idea de negocio al nacimiento de la empresa, su desarrollo y crecimiento, así como otras informaciones importantes sobre contratación de trabajadores, propiedad industrial y otros datos de interés para las pymes.

En relación con la financiación de proyectos de exportación e internacionalización, la plataforma informa de las condiciones de acceso, plazos y características de varios fondos financieros:

- FIEM – ICO Fondo para la Internacionalización de la Empresa.
  https://www.ico.es/fondo-para-la-internacionalizacion-de-la-empresa
- ICEX (ICEX NEXT) – Programa de internacionalización de pymes.
  https://icexnext.es
- PROGRAMA PYME-INVIERTE en el exterior (COFIDES-ICEX).
  https://www.icex.es/es/todos-nuestros-servicios/financiacion-para-la-internacionalizacion/programa-pyme-invierte
- FONPYME – Fondo para Operaciones de Inversión en el Exterior de la Pequeña y Mediana Empresa.
  https://www.cofides.es/financiacion/instrumentos-financieros/fondo-para-operaciones-inversion-exterior-pequena-mediana
- Fondo InvestEU (Comisión Europea).
  https://www.europarl.europa.eu/topics/es/article/20210225STO98708/investeu-programa-europeo-para-impulsar-la-inversion
- El Fondo para pymes «Ideas Powered for business».
  https://business.ideaspowered.eu/

2. ENISA

https://www.enisa.es

Se trata de una empresa pública adscrita al Ministerio de Industria y Turismo, dependiente de la Dirección General de Industria y de la Pequeña y Mediana Empresa.

Concede préstamos dirigidos a aquellas personas emprendedoras y a pymes que presentan proyectos empresariales viables e innovadores, sin que sean exigidos avales o garantías, mediante la fórmula de **préstamo participativo.** Los préstamos participativos son fuentes de financiación a largo plazo en los que se combina el préstamo tradicional con el capital riesgo, lo cual significa que los costes financieros que deberá asumir la empresa dependerán de cómo evolucione su actividad, por ejemplo, dependiendo del beneficio neto obtenido, del volumen de negocio o de otros parámetros de medida que se hayan acordado.

3. CERSA

https://www.cersa-sme.es

Al igual que ENISA, se trata de una empresa pública adscrita al Ministerio de Industria y Turismo, a través de la Dirección General de Industria y de la Pequeña y Mediana Empresa.

Su funcionalidad es la de instrumentalizar **avales para pymes** y empresarios individuales a través de las SGR (Sociedades de Garantía Recíproca).

Recuerda

El ICO es el organismo de mayor relevancia en la financiación internacional. En 2020, gestionó más de 302 000 millones de euros en financiación, lo que representa el mayor volumen de su historia.

1.1.3. Ministerio de Ciencia, Innovación y Universidades

Secretaría General de Innovación

La Secretaría General de Innovación es la responsable de impulsar, desarrollar y coordinar las actividades de los organismos públicos de investigación. En cuanto a la financiación de proyectos tecnológicos internacionales, la gestión directa es responsabilidad del CDTI (Centro para el Desarrollo Tecnológico Industrial).

1. CDTI

https://www.cdti.es/index.asp

Esta entidad fue creada para canalizar **la innovación y el desarrollo tecnológico** de las empresas españolas en los ámbitos estatal e internacional.

Concretamente, y en relación con las actividades internacionales y su financiación, el CDTI admite solicitudes de apoyo a:

- Participación española en programas internacionales de cooperación tecnológica.
- Promoción de la transferencia internacional de tecnología empresarial y de los servicios de apoyo a la innovación tecnológica.

En cuanto a la financiación de estas actividades, para el período 2021-2027 proceden del Fondo Europeo de Desarrollo Regional (FEDER):

- Proyectos de I+D, individuales o en consorcios.
- Proyectos de Innovación.
- Compra Pública Innovadora.

Estas ayudas pueden adoptar diversas formas, dependiendo de las características de cada proyecto. Así, pueden ser:

- **Ayudas parcialmente reembolsables:** préstamos a largo plazo a tipo de interés fijo por debajo de mercado con una parte que no debe devolverse.
- **Subvenciones:** ayudas a fondo perdido.
- **Capital riesgo:** capitalización de la empresa para fomentar su crecimiento.

Recuerda

Las condiciones de financiación para una pyme española que desee exportar dependen fundamentalmente de su perfil crediticio, del tipo de producto que trabaja, del mercado al que se dirige, del tipo de financiación requerida y de las garantías que puede aportar.

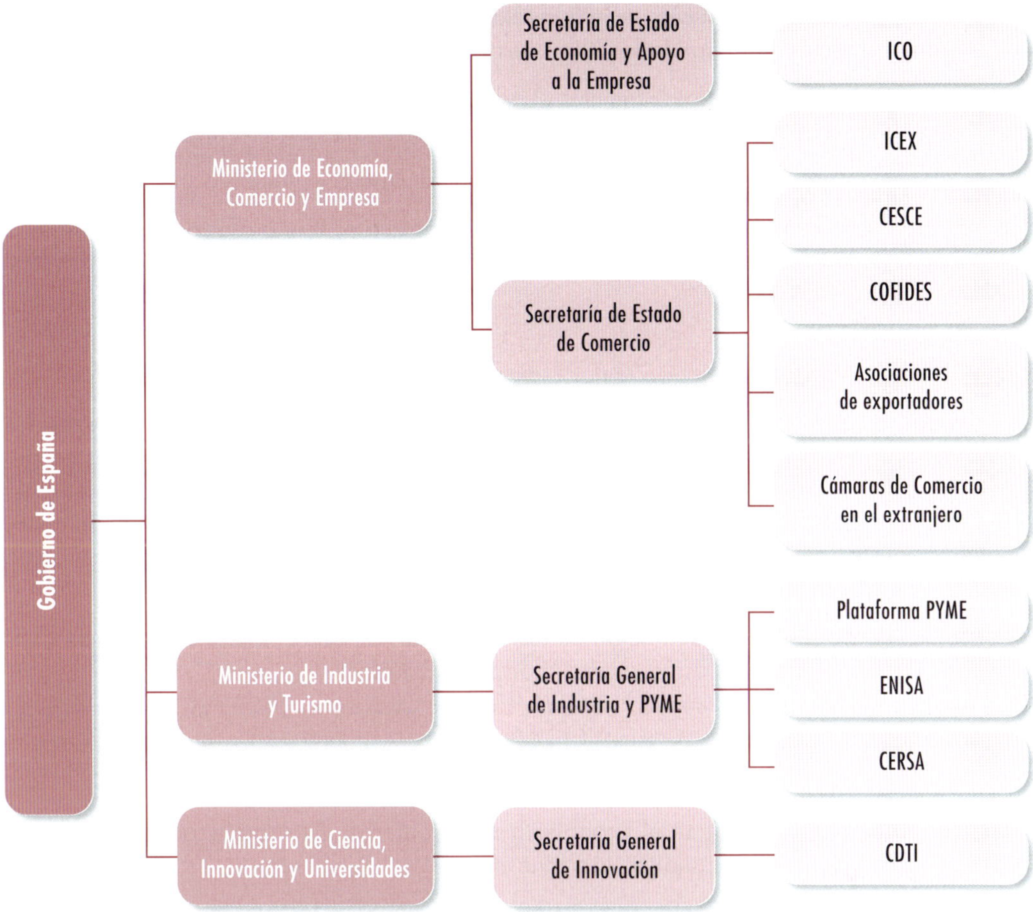

Figura 1.1. Organismos y entidades dependientes del Gobierno de España que proporcionan información relacionada con la financiación de las operaciones de comercio internacional.

1.1.4. Entidades públicas autonómicas

La Constitución española, en su artículo 148, apartado 13, observa que son competencia de las comunidades autónomas «el fomento del desarrollo económico dentro de los objetivos marcados por la política económica nacional». Por tanto, son entidades públicas, además de las entidades de ámbito estatal, las que cada comunidad haya dispuesto como organismos circunscritos al ámbito autonómico y actuación propia. En ambos casos, se trata de ofrecer información para el fomento de las actividades empresariales de importación y exportación, siendo el acceso alternativo y complementario a ambas opciones.

La aportación de los organismos dependientes de las comunidades autónomas en relación con la financiación internacional se refiere generalmente a:

- Intermediación en el acceso a la financiación mediante acuerdos con sociedades de garantía recíproca y entidades financieras.
- Ayudas directas dirigidas a facilitar el acceso de las pymes a los mercados exteriores (costes de asistencia a ferias, misiones comerciales, acciones de *marketing*).
- Asesoría especializada en la preparación del acceso a licitaciones internacionales.

Las entidades públicas de ámbito autonómico entre las cuales figura el servicio de información acerca de la financiación del comercio exterior son las siguientes:

Andalucía

https://www.juntadeandalucia.es/temas/empresas/internacionalizacion/ayudas.html

Las ayudas y subvenciones para la internacionalización de las empresas andaluzas las gestiona la Agencia de Innovación y Desarrollo de Andalucía **(IDEA)**. Este organismo dispone de la línea **Andalucía, financiación empresarial,** que tiene como objetivo el favorecimiento del crecimiento económico en Andalucía, en base a la creación de empleo, la innovación empresarial y el desarrollo rural, bajo una visión de sostenibilidad, así como una línea de **garantía de créditos.**

Estas líneas de actuación, la definición de los beneficiarios, las condiciones de acceso, así como los plazos de solicitud están sujetas a disponibilidad.

Aragón

https://www.aragonexterior.es

Aragón Exterior (AREX) es el organismo del Gobierno de Aragón para impulsar la internacionalización de la economía aragonesa.

Ofrece ayudas a la presentación de proyectos innovadores a los programas europeos de financiación dirigidos a pymes, mediante profesionales de gran experiencia, especializados en este tipo de trabajos. Las ayudas consisten, fundamentalmente, en orientación, asesoramiento inicial y evaluación preliminar sobre la posibilidad de encajar el proyecto en el programa, a título gratuito. Para la preparación de presentaciones, cuenta con consultores externos que ofrecen un servicio de asesoría completa a lo largo del proceso y una ayuda de hasta 2500 euros, reembolsable en el caso de que la propuesta sea finalmente financiada.

Principado de Asturias

https://www.idepa.es/busca-financiacion

La **Agencia SEKUENS**, agencia de ciencia, competitividad empresarial e innovación asturiana, es la entidad autonómica con competencias en información relacionada con la financiación.

La oferta de información de la Agencia SEKUENS consiste en un buscador de texto libre, especializado en la búsqueda de financiación, cuyos resultados presentan en tiempo real las subvenciones, ayudas, líneas de avales y préstamos disponibles cuyo plazo esté abierto.

Illes Balears

https://www.idi.es

IDI, Institut d'Innovació Empresarial, es el organismo de la comunidad balear que ofrece servicios relativos a la internacionalización de las empresas baleares.

En relación con la financiación internacional, ofrece **cheques de consultoría IExporta,** que pueden ser destinados a financiar horas de consultoría para la elaboración y diseño de planes de internacionalización de empresas industriales.

Recuerda

Las entidades públicas de ámbito autonómico con competencias en el desarrollo de la economía constituyen una de las primeras opciones de consulta para las pequeñas y medianas empresas que desean iniciar un proceso de internacionalización. La proximidad de las instituciones y, por tanto, su profundo conocimiento de las características del tejido industrial y comercial de la región, constituyen una fortaleza de sistema que las empresas no deben desaprovechar.

Canarias

https://proexca.es

PROEXCA, Sociedad Canaria de Fomento Económico, es la entidad dependiente del Gobierno de Canarias encargada del apoyo a la internacionalización de las empresas canarias.

En cuanto a la financiación internacional, puede ofrecer según disponibilidad, líneas de financiación directa, la última de la cuales, denominada Webinar «Líneas de Financiación e instrumentos de apoyo al fomento de la internacionalización de los clústeres canarios», terminó en 2021.

Cantabria

https://www.sodercan.es

SODERCAN, Sociedad para el Desarrollo Regional de Cantabria, tiene como misión la promoción y la contribución activa a la creación de un entorno socio-empresarial que favorezca las inversiones y desarrolle la innovación y la competitividad de las empresas cántabras.

Esta sociedad ofrece **financiación directa** a empresas que deseen crecer, expandirse, adquirir nuevas compañías o diversificar mercados, y cuyo proyecto se considere de interés para Cantabria, hasta un máximo del 50 % del plan empresarial presentado.

El tipo de interés fijado por SODERCAN tiene en cuenta diversos parámetros, como las condiciones de financiación concedidas por las entidades financieras, el tipo de interés actual del ICO y otros. El plazo de amortización es hasta 10 años y existe una comisión de apertura del 0,25 %, entre diversas condiciones.

Castilla y León

https://empresas.jcyl.es/web/es/empresas-castilla-leon.html

EMPRESAS de Castilla y León apoya la expansión internacional de pymes y autónomos con domicilio social en Castilla y León mediante ayudas en la participación en ferias internacionales, misiones comerciales en el exterior, confección de materiales de *marketing*, participación en licitaciones internacionales y proyectos de implantación exterior.

Ocasionalmente, ha concedido subvenciones, cofinanciadas con el Fondo Europeo de Desarrollo Regional (FEDER), con destino a facilitar la financiación de los proyectos empresariales de promoción exterior que estuvieran dirigidos a la expansión internacional de las pymes de Castilla y León.

Castilla-La Mancha

https://ipex.es

IPEX, Instituto de Promoción Exterior de Castilla-La Mancha, dispone de un plan estratégico 2021-2025 para la internacionalización de las empresas de la región, en que se incluyen las actuaciones previstas relativas a la financiación internacional:

- Convenio con las instituciones de financiación pública regionales.
- Programa de asesoramiento en financiación internacional.

Independientemente del IPEX, las empresas de la comunidad tienen acceso a distintas líneas de avales y garantías, según sus necesidades. Especialmente interesante es la línea Avales para la Internacionalización, cuya función es la de apoyar a la pyme y al autónomo en la obtención de avales para sus exportaciones y licitaciones internacionales:

http://www.avalcastillalamancha.es/aval-clm/avales-y-garantias

Cataluña

https://www.accio.gencat.cat/es/inici/index.html

ACCIÓ es la agencia de la Generalitat de Catalunya que promueve la internacionalización de la empresa catalana. Sus objetivos generales se concretan en aumentar la competitividad de las empresas, mejorar el posicionamiento de los productos y servicios catalanes en todo el mundo e incrementar su presencia y fortaleza internacional.

En relación con la financiación internacional, dispone de un servicio de **asesoramiento financiero** para *startups* mediante el cual un experto analiza a fondo las necesidades del proyecto presentado, y explica los pasos necesarios para obtener la financiación, incluidos los encuentros y reuniones con los distintos financiadores (*business angels).*

Comunitat Valenciana

http://www.ivf.gva.es

IVF, Institut Valencià de Finances, es el organismo dependiente de la Generalitat Valenciana con atribuciones sobre financiación internacional de las empresas de la comunidad.

Específicamente, ofrece la Línea de Financiación Bonificada IVF-REACTIVA FEDER, dirigida a la pequeña y mediana empresa radicada en la Comunitat, en la que, entre otras finalidades, se incluye la de financiación de clientes internacionales y la Línea Financiación General IVF.

Extremadura

https://www.extremaduraavante.es

Extremadura Avante es un conjunto de empresas públicas promovidas por la Junta de Extremadura con la finalidad de prestar servicios orientados a mejorar la competitividad nacional e internacional de las empresas extremeñas.

Las opciones de financiación que ofrece este organismo son diversas y adaptadas a distintas necesidades:

- Préstamos ordinarios.
- Financiación a emprendedores.
- Microcréditos.
- Préstamos participativos.
- Participación en capital.

La financiación de Extremadura Avante está destinada a todos los sectores de la economía regional, excluido el sector inmobiliario, el sector financiero y las empresas cotizadas. A los préstamos ordinarios se aplica el tipo de interés determinado en función de la clasificación obtenida por el beneficiario y de las garantías aportadas a la operación. El plazo de amortización se establece entre 3 y 7 años.

Galicia

https://www.igape.gal/es

IGAPE, Instituto Galego de Promoción Económica, es el organismo autonómico gallego encargado de gestionar las ayudas y subvenciones a los exportadores de la comunidad.

Ofrece regularmente diversas líneas de apoyo a la exportación, generalmente las consistentes en financiación de asistencia a ferias y misiones comerciales. En cuanto al crédito, facilita el acceso a la pequeña y mediana empresa gallega mediante acuerdos con las entidades de crédito adheridas y las sociedades de garantía recíproca (SGR).

Comunidad de Madrid

https://www.comunidad.madrid/servicios/madrid-mundo/financiacion-europea-empresas

El servicio público **sMape**, vinculado a la Comunidad de Madrid, ofrece en su web la posibilidad de consultar las próximas actividades de programas europeos de financiación *(COSME - Europe's programme for small and medium-sized enterprises).*

Región de Murcia

https://www.institutofomentomurcia.es

INFO, Instituto de Fomento de la Región de Murcia, concede regularmente subvenciones a fondo perdido a las empresas de la región. Los costes que pueden ser objeto de ayuda son los referentes a la participación en ferias y exposiciones, gastos de publicidad en medios extranjeros, registro de patentes y marcas en los países destino, etcétera.

Comunidad Foral de Navarra

https://www.navarra.es/es/inicio

El Gobierno de Navarra, a través del **Servicio de Proyección Internacional,** ofrece diversas ayudas a las empresas de la comunidad comprendidas en gastos de prospección y estudios avanzados de mercados internacionales, gastos de promoción internacional y *marketing,* participación como expositor en ferias y acciones promocionales y conceptos análogos, todos ellos en el marco del PIN (Plan Internacional de Navarra).

País Vasco

https://basquetrade.spri.eus/es/servicios/instrumentos-de-financiacion

Basque Trade & Investment es la sociedad pública del Gobierno vasco que, en combinación con COFIDES y con el Instituto Vasco de Finanzas, facilita la internacionalización de las empresas vascas mediante un fondo de 100 M. de euros, aplicados a las siguientes líneas:

- Implantaciones productivas y comerciales internacionales.
- Ampliación de instalaciones existentes en el exterior.
- Adquisición de empresas en terceros países.

Estos fondos están dirigidos a empresas vascas de cualquier sector productivo o comercial, independientemente de su tamaño. Se ofrece el 100 % de financiación de los proyectos con un plazo de hasta 10 años. El importe mínimo concedido es de 75 000 euros y el máximo de 40 000 000 de euros.

Para solicitar esta línea de financiación es suficiente con enviar los datos de la empresa solicitante y explicar a qué se dedica, en qué situación financiera está y en qué consiste el proyecto de internacionalización con las inversiones que realizar y el presupuesto previsto. Basque Trade & Investment estudia el caso y propone la solución de financiación más adecuada.

Complementariamente, la sociedad facilita el acceso a la **financiación multilateral** (Banco Europeo de Reconstrucción y Desarrollo, la International Finance Corporation del Banco Mundial o BID Invest.), útil como financiación complementaria a los bancos comerciales cuando se trata de proyectos en países considerados de riesgo.

Recuerda

Las instituciones financieras **multilaterales** son bancos fundados por varios países y sujetos al Derecho Internacional que se crearon después de la Segunda Guerra Mundial para canalizar la reconstrucción de Europa. Actualmente, el mayor banco es el Banco Europeo de Inversiones.

Actividad propuesta 1.2

Material. https://basquetrade.spri.eus/es/servicios/instrumentos-de-financiacion

Contexto. Ayudas autonómicas a la financiación internacional.

a) Consigue datos identificativos reales de una empresa exportadora de tu comunidad autónoma.

b) Completa el formulario «Encontrar ahora tu financiación es muy fácil» que facilita el organismo propuesto como material de trabajo con los datos de tu empresa.

c) Redacta una petición formal en el apartado «En qué podemos ayudarte», sin enviarla realmente, en la que expongas un proyecto internacional y las necesidades financieras que supone.

La Rioja

https://www.ader.es/inicio

ADER es la agencia propia de la región, promotora de la dinamización del desarrollo empresarial y la creación de empleo en La Rioja.

En relación con la internacionalización de las empresas riojanas, ADER ofrece las siguientes ayudas:

- Servicios especializados: biblioteca *online* de comercio internacional, Programa Primera Exportación.
- Becas de internacionalización.
- Seminarios y talleres.
- Misiones comerciales.

Ciudades autónomas de Ceuta y Melilla

https://www.promesa.net

En estas ciudades no existen iniciativas autonómicas específicas para la financiación de las empresas exportadoras. No obstante, PROMESA, Promoción Económica de Melilla, gestiona subvenciones cofinanciadas con Fondos Europeos destinadas a apoyar emprendedores y empresarios de la ciudad.

Actividad propuesta 1.3

Material. Internet.

Contexto. Organismos autonómicos que prestan servicios relacionados con la financiación internacional.

a) Identifica y visita la página web del organismo propio de tu comunidad autónoma relacionado con la internacionalización de las empresas y analiza en profundidad su contenido.

b) Conéctate a alguna de las redes sociales X (Twitter), LinkedIn, Instagram u otras y comprueba las aportaciones que el organismo autonómico realiza en las redes. Extrae los contenidos más relevantes y trasládalos a tus apuntes, digitales o no.

c) Debate y comenta con tus compañeros en el aula todo aquello que consideres de valor para el desarrollo de las empresas de tu comunidad que, bajo tu punto de vista, no esté suficientemente tratado en la web.

1.1.5. Cámaras de Comercio

Tal como se indica en el preámbulo de la Ley Básica 4/2014, «las Cámaras Oficiales de Comercio, Industria, Servicios y Navegación son corporaciones de derecho público que realizan funciones de carácter consultivo y de colaboración con las Administraciones públicas en todo aquello que tenga relación con la representación, promoción y defensa de los intereses generales del comercio, la industria, la navegación y los servicios».

Las distintas Cámaras de Comercio existentes en España, repartidas en distintas provincias y municipios, están agrupadas en una Sede Electrónica común, facilitada por la Cámara de Comercio de España, desde la cual se puede acceder a cualquiera de las cámaras.

Figura 1.2. Distribución geográfica de las Cámaras de Comercio en España.

A partir de la definición, la ley destaca dos grandes objetivos de las Cámaras de Comercio:

- Mejora de la competitividad de las empresas.
- Incremento de su internacionalización.

Al hablar de **competitividad,** se definen tres grandes ejes sobres los que se desarrollan las actuaciones de las Cámaras:

- Formación, emprendimiento y empleo: apoyo a los nuevos empresarios en el proceso de puesta en marcha de su negocio, trámites administrativos y consolidación del proyecto.
- Innovación y nuevas tecnologías: soporte a las pymes en el proceso de digitalización de sus actividades.
- Comercio y turismo: programas como Innocámaras o de Comercio Minorista, destinados al comercio.

Y en cuanto al proceso de **internacionalización,** la Cámara de España, directamente o a través de sus delegaciones territoriales, ofrece programas de formación, información y asesoría dirigidos a las pymes que desean operar con el exterior:

- Programa de Expansión Internacional para pymes (XPANDE). Programa de asesoramiento para preparar un plan de internacionalización.
- XPANDE Digital. La Cámara ayuda a elaborar un plan de acción de *marketing* digital personalizado, teniendo en cuenta los clientes, los productos o servicios y el país de destino.
- Comités de Cooperación Empresarial. Dirigidos a establecer contactos comerciales con otros países.
- Plan de Internacionalización de la Economía Social.

Actividad propuesta 1.4

Material. Acceso a internet, herramientas Office.

Contexto. Organismos que proporcionan ayuda a la financiación internacional.

a) Traslada gráficamente los dos grandes objetivos de las Cámaras de Comercio; para cada objetivo, y despliega los ejes de actuación más importantes, siguiendo los contenidos del texto.

b) Analiza el programa Mentoring o cualquier otro de los programas de internacionalización de las empresas que ofrece la Cámara de Comercio de España periódicamente, y comenta en el aula los elementos que lo componen.

c) Identifica qué acciones o qué ayudas concretas podría obtener una pequeña empresa de tu municipio dirigiéndose a la Cámara de Comercio más próxima.

1.2. Elaboración de una base de datos de los organismos que facilitan apoyo financiero, ayuda o subvenciones a la exportación y venta internacional

Las empresas interesadas en el crecimiento de su mercado y la expansión internacional, especialmente las de pequeña y mediana dimensión, necesitan disponer de herramientas específicas que les faciliten el acceso rápido y eficaz a todas aquellas informaciones que les son imprescindibles, relativas a opciones de financiación. En igual medida, las distintas opciones de financiación disponibles se relacionan a su vez con la necesidad de contratación de algunos servicios de soporte, por ejemplo, **avales y garantías,** así como del conocimiento de los trámites administrativos imprescindibles y presentes en el comercio exterior.

En la medida en que el número de organismos que facilitan apoyo financiero a la empresa exportadora es relativamente bajo, la opción más recomendable para su sencillez y bajo coste es la elaboración de una base de datos mediante el uso de las herramientas más simples y conocidas, en lugar del uso de *software* genérico o de aplicaciones complejas, de uso más adecuado a las grandes corporaciones empresariales.

Las posibilidades son diversas, siendo una primera opción el empleo de la **hoja de cálculo** convencional, en sus opciones de tratamiento de base de datos, ya que el procedimiento, por su simplicidad y versatilidad, permite a la pequeña empresa acceder al uso eficaz de la información necesaria a un coste mínimo.

Las funciones cuyo uso está recomendado para este tipo de trabajo son las siguientes:

- **Buscar y seleccionar (Inicio, Modificar, Buscar y seleccionar).** Es, posiblemente, la **función más útil** para este tipo de base de datos, cuya característica reside en que la cantidad de información no es muy elevada, pero puede estar muy dispersa. La mejor opción es la de emplear una hoja para cada organización de la cual se desea conservar el trabajo para su consulta.
- **Filtros (Datos, Ordenar y Datos, Filtro).** Si se opta por mantener la base de datos en una sola hoja, es una opción muy práctica y eficaz incluso para un número de datos reducido o medio, pero debe valorarse previamente si es adecuado o no mantener todos los datos en una sola hoja.
- **Tablas dinámicas (Insertar, Tablas, Tablas dinámicas).** Es la opción más potente, pero pierde su sentido para bases de datos de escasa extensión y amplitud. Debe elegirse únicamente para grandes archivos.

La primera opción y más recomendable para el archivo y consulta de este tipo de datos es la de reservar una hoja del libro Excel, a modo de ficha individualizada, para cada una de las instituciones u organismos de los cuales se desea mantener la información, ya que la búsqueda de los datos es muy eficaz y, una vez localizados, la contextualización es inmediata, por lo que los resultados son muy aceptables.

Recuerda

Una interesante oportunidad para las pymes es la participación anual en el Premio Nacional Pyme sobre Internacionalización, Innovación y Digitalización que promueven las Cámaras de Comercio.

Ejemplo 1.4

Hoja 1. Una vez que ha sido elegida la organización de la cual se desea mantener el archivo para su consulta, por ejemplo, la Cámara de Comercio de España, se preparan las columnas necesarias en función de los resultados que se desean obtener, que podrían ser, en este caso, qué tipos de ayudas proporciona, qué trámites administrativos son posibles llevar a cabo en la Cámara de Comercio, qué servicios específicos ofrece y si proporciona directa o indirectamente el acceso a la financiación.

En la Figura 1.3 se muestra una hoja de un libro de Excel, preparada para integrar bien clasificada la información que se desea mantener. En la cabecera se inscribe el texto que define la organización y sus datos de contacto para, a continuación, en las casillas previstas a este efecto, anotar la información deseada.

Cámara de Comercio de España

C/ Ribera del Loira, 12 - 28042 Madrid - 91 590 69 00 - https://www.camara.es/

AYUDAS	TRÁMITES	SERVICIOS	FINANCIACIÓN
XPANDE - Ayudas de acceso a nuevos mercados	Certificado de origen	Compras en Asia	
XPANDE DIGITAL - Ayuda al posicionamiento digital en los mercados exteriores	Cuaderno de admisión temporal de mercancías	Subcontratación industrial	
Programa Internacional de Promoción (PIP)	Legalización de documentos comerciales	Base de datos de comercio exterior	
Plan de Internacionalización de la Economía Social	Certificado de libre venta y consumo	Directorio de empresas exportadoras e importadoras	
Comités de Cooperación Internacional		Observatorio de competitividad empresarial	

Figura 1.3. Propuesta de ficha informativa de organismos que facilitan apoyo financiero (I).

El formato es obviamente libre y adaptable a las necesidades de cada caso, incluso a las preferencias personales del usuario. En la Figura 1.3 se ha optado por la alineación horizontal con sangría izquierda; y alineación vertical, centrada y control del texto ajustado.

Hoja 2. Se toma otra organización, por ejemplo, ICEX, y se sigue el mismo procedimiento (Figura 1.4).

ICEX

P.° Castellana, 278 - 28046 Madrid - 91 349 61 00 - https://www.icex.es

AYUDAS	TRÁMITES	SERVICIOS	FINANCIACIÓN
Programa ICEX Next - Ayuda a diseño de planes de negocio	Guía de trámites y documentos de exportación - Documento muy completo acerca de los trámites y documentos en el comercio exterior	ICEX Conecta	Jornadas y talleres
ICEX IMPACT+ - Apoyo a la diversificación de mercados		Servicios Club Pipe	Consultas y asesoramiento financiero
ICEX INTEGRA - Facilita contactos con otras empresas		ICEX Sourcing	

Figura 1.4. Propuesta de ficha informativa de organismos que facilitan apoyo financiero (II).

Hojas 3, 4 y sucesivas. Se mantiene el mismo criterio de reservar una hoja del libro de Excel para cada organización que se desee incluir: COFIDES, CESCE, organismos autonómicos, etcétera.

Otra opción posible, de procedimiento y uso práctico similar al de Excel, es preparar una ficha o diapositiva para cada organización, en una única presentación de PowerPoint. El método de selección y la búsqueda de datos son exactamente iguales que en Excel; la diferencia radica únicamente en las posibilidades prácticas de tratamiento de las imágenes, como en el ejemplo de la Figura 1.5.

Cámara de Comercio de España

Trámites

- Certificado de origen
- Cuaderno de admisión temporal de mercancías
- Legalización de documentos comerciales
- Certificado de libre venta y consumo

Servicios

- Compras en Asia
- Subcontratación industrial
- Base de datos de comercio exterior
- Directorio de empresas exportadoras
- Observatorio de la competitividad empresarial

Financiación

- Jornadas
- Talleres
- Consultas y asesoramientos

Figura 1.5. Propuesta de ficha informativa de organismos que facilitan apoyo financiero (III).

Una vez introducida toda la información que se desee conservar acerca de los organismos que facilitan apoyo y servicios relacionados con el comercio internacional y su financiación, cada entidad en una hoja distinta y todo en un solo libro, ese sistema está disponible para su consulta. Es suficiente con el uso de la función **Seleccionar todas las hojas** y continuar con la opción **Buscar,** que llevará directamente a la información deseada instantáneamente.

Actividad propuesta 1.5

Material. Herramientas Office.

Contexto. Ejemplos propuestos Cámara de Comercio de España e ICEX.

a) Crea una nueva base de datos en Excel, orientada a servir de apoyo a las distintas operaciones de comercio internacional y su financiación, en alguna de las dos opciones propuestas en el texto (filtros, búsquedas).

b) Integra y completa los ejemplos propuestos de la Cámara de Comercio de España e ICEX con otras opciones de ayudas, trámites, servicios y financiación, si procede.

c) Accede a las webs de COFIDES y de CESCE, analiza qué información relevante es de interés para una empresa española exportadora e importadora para su consulta posterior fuera de línea y llévala a la base de datos creada.

d) Añade los datos que creas conveniente para que la base de datos creada pueda ser usada profesionalmente en un uso real, por una empresa que desee acceder a la exportación y necesite financiación específica.

En la segunda opción, la de los filtros, la base de datos en la hoja de cálculo se inicia mediante la definición de qué contenidos se desean incluir, asignándoles un nombre que aparecerá como cabecera. Ya que se trata de incluir organismos que serán más tarde objeto de contacto, los primeros datos mínimos que deben aparecer son el nombre de la organización, sus datos de contacto y las prestaciones básicas que pueden obtenerse.

Ejemplo 1.5

Una base de datos muy simple pero útil a una pequeña empresa incluirá el nombre de la organización, sus datos de contacto y los servicios que ofrece, agrupados bajo el criterio que mejor se adecue a las propias necesidades. Entonces, la cabecera básica puede ser la que se muestra en la Figura 1.6.

ORGANISMO	AYUDAS	TRÁMITES	SERVICIOS	FINANCIACIÓN

Figura 1.6. Propuesta de ficha informativa de organismos que facilitan apoyo financiero (IV).

Es factible, si así se cree conveniente, desplegar la columna **ORGANISMO** en varias columnas, cada una de ellas reservada para contener los datos de la organización (dirección completa, persona y teléfono de contacto, correo electrónico institucional), aunque debe valorarse su necesidad.

Iniciamos la elaboración de la base de datos con los organismos más relevantes que facilitan servicios financieros a las empresas exportadoras e importadoras, la Cámara de Comercio de España e ICEX. La consulta de su página web y el drenaje de la información contenida se trasladan a la hoja de cálculo, asignando a cada casilla la información que se desea conservar para ser consultada más adelante.

ORGANISMO	AYUDAS	TRÁMITES	SERVICIOS	FINANCIACIÓN
Cámara de Comercio de España C/ Ribera del Loira, 12 28042 Madrid 91 590 69 00 https://www.camara.es	XPANDE - Ayudas de acceso a nuevos mercados	Certificado de origen	Compras en Asia	
	XPANDE DIGITAL - Ayuda al posicionamiento digital en los mercados exteriores	Cuaderno de admisión temporal de mercancías	Subcontratación industrial	
	Programa Internacional de Promoción (PIP)	Legalización de documentos comerciales	Base de datos de comercio exterior	
	Plan de Internacionalización de la Economía Social	Certificado de libre venta y consumo	Directorio de empresas exportadoras e importadoras	
	Comités de Cooperación Internacional		Observatorio de competitividad empresarial	
ICEX P.° Castellana, 278 28046 Madrid 91 349 61 000 https://www.icex.es	Programa ICEX Next - Ayuda a diseño de planes de negocio	Guía de trámites y documentos de exportación - Documento muy completo acerca de los trámites y documentos en el comercio exterior	ICEX Conecta	Jornadas y talleres
	ICEX IMPACT+ - Apoyo a la diversificación de mercados		Servicios Club Pipe	Consultas y asesoramiento financiero
	ICEX INTEGRA - Facilita contactos con otra empresas		ICEX Sourcing	

Figura 1.7. Propuesta de ficha informativa de organismos que facilitan apoyo financiero (V).

Sucesivamente, la base de datos se amplía consignando en las líneas que se presentan a continuación toda aquella información que se desee conservar. La consulta, utilizando la opción de filtros, se realiza a partir de las pestañas desplegables previstas a tal efecto (Figura 1.8).

ORGANISMO	AYUDAS	TRÁMITES	SERVICIOS	FINANCIACIÓN
Cámara de Comercio de España C/ Ribera del Loira, 12 28042 Madrid 91 590 69 00 https://www.camara.es	XPANDE - Ayudas de acceso a nuevos mercados	Certificado de origen	Compras en Asia	
	XPANDE DIGITAL - Ayuda al posicionamiento digital en los mercados exteriores	Cuaderno de admisión temporal de mercancías	Subcontratación industrial	
	Programa Internacional de Promoción (PIP)	Legalización de documentos comerciales	Base de datos de comercio exterior	
	Plan de Internacionalización de la Economía Social	Certificado de libre venta y consumo	Directorio de empresas exportadoras e importadoras	

Figura 1.8. Propuesta de ficha informativa de organismos que facilitan apoyo financiero (VI).

1.3. Elaboración y mantenimiento de bases de datos de clientes y proveedores potenciales

La construcción y posterior mantenimiento de una base de datos cuyo contenido esté compuesto por clientes y proveedores potenciales constituye la primera herramienta y la más necesaria para el emprendimiento de acciones de comercio exterior. De ella se desprenderá, además de los datos imprescindibles, la información que va a repercutir en el futuro en la financiación de las actividades en el exterior, especialmente aquella relativa al **crédito comercial** concedido a clientes u obtenido de proveedores, ya que la financiación externa para la exportación o la importación que va a ser necesaria dependerá en gran parte de la estructura del crédito comercial que se haya establecido.

Ejemplo 1.6

Vamos a ver una operación de compra al contado y venta con crédito comercial a 90 días. En la hipótesis de que la financiación con recursos propios sea cero y toda la operación sea realizada con recursos procedentes de un préstamo fijo por este período, será necesario considerar un coste financiero equivalente a 90 días, fecha de vencimiento en la que será posible recuperar la tesorería y devolver el préstamo. Aun cuando la complejidad real de las operaciones modifica sustancialmente este esquema, el ejemplo muestra cómo, en esencia, la primera acción que realizar ante una planificación financiera de un proyecto de importación o de exportación es, por su trascendencia, el estudio y análisis de las condiciones de crédito comercial que hayan sido acordadas.

En una gran empresa multinacional, también en la mayor parte de las medianas empresas, las bases de datos de clientes y proveedores se hallan totalmente **integradas** dentro del sistema general de información, relacionadas directamente con la red de compras, de ventas, de facturación y de contabilidad. Su elaboración y mantenimiento se inscribe en la aplicación informática integrada de la empresa, y se reduce al registro o entrada de los datos en el sistema; como norma general, las bases de datos de clientes y de proveedores deben incluir información relevante y práctica, excluyendo aquella información poco útil o innecesaria con el fin de obtener una base de datos eficiente.

Las aplicaciones que actualmente se están usando, sustentadas todas ellas en la seguridad que ofrece el trabajo en la nube, son las siguientes:

- **Zendesk:** es un *software* de base de datos de clientes que permite recopilar, almacenar, editar, evaluar y presentar datos de forma sencilla y eficiente. También ofrece funciones para gestionar las ventas, comunicarse con los clientes, integrar otras aplicaciones y generar informes.
- **Microsoft SQL Server:** es un *software* de gestión de bases de datos relacionales que se integra con otros programas de Microsoft y ofrece una interfaz gráfica para crear, editar y administrar datos. Tiene una versión gratuita.
- **Bitrix24:** es un *software online* de base de datos de clientes, productos, empresas, negociaciones y contactos, disponible en versiones de nube y autoalojado. Permite

crear y personalizar formularios, automatizar procesos, enviar correos electrónicos y SMS, así como conectar con redes sociales.

En las empresas de pequeño y mediano volumen de actividad internacional, la creación y mantenimiento de una base de datos de clientes y proveedores potenciales no requiere especialmente del uso de una aplicación informática compleja, excepto que sea necesario por estar integrada en el conjunto del diseño digital que se haya elegido. Puede usarse, como primera opción, *software* comercial de tratamiento de datos en red, para permitir el trabajo desde varias estaciones, mediante productos como MySQL Database, SQL Server, Oracle y otros, pero es posible también conseguir un efecto práctico, funcional y económico con el simple uso de la **hoja de cálculo,** con el aprovechamiento de las funcionalidades de tratamiento de datos.

La consulta y explotación de los datos, al igual que la propuesta sobre datos de organismos que ofrecen ayudas a la actividad internacional, se realiza a tres niveles: búsquedas, filtros y tablas dinámicas. En general, para una base de datos media, apropiada para una pequeña empresa, es suficiente con el empleo de las opciones de selección, búsquedas y filtros, reservando el tratamiento de datos con tablas dinámicas para bases de datos con un gran número de registros.

Si bien la información que debe contener es variable de una empresa a otra en función de cada necesidad, existen unos mínimos que una base de datos de clientes o de proveedores debe contener y cumplir:

- **Información básica:** nombre, dirección, NIF, correo electrónico de contacto, teléfonos, datos bancarios, etcétera.
- **Información comercial:** gama de productos o servicios de su interés, persona de contacto, modo y hora de contacto preferente, observaciones.
- **Información financiera:** forma de cobro o de pago, **crédito comercial** (período de pago o de cobro), que constituye la base del análisis de las necesidades de financiación.

El fichero de datos puede extenderse sin dificultad, puesto que la capacidad de la hoja excede en cientos de miles los registros que habitualmente son necesarios para este trabajo.

En definitiva, puede decirse que, en el comercio internacional, la decisión acerca de cuál es la opción de mayor eficiencia en la elaboración y el mantenimiento de bases de datos de clientes y proveedores potenciales depende en gran medida del volumen de datos que tratar; en la mediana y pequeña empresa, puesto que en general se trata de un volumen comedido, es conveniente valorar previamente la eficacia de la posible **integración** o no del sistema con las funciones de facturación y contabilidad en relación con los **costes económicos** que supone esta función administrativa.

Ejemplo 1.7

Un pequeño fabricante de gasas y apósitos con amplia experiencia en España en el suministro a hospitales decide ampliar sus ventas mediante el acceso a nuevos mercados exteriores. Dado que dispone de varios contactos en el continente africano y en Oriente Medio, inicia el trabajo creando una base de datos con posibles clientes ubicados en estas zonas geográficas. Inicia el trabajo localizando los datos de los principales hospitales de la zona y trasladándolos a las casillas previstas en la hoja de cálculo. En la Figura 1.9 se muestra un ejemplo real.

CLIENTE	DIRECCIÓN	CIUDAD	PAÍS	TELÉFONO	CORREO ELECTRÓNICO	WEBSITE	MAILING ADDRESS
LAU Medical Center	Zahar Street, Achrafieh	Beirut	Líbano	961 1 200 800	info@laumcrh.com	www.laumcrh.com	P. P. Box 11-3288
Hospital 02	Dirección 02	Ciudad 02	País 02	Tfno. 02	Correo 02	Website 02	Mailing 02
Hospital 03	Dirección 03	Ciudad 03	País 03	Tfno. 03	Correo 03	Website 03	Mailing 03
Hospital 04	Dirección 04	Ciudad 04	País 04	Tfno. 04	Correo 04	Website 04	Mailing 04
Hospital 05	Dirección 05	Ciudad 05	País 05	Tfno. 05	Correo 05	Website 05	Mailing 05
Hospital 06	Dirección 06	Ciudad 06	País 06	Tfno. 06	Correo 06	Website 06	Mailing 06
Hospital 07	Dirección 07	Ciudad 07	País 07	Tfno. 07	Correo 07	Website 07	Mailing 07
Hospital 08	Dirección 08	Ciudad 08	País 08	Tfno. 08	Correo 08	Website 08	Mailing 08
Hospital 09	Dirección 09	Ciudad 09	País 09	Tfno. 09	Correo 09	Website 09	Mailing 09

Figura 1.9. Propuesta de una base de datos de clientes y proveedores.

Tema de debate

Burocracia en la gestión de los recursos públicos

¿Hasta qué punto la burocracia en la gestión de los recursos es necesaria como garantía de la legalidad, y cuándo se convierte en un obstáculo para la eficiencia en las políticas públicas de financiación de las empresas?

Algunos argumentarían que la burocracia es esencial para garantizar la rendición de cuentas y prevenir el mal uso de los fondos públicos, mientras que otros podrían sostener que la excesiva burocratización dificulta la toma de decisiones ágiles y eficientes, suponiendo un freno a la actividad económica. Valora ambos enfoques a la cuestión y defiende aquel que creas es la mejor opción.

Conceptos importantes

Cadena de valor: conjunto de actividades empleadas para la producción de un bien o servicio, en una o varias ubicaciones geográficas.

Capitales ajenos: aquellos que pertenecen a otras personas, distintas de la empresa.

Contextualización: abarca todo aquello que rodea a un hecho concreto, así como el espacio y el tiempo en el cual se produce.

Ebitda: medida del beneficio puramente operativo de una empresa, es decir, sin tener en cuenta los impuestos, las amortizaciones, las depreciaciones y los gastos financieros.

Empresas de carácter productivo: aquellas que fabrican algo útil a partir de materias primas y otros materiales.

Estructura orgánica: jerarquización y reparto de responsabilidades y deberes dentro de una entidad u organización.

Indicadores de coyuntura de la exportación: conjunto de variables que aportan información sobre la situación actual y las perspectivas futuras de la actividad exportadora.

Premisa: idea que se da como cierta y que sirve de base a un análisis razonado.

Recursos propios: se refieren a las aportaciones de los socios al capital de la empresa, más los beneficios no distribuidos y que se mantienen como reservas.

Actividades finales

De comprobación

1.1. ¿Qué tipo de empresas exportadoras necesitan, en general, financiación?

a) Las del sector productivo.
b) Las de servicios.
c) Las de distribución.
d) Las pymes.

1.2. Se puede obtener información sobre financiación internacional...

a) ...en la Secretaría de Estado de Comercio y sus organismos.
b) ...en las entidades de los Gobiernos autonómicos.
c) ...en las Cámaras de Comercio.
d) Todas las respuestas anteriores son correctas.

1.3. La Secretaría de Estado de Comercio depende...

a) ...de los Gobiernos autonómicos.
b) ...del Ministerio de Industria y Turismo.
c) ...del Ministerio de Economía, Comercio y Empresa.
d) ...del Ministerio de Hacienda y Función Pública.

1.4. La función pública básica relacionada con la financiación internacional...

a) ...la centraliza el Banco de España.
b) ...la centraliza el Ministerio de Hacienda y Función Pública.
c) ...la centraliza la Secretaría de Estado de Comercio.
d) ...la centraliza la Dirección General de Financiación Internacional.

1.5. ¿Qué organismo autoriza y controla las inversiones en el exterior?

a) La Dirección General de Política Comercial y Competitividad.
b) La Subdirección General de Estrategia de Internacionalización.
c) La Subdirección General de Estudios y Evaluación de Instrumentos.
d) La Dirección General de Comercio Internacional e Inversiones.

1.6. ¿Dónde puede una empresa encontrar ayuda para participar en licitaciones internacionales?

a) En la Dirección General de Política Comercial y Competitividad.
b) En la Subdirección General de Estrategia de Internacionalización.
c) En la Subdirección General de Estudios y Evaluación de Instrumentos.
d) En la Dirección General de Comercio Internacional e Inversiones.

1.7. ¿Quién controla la calidad comercial de los productos exportados?

a) La Dirección General de Política Comercial y Competitividad.
b) La Subdirección General de Estrategia de Internacionalización.
c) La Subdirección General de Estudios y Evaluación de Instrumentos.
d) La Dirección General de Comercio Internacional e Inversiones.

1.8. ¿Qué entidad ofrece la gestión del riesgo comercial en exportación?

a) ICEX.
b) COFIDES.
c) Extenda.
d) CESCE.

1.9. Los organismos autonómicos, ¿ofrecen financiación directamente?

a) Sí, todos ellos.
b) Sí, la mayoría.
c) Sí, solo algunos.
d) No, en ningún caso.

1.10. Las Cámaras de Comercio...

a) ...son organismos privados colaboradores de los bancos.

b) ...son corporaciones de derecho público.

c) ...son entidades dependientes de la Secretaría General del Estado.

d) ...son sindicatos patronales.

1.11. ¿Cuáles son los dos objetivos de las Cámaras de Comercio?

a) Mejorar la competitividad y la fiscalidad de las empresas.

b) Mejorar la fiscalidad de las empresas exportadoras.

c) Mejorar la competitividad y el proceso de internacionalización.

d) Mejorar la financiación que ofrecen los bancos.

1.12. ¿Cómo puedes utilizar una hoja de cálculo para el tratamiento de bases de datos?

a) Mediante filtros.

b) Mediante búsquedas y selecciones.

c) Mediante tablas dinámicas.

d) Todas las respuestas anteriores son correctas.

1.13. Los objetivos de las Cámaras de Comercio son...

a) Garantizar el cumplimento de los contratos internacionales.

b) Mejorar la competitividad y la internacionalización de las empresas.

c) Gestionar las importaciones.

d) Reducir los costes y la carga impositiva del comercio.

De aplicación

1.1. Visita la página web de la Secretaría de Estado de Comercio, analízala en profundidad y averigua:

a) ¿Dónde debe dirigirse la empresa que pretende exportar a Oriente Medio y necesita financiación?

b) Si un ganadero desea exportar leche fresca, ¿dónde puede encontrar ayuda de carácter financiero?

c) ¿Quién representa a España en los foros internacionales sobre crédito a la exportación?

1.2. Desarrolla en un nuevo cuadro a nivel de subdirecciones generales el cuadro de la Figura 1.1 sobre estructura y organismos dependientes del Ministerio de Industria y Turismo, de forma que se muestre la distribución geográfica mundial.

1.3. Consulta las últimas aportaciones a la red social X de la Secretaría de Estado de Comercio y comprueba si alguna de ellas se refiere indirectamente a la financiación internacional, por ejemplo, asuntos relacionados con el Brexit u otros. Explica en voz alta en el aula qué se interpreta del *tweet* seleccionado.

1.4. Lanza un *tweet* u otra aportación en redes sociales a la Cámara de Comercio de tu comunidad agradeciéndoles y reconociendo su trabajo en favor de la internacionalización de las empresas y su financiación.

1.5. Explora las posibilidades de trabajar en una *app* para *smartphones* cuyo contenido sean los datos de organismos que facilitan información relacionada con la financiación internacional. Redacta un *post* explicando las ventajas e inconvenientes de esta opción y cuélgalo en alguna red social con tu nombre.

1.6. Las Cámaras de Comercio posibilitan la financiación internacional indirectamente, en la medida que facilitan el acceso a la información de crédito comercial (*rating* sobre empresas, informes comerciales).

a) Consulta la web de la Cámara de Comercio de tu comunidad autónoma y localiza si existe la opción de información de crédito o, en su caso, realiza una consulta en este sentido.

b) Preséntate como estudiante de comercio internacional y solicita información a la Cámara acerca del coste medio que supone para una empresa exportadora el uso de este servicio. Si es necesario, formula una hipótesis realista en cuanto al país de destino, las mercancías exportadas, etcétera.

c) Comparte los resultados obtenidos con los de otros compañeros/as. Comenta y debate en qué condiciones de mercado es interesante obtener información de crédito y en cuáles no es imprescindible.

1.7. Elabora, con el uso de Excel, una base de datos con datos reales de los organismos que facilitan apoyo financiero, ayuda o subvenciones a la actividad internacional, con un contenido mínimo de los organismos que se citan en el texto, ampliándolo si es necesario (cabeceras posibles: Organismo, Datos de contacto, Funciones principales, Financiación directa sí/no, entre otras).

1.8. Descarga de internet una base de datos de clientes libre en formato de hoja de cálculo (palabras clave: *download free xls customers*), que servirá de inicio a una base de datos real, útil y práctica.

a) Define qué campos vas a necesitar para adecuar la base de cliente o proveedores a las necesidades de tu empresa modelo (por ejemplo: NIF, razón social, datos de contacto, ciudad, país, tipo de mercancías, observaciones, etcétera).

b) Elimina o añade columnas a la base modelo descargada, para adecuarla a tu proyecto.

c) Traduce y adapta las cabeceras, si es necesario.

d) Introduce varias empresas clientes o proveedores, a partir de datos reales que puedes encontrar en **http://directorio.camaras.org**

e) Ejecuta distintos procesos de búsqueda, selección, filtros y tablas dinámicas siguiendo las instrucciones de tu profesor.

1.9. Lanza una aportación en redes sociales a la Cámara de Comercio de tu comunidad agradeciéndoles y reconociendo su trabajo en favor de la internacionalización de las empresas y su financiación.

1.10. Visualiza el siguiente vídeo sobre los productos financieros para la internacionalización **https://www.youtube.com/watch?v=WJuJ5M_35Ns** y responde a las siguientes cuestiones:

a) ¿Cómo consiguen ser las empresas que exportan e invierten en el extranjero?

b) ¿A qué servicio del ICEX debes dirigirte para temas de financiación internacional?

c) ¿A qué otros cuatro organismos te dirigen, en función de tus necesidades?

Para reflexionar

1.1. En relación con la transparencia de la gestión de los recursos públicos, ¿crees que deberían ser establecidos límites para proteger otros derechos e intereses legítimos, como la seguridad nacional, el secreto comercial, la protección de datos o el interés público? Recapacita unos instantes sobre estos aspectos y crea tu propia opinión al respecto.

1.2. Explica por qué razones básicas son las empresas del sector de la producción industrial unas de las que más necesidades tienen de financiación, en el marco del comercio internacional. ¿Qué posibles tramos de financiación se sugieren? Propón ejemplos reales.

1.3. ¿Qué modificaciones o mejoras se te ocurren en la gestión de los organismos dependientes de las comunidades autónomas que prestan ayuda a la financiación internacional, para hacerla más eficiente y efectiva?

1.4. En 2022, España exportó navíos de guerra a Arabia Saudita, por valor de más de 500 millones de euros. Su producción ayudó a sostener centenares de puestos de trabajo y a crear riqueza en el país. No obstante, este tipo de actividad industrial ha sido objeto de controversia, por razones diversas. Participa en un debate en el aula en que queden planteados conceptos relativos a la responsabilidad social corporativa en contraposición a los legítimos intereses empresariales.

1.5. Las constructoras españolas (ACS, Ferrovial, OHL, etc.) obtienen gran parte de sus ingresos a partir de contratos internacionales; intuitivamente, ¿cómo crees que se financian? Comprueba tus observaciones con la realidad de su financiación, que puedes consultar en los informes de gestión anuales que publican estas empresas en su web.

1.6. En un célebre concurso internacional, un consorcio de empresas españolas especializadas en estructuras y transporte (ADIF, Renfe Operadora, INECO, Talgo, Cobra, Indra, OHL y otras) fue adjudicatario de una fase de la construcción del AVE entre La Meca y Medina, en Arabia Saudita, por valor de 6736 millones de euros. ¿Puede decirse que se trata de una exportación de bienes y servicios? ¿Qué lo justifica? Razona la respuesta.

1.7. En la ejecución del proyecto del AVE, en Arabia Saudita, se produjeron problemas técnicos derivados en gran parte por elementos meteorológicos (tormentas de arena), que llevaron a retrasos en la entrega. Por otra parte, las estimaciones de número de viajeros fueron muy exageradas y erróneas, y, en conjunto, la operación supuso al final 1000 millones de euros en pérdidas. ¿Quién debería asumir estas pérdidas, habida cuenta de que la operación reforzó la marca España en el comercio internacional, las empresas consorciadas o el Estado español? Debatir el caso en el aula.

1.8. Las pymes constituyen el sector empresarial con mayores dificultades para obtener financiación en sus proyectos internacionales. Según tu opinión, ¿a qué crees que es debido? Explica a tus compañeros/as todo aquello que conozcas acerca de este tema, antes de abordar el curso en toda su plenitud.

1.9. En relación con las bases de datos propuestas relativas a organismos que proporcionan algún tipo de apoyo financiero a las empresas españolas, así como las bases de datos de clientes, ¿crees que en un futuro próximo podrían experimentar cambios sustanciales o bien permanecerán más o menos prestando los servicios actuales? Razona tu respuesta con amplitud.

ANÁLISIS DEL FUNCIONAMIENTO DEL MERCADO DE DIVISAS

Unidad 2

Contenidos

Objetivos

- Describir el funcionamiento del mercado de divisas.
- Interpretar la normativa que regula el mercado de divisas.
- Diferenciar el mercado de divisas al contado y a plazo, tipos *spot* y *forward.*
- Analizar las características fundamentales del Euromercado.
- Estudiar las variables que inciden en las fluctuaciones de los tipos de cambio.
- Obtener y tratar información sobre el mercado de divisas utilizando la terminología específica.
- Examinar las implicaciones del tipo de cambio y el tipo de interés sobre el comercio internacional.

INTRODUCCIÓN

La **incertidumbre** que planea sobre los resultados efectivos de las operaciones comerciales internacionales establece cuál es la diferencia fundamental con el comercio interior. Esta incertidumbre es consecuencia directa de la necesidad de operar en el ámbito del mercado de divisas, caracterizado por una alta y permanente **volatilidad.** Esta reflexión lleva a constatar la necesidad de mantener un sistema financiero internacional estable, sólido y fiable que garantice un comercio exterior en pleno desarrollo.

2.1. Sistema financiero internacional

Los organismos e instituciones, públicas y privadas, que regulan, supervisan y mantienen el control del sistema de crédito financiero, la determinación y práctica de las políticas monetarias, los procedimientos bancarios, el reconocimiento de avales y garantías internacionales y las técnicas de seguros en el mercado mundial, conforman en su conjunto el **sistema financiero internacional.**

A partir de su nacimiento en la Edad Moderna y hasta la actualidad, en el marco actual de globalización económica, el sistema ha ido evolucionando hacia la formación de bloques o **focos de influencia** en la economía. En este sentido, se distinguen dentro del sistema financiero internacional:

- Organizaciones de **carácter mundial,** en las que sus objetivos presentan una idea global de la economía y los negocios:
  - **FMI (Fondo Monetario Internacional).** Es el organismo encargado de promover la estabilidad financiera y la cooperación monetaria mundial, consideradas esenciales para la productividad y el bienestar común. Tiene su sede principal en Washington.
  - **BPI (Banco de Pagos Internacionales).** Su función principal es la de garantizar las transacciones entre los bancos centrales de los distintos países (sus clientes), permitiéndoles la compensación de saldos. Ubicado en Basilea (Suiza), participa en operaciones financieras internacionales.
  - **Banco Mundial.** Es una organización internacional que se dedica a proporcionar financiamiento y asistencia técnica para proyectos de desarrollo en países de ingresos medianos y bajos en todo el mundo. Tiene su sede principal en Washington.
  - **OMC (Organización Mundial del Comercio).** Tiene como misión ocuparse de las normas mundiales por las que se rige el comercio internacional. Está ubicada en Ginebra (Suiza).
  - **OCDE (Organización para la Cooperación y el Desarrollo Económicos).** Promueve políticas que favorezcan la prosperidad, la igualdad, las oportunidades y el bienestar para todas las personas, por ejemplo, medidas

internacionales contra la evasión fiscal. Con sede en París, tiene delegaciones en todas partes del mundo.

- Organizaciones **europeas,** creadas para la gestión y control de las finanzas internacionales en la zona euro:
  - **BCE (Banco Central Europeo).** Asume las responsabilidades de mantener la estabilidad de precios en la zona euro y supervisar las entidades financieras. Tiene su sede en Fráncfort. El BCE y los bancos centrales conforman el Sistema Europeo de Bancos Centrales (SEBC).
  - **ABE (Autoridad Bancaria Europea).** Análogamente a las funciones del BCE, sus objetivos generales son mantener la estabilidad financiera en la Unión Europea (UE) y velar por la integridad, la eficiencia y el correcto funcionamiento del sector bancario. Se trata de una organización independiente ubicada en Londres.
  - **Banco Europeo de Inversiones.** Su función es la de financiar grandes proyectos, desde un mínimo de 25 millones de euros, que contribuyan a conseguir los objetivos de la Unión Europea. Tiene su sede en Luxemburgo.
  - **Fondo Europeo de Inversiones.** Forma parte del grupo BEI ubicado en Luxemburgo. Ofrece una amplia gama de productos financieros dirigidos a la pequeña y mediana empresa emprendedora. Para acceder a esta financiación, las empresas solicitantes deben dirigirse a los intermediarios financieros locales (bancos).
- Organizaciones propias de **Estados Unidos,** cuyas decisiones y trascendencia alcanzan, directa o indirectamente, la economía global:
  - **FED (Reserva Federal).** Es el banco central de los Estados Unidos. Sus decisiones acerca de los tipos de interés aplicables a las operaciones financieras influyen constantemente en la economía mundial. Su Junta de Gobernadores se reúne en Washington.
  - **USTR (Oficina del Representante Comercial de los EE. UU.).** Es responsable de negociar los acuerdos comerciales internacionales y tomar decisiones importantes sobre el comercio exterior de los EE. UU. Reside en Washington.
  - **Banco de América.** Es el mayor banco de los EE. UU., considerado la mayor empresa de gestión de las finanzas mundiales. Su sede central está en Charlotte, Carolina del Norte (EE. UU.).
- **Otras** organizaciones, por su importancia estratégica, constituyen un foco de influencia de enorme trascendencia en la economía mundial:
  - **OPEP** (Organización de Países Exportadores de Petróleo). Su objetivo es el de unificar las políticas de los países miembros acerca del precio del petróleo, con la idea de garantizar un suministro regular y económico a los consumidores a la vez de procurar un rendimiento justo a los inversores. Sus integrantes se reúnen dos veces al año en Viena (Austria).

- **FAO** (Organización de la ONU para la Alimentación y la Agricultura). Sus aportaciones estadísticas influyen decisivamente en la orientación estratégica del comercio internacional. Tiene sedes en Washington y en Roma (Italia).
- **BID** (Banco Interamericano de Desarrollo). Es la principal institución financiera multilateral de América Latina y el Caribe; brinda financiación y asistencia técnica a proyectos de desarrollo de estas regiones. Tiene su sede en Washington.

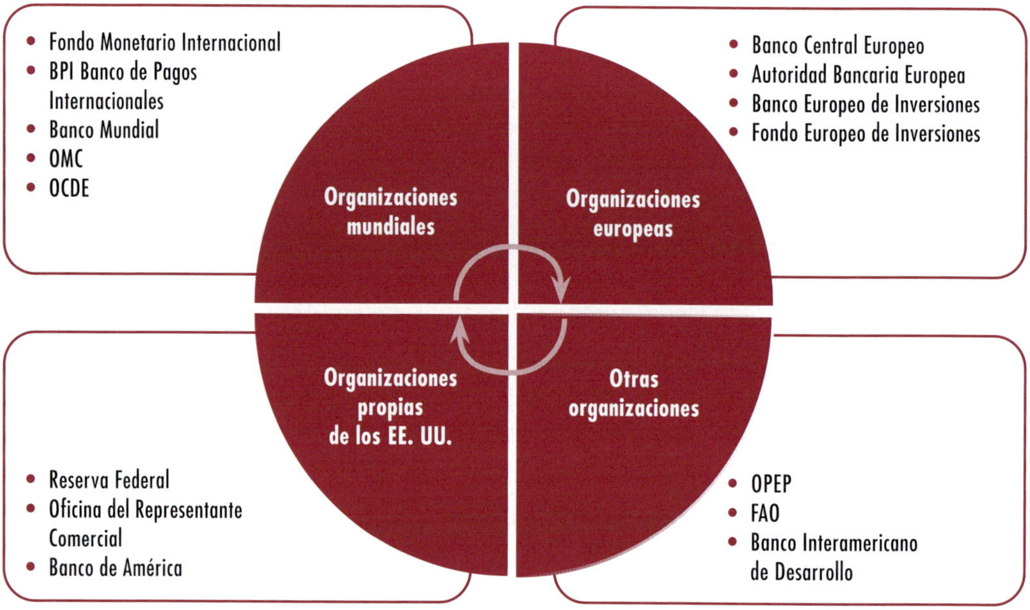

Figura 2.1. El sistema financiero internacional.

Actividad propuesta 2.1

Material. https://www.cope.es/actualidad/economia/noticias/bolsa-saca-musculo-espera-reserva-federal-mientras-petroleo-una-tregua-20230920_2907110

Contexto. Sistema financiero internacional.

Lee la noticia propuesta como material de trabajo y a continuación:

a) Explica el sentido del titular de la noticia de forma clara y sencilla, sin usar metáforas ni ninguna otra figura retórica, sin modificar el sentido.

b) Identifica en el texto tres grandes organizaciones del sistema financiero internacional y comenta qué decisiones toman y cuál es su trascendencia.

c) Cita otro de los factores influyentes en el sistema financiero internacional contenido en el texto y comenta en el aula qué sucedió ese día.

2.2. Estructura del mercado de divisas o mercado FOREX

En el mercado FOREX se negocian divisas. La **divisa** es la moneda extranjera referida a la unidad del país de que se trata. Son ejemplos, el euro en los países de la Unión Europea, el dólar en Estados Unidos o el franco suizo. La nomenclatura de las divisas se rige por el código ISO *(International Organization for Standarization)*. Este código está compuesto por tres siglas, las dos primeras referentes al país y la última la inicial de la divisa:

- USD: *United States Dollar.*
- GBP: *Great Britain Pound.*
- JPY: *Japan Yen.*

El euro constituye una excepción a la regla, ya que su código es EUR.

Conviene puntualizar que en el contexto financiero se distinguen, a efectos de la operativa bancaria (cotización, gestión de las solicitudes y movimientos, comisiones, tarifas), dos apelativos distintos como referencia a las divisas:

- **Operaciones en divisas:** operaciones realizadas en moneda extranjera sin soporte físico, como, por ejemplo, cargos y abonos en cuenta, transferencias y préstamos.
- **Operaciones en moneda extranjera:** operaciones que comportan entregas de dinero físico, en papel moneda.

Entonces, si una empresa desea disponer de billetes extranjeros en efectivo, por ejemplo, para entregar a un ejecutivo que ha de desplazarse, debe solicitar al banco moneda extranjera; si desea realizar un pago o transferir divisas a una cuenta en el extranjero, debe solicitar al banco una operación en divisas. Las dos opciones suponen distintas comisiones bancarias y distintos tipos de cambio. En cualquier caso, el banco para atender a su cliente obtendrá las divisas en el mercado FOREX.

Ejemplo 2.1

La empresa Asturiana de Zinc, S. A., líder de la producción minera española, desea abrir una delegación comercial en Kazajistán que le permita abrir el mercado en aquel país. Para ello, estudia enviar dos personas de la dirección ejecutiva que deberán permanecer en la región durante algunos meses. Esta gestión requerirá inicialmente de pagos en efectivo para satisfacer pequeños gastos (desplazamientos locales, manutención, estancia), concepto que se presupuesta en 10 000 euros. En este país, la moneda es el tenge (1 € = 450 tenge KZT), pero dadas las dificultades de obtener esta moneda en España, la empresa opta por solicitar dólares estadounidenses.

Ante este proyecto, la empresa dispone de dos alternativas, cuyo coste y oportunidad deberá valorar:

a) **Operación en moneda extranjera:** solicitar al banco el equivalente de 10 000 euros en dólares estadounidenses, según el cambio que corresponda al día que se efectúe la operación, recibir el dinero en metálico y entregarlo físicamente a los ejecutivos que han de realizar el viaje, quienes podrán cambiar las divisas por su equivalente en moneda local (tenge).

b) **Operación en divisas:** solicitar al banco que transfiera a una cuenta bancaria ubicada en Kazajistán el importe que se desee, expresado en divisas, en este caso dólares estadounidenses. Los ejecutivos podrán disponer de esta cuenta una vez que estén en el país de destino y cambiar los dólares estadounidenses por la moneda local.

Actividad propuesta 2.2

Material. Páginas web de las principales entidades bancarias.

Contexto. Una empresa *startup* española, ubicada en Silicon Valley, ofrece un puesto de trabajo para un técnico en comercio internacional y has decidido presentarte como candidato/a, por lo que crees vas a necesitar 1000 dólares para gastos de manutención y estancia. El hotel cuesta 500 $ y requiere el pago anticipado por transferencia; los 500 $ restantes se llevarán en efectivo.

a) ¿Qué operación se realizará en divisas y cuál en moneda extranjera? Pregunta a tu banco acerca de qué comisiones aplica en estos casos o haz la consulta en su página web.
b) Calcula si con el tipo de cambio actual es suficiente con disponer de 1000 euros para realizar estas operaciones.

Recuerda

Las operaciones financieras, como la compra y venta de divisas, están exentas del impuesto sobre el valor añadido (IVA).

El mercado de divisas donde operan bancos e instituciones recibe comúnmente la denominación de **mercado mayorista**. Alternativamente, se realizan operaciones de compraventa e intercambio de moneda extranjera en agencias de cambio con la finalidad de atender necesidades de desplazamientos y viajes. El mercado donde se realizan estas operaciones en billetes físicos es el **mercado minorista**.

El comercio internacional justifica una parte muy relevante de las operaciones del mercado de divisas, dado que las empresas importadoras y exportadoras las utilizan habitualmente en su actividad. Las divisas necesarias para el pago de una importación, para la inversión en un país extranjero o para cualquier otro objetivo financiero en el exterior pueden ser obtenido, además de las procedentes del cobro de las exportaciones y depositadas en una cuenta bancaria en moneda extranjera, mediante compra en el mercado FOREX.

El FOREX, abreviadamente FX, siglas anglosajonas de *Foreign Currence Exchange,* es el mercado financiero más grande del mundo, donde diariamente se producen operaciones por más de 5000 billones de dólares. A diferencia del mercado de valores (bolsa), no existe un establecimiento físico donde se realizan las operaciones, sino que estas consisten únicamente en movimientos electrónicos.

En el FOREX se canaliza y promueve el intercambio de divisas y, consecuentemente, facilita las inversiones y el comercio internacional, aunque, en gran parte, el número y volumen de operaciones tienen un carácter únicamente especulativo.

Las **funciones básicas** del mercado FOREX son las siguientes:

- **Conversión de moneda.** La función principal del FOREX es facilitar la conversión de una moneda en otra, mediante el procedimiento de compra o venta en el mercado. Esta función es esencial para el comercio internacional y las transacciones globales. Los participantes, como empresas, inversores y Gobiernos, utilizan el mercado FOREX para convertir una moneda en otra según sus necesidades.
- **Fijación de precios.** En el mercado de divisas se establecen los precios de unas monedas en relación con otras, es decir, se define el número de unidades de una moneda que hay que entregar para obtener una unidad de una moneda distinta (**pares de divisas**). Estas equivalencias fluctúan constantemente debido a factores como la oferta y la demanda, los tipos de interés, el nivel de inflación y los informes sobre ocupación laboral.

  Los pares de divisas pueden ser **mayores** (las divisas de mayor importancia), **menores** (las que no incluyen el dólar estadounidense) y **exóticos** (formados por una divisa principal y la de un país emergente).
- **Coberturas de riesgo de cambio.** Las operaciones en moneda extranjera, bien sean de carácter especulativo o comercial, disponen en el FOREX de herramientas de cobertura del riesgo de cambio. Las grandes operaciones de comercio internacional en las que se mueven cientos o miles de millones de euros, dólares o cualquier otra divisa, se aseguran para ser ejecutadas al tipo de cambio acordado entre las partes contratantes (contratos de futuros de divisas).
- **Intercambio de fondos.** La falta de liquidez en la tesorería general de un país puede conseguir en países con excedentes de tesorería la posibilidad de intercambio de fondos a través del mercado de divisas.

Dado que en el mercado FOREX se producen constantemente alteraciones en los precios de las divisas, se generan lógicamente oportunidades de **especulación;** por ejemplo, mediante la inversión de una cantidad de dinero en una divisa y la espera a que su precio aumente para recuperar la inversión con ganancias. Estas operaciones en el FOREX se alejan del sentido del comercio internacional, aun cuando además de perfectamente legítimas son mayoritarias en cuanto al volumen de operaciones.

Actividad propuesta 2.3

Material. Herramientas Office.

Contexto. Funciones del mercado FOREX.

a) Presenta un esquema básico de las funciones propias del mercado FOREX, elaborado con la herramienta SmartArt o similar, en el que quede explícito su contenido.

b) Proyecta tu trabajo en el aula y solicita a tus compañeros/as qué podrías añadir y modificar para ofrecer una imagen completa de las funciones del FOREX.

2.2.1. Organismos y entidades que participan en el mercado de divisas

En el mercado de divisas FOREX participan agentes financieros de distinta naturaleza, entre los que destacan los bancos debido a su mayor presencia en la operativa:

- **Bancos comerciales:** son los bancos de acceso ordinario para la ciudadanía y las empresas, cuya actividad básica consiste en la captación de recursos financieros (cuentas de ahorro, libretas, planes de pensiones) que se comercializan como préstamos y créditos. Además, ofrecen todo tipo de servicios financieros y de seguros a cambio de comisiones. Son ejemplos conocidos Banco Santander, CaixaBank, etc. Son los principales actores del FOREX, puesto que cualquier operación comercial fuera de la Unión Europea implica un movimiento de divisas.
- **Bancos de inversiones:** son bancos especializados en la financiación de las grandes empresas. Sus actividades más relevantes se centran en la intermediación de grandes operaciones de fusión, reestructuración o compraventa de empresas, salida a bolsa y aumentos de capital. Es especialmente conocido el banco de inversión Lehman Brothers, cuya quiebra en el año 2008 supuso el inicio de una gran crisis financiera de ámbito mundial. Otros bancos de inversión son Goldman Sachs, Morgan Stanley y, en España, Barclays.

Ejemplo 2.2

La empresa donde realizas las prácticas proyecta crecer y expandir sus ventas en Estados Unidos. Para ello, considera que la mejor estrategia es comprar una fuerte participación en una empresa del mismo sector económico ya consolidada en ese país, con la idea de controlar la venta y distribución de las mercancías que vaya exportando. Para materializar la compra de acciones por un valor de 500 000 $, solicita esta operación a su banco, quien la gestionará a través del FOREX.

Además de los bancos comerciales y los bancos de inversiones, en el FOREX también intervienen los bancos centrales, compañías aseguradoras, fondos de inversión, *hedge-funds, dealers* e inversionistas particulares:

- **Bancos centrales:** los bancos centrales son las instituciones responsables en cada país de emitir y controlar la circulación del dinero legal, de las políticas monetarias y de la estabilidad de precios (control de la inflación), de las emisiones de deuda pública, del control y custodia de las reservas en oro y divisas, y en general del control del sistema financiero. La presencia de los bancos centrales en el FOREX es únicamente puntual, a fin de gestionar sus reservas. El Banco de España es el banco central en nuestro país.
- **Compañías aseguradoras:** dado que la actividad económica de seguros requiere la acumulación de grandes reservas financieras en previsión de la necesidad de

atender las obligaciones contraídas por las compañías, es corriente que dichos fondos se estructuren en valores de renta fija pública o privada, presentes y operativos en el mercado FOREX.

- **Fondos de inversión:** canalizan las aportaciones de los ahorradores que desean delegar en gestores profesionales la decisión sobre cómo, cuándo y en qué actuar para rentabilizar su patrimonio. Existe una muy amplia diversidad de fondos de inversión, orientados a distintas estrategias.
- **Fondos soberanos:** son fondos de carácter público dedicados a la inversión en moneda extranjera derivados de sus ingresos procedentes de recursos naturales (petróleo, gas, etc.), o bien para otros fines estratégicos. El Norges, fondo soberano de Noruega, es el mayor del mundo.

RANKING DE LOS FONDOS SOBERANOS QUE MÁS CAPITAL ATESORAN

	Activos (1)	País	Año de establecimiento
1. Government Pension Fund Global	1298	Noruega	1990
2. China Investment Corporation	1200	China	2007
3. Abu Dhabi Investment Authority	829	Emiratos Árabes Unidos	1976
4. GIC	821	Singapur	1981
5. State Administration of Foreign Exchange	813	China	1997
6. Kuwait Investment Authority	692	Kuwait	1953

(1) Miles de millones de dólares.

Figura 2.2. El sistema financiero internacional.

- **Brókeres:** son operadores intermediarios en las operaciones de compra-venta de divisas, por las que reciben una comisión. La mayoría de las operaciones de menor cuantía se realizan por medio de brókeres.
- ***Hedge-funds* o fondos de cobertura:** son asociaciones financieras privadas que operan en los mercados con un alto grado de apalancamiento (créditos recibidos) y un alto riesgo. Su especialidad es la estrategia de toma de posiciones cortas (aquellas en las que se espera una disminución del valor o de la moneda), por lo que su presencia en el FOREX puede ser relevante.
- **FOREX *dealers:*** son agentes intermediarios que compran o venden divisas en el mercado por encargo de sus clientes, pero a diferencia de los *brókeres*, quienes cobran una comisión y, por tanto, siempre obtienen beneficios, los *dealers* compran o venden en su propio nombre para después comprar o vender a sus clientes, con el consiguiente riesgo asociado.
- **Otros inversionistas:** el alto desarrollo de internet como plataforma de gestión financiera permite también operar directamente en el FOREX a inversores particulares desde una terminal *smartphone*, o *trading* móvil. En 2018, la *app* de mayor difusión para operaciones en divisas fue MetaTrader 5.

Actividad propuesta 2.4

Material. Acceso a internet, herramientas Office.

Contexto. Empresa importadora que necesita divisas para realizar pagos.

a) De los agentes financieros que actúan en el FOREX, ¿cuál o cuáles serían los más apropiados para adquirir las divisas necesarias para realizar el pago de una importación? Razona la respuesta.

b) Averigua las tarifas vigentes para operaciones de compra y venta de divisas al contado de cuatro bancos y calcula cuál sería el coste de la comisión para comprar dólares por valor de 100 000 euros.

c) Presenta un cuadro comparativo de los resultados.

Sabías que

Según estudios estadísticos de abril de 2022, el dólar estaba involucrado en el 88 % de las transacciones en el FOREX. Por su parte, el euro estaba presente en un 30 %, el yen en un 17 % y la libra esterlina un 13 %. El yuan chino, por su parte, estaba en un 7 %, habiendo experimentado una fuerte subida en los últimos tiempos.

2.2.2. Normativa reguladora del mercado

No existe ningún organismo que actúe como intermediario legal que garantice el cumplimiento de las operaciones acordadas en el FOREX, sino que se trata de un mercado libre, de carácter privado. En realidad, cada operación realizada es un **contrato particular** entre las personas físicas o jurídicas presentes e interesadas.

En la medida en que el FOREX es el mercado financiero de mayor dimensión y de mayor liquidez del planeta y que además trabaja permanentemente las 24 horas del día durante 5,5 días a la semana incidiendo en el sistema, se plantea un desafío importante para su regulación normativa. A pesar de ello, **no existe un único organismo** mundialmente centralizado, sino que las operaciones únicamente se supervisan a través de distintos organismos gubernamentales ubicados en los principales centros financieros del mundo.

Estos organismos de supervisión globales regulan el mercado de divisas al establecer estándares que deben cumplir todos aquellos intermediarios que se hallan bajo su jurisdicción, como es el caso de Estados Unidos, por ejemplo, donde existen dos organizaciones que supervisan las operaciones en el FOREX, National Futures Association y Commodities Futures Trading Commission, o la Financial Conduct Authority en el Reino Unido.

En España, esta función corresponde a la Comisión Nacional del Mercado de Valores.

Las funciones propias de estas organizaciones se dirigen a garantizar la integridad y la transparencia de los mercados de futuros y la protección a los inversores. Para ello establecen estándares de conducta a los profesionales dedicados a esta actividad y programas de educación y capacitación.

Recuerda

Los mercados de futuros son plataformas donde se negocian contratos de futuros, que son acuerdos entre dos partes para comprar o vender un activo financiero o materia prima a un precio acordado en una fecha futura.

Actividad propuesta 2.5

Material. Acceso a internet, herramientas Office.

Contexto. Regulación del mercado de divisas.

a) Investiga si existe alguna normativa o recomendación acerca de posibles fraudes en el mercado de divisas propiciada por organismos de supervisión internacionales (*FOREX trading scams*) y traduce el texto.

b) Comenta en el aula, bajo la dirección docente, el posible funcionamiento de estafas en las operaciones de divisas y cómo se recomienda actuar.

2.3. Funcionamiento del mercado de divisas

El mercado de divisas FOREX es un mercado libre, no reglado y de carácter privado, ya que cada una de las operaciones que se realiza está soportada únicamente por un contrato particular entre las partes. En él pueden participar personas de cualquier naturaleza jurídica, incluidos particulares, siempre a través de los intermediarios legales, denominados **corredores de divisas o brókeres.** Un bróker es una persona jurídica que actúa como intermediaria entre compradores y vendedores.

Para operar en el mercado de divisas, la empresa demandante firma un contrato de servicios con el corredor de divisas o bróker. La operativa se realiza a través de una plataforma de *trading* especial, en la que, tras depositar el dinero necesario en la divisa base, se envía digitalmente la orden de compra o venta al corredor. Este, quien tiene un contrato con un banco de inversión que actúa como proveedor de liquidez, ejecuta la operación y recibe a cambio una comisión o corretaje.

A diferencia de los mercados bursátiles, el mercado FOREX no se identifica geográficamente con ningún lugar, ya que se trata de una red interconectada en la que participan bancos e instituciones financieras de todos los países del mundo. Los centros operativos más importantes se hallan en Fráncfort, Londres, Nueva York, Zúrich, Chicago, Toronto, Baréin, Hong Kong, Singapur, Tokio y Sídney. El mercado abre los domingos por la tarde en Sídney (Australia) y permanece abierto durante 5,5 días las veinticuatro horas del día, hasta su cierre en Nueva York (Estados Unidos), según el huso horario.

La operativa se desarrolla en tres sesiones principales: la sesión de Tokio, la sesión de Londres y la sesión de Nueva York, además de Sídney, de importancia menor. En las franjas horarias de mayor afluencia (*best trading time*) de operaciones se solapan abiertos los mercados de Tokio y Londres, entre las 8:00 y las 9:00 horas, y por la tarde se solapan los mercados de Londres y Nueva York, entre las 13:00 y las 17:00 horas.

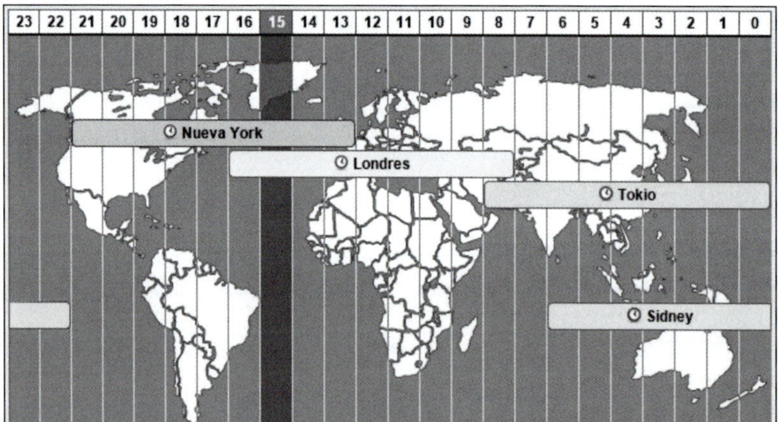

Figura 2.3. Distribución horaria del mercado de divisas. *Fuente:* Rankia.com.

2.3.1. Divisa. Convertible y no convertible

La divisa **convertible** es aquella que puede ser cambiada libremente por la divisa de otro país. En las transacciones internacionales se utilizan como medio de pago las divisas convertibles, al tipo de cambio vigente en el momento de las operaciones, ya que su aceptación es universal y gozan de total **liquidez.** Pueden ser cambiadas, si se desea, por la moneda local de cada país, o bien pueden mantenerse cuentas bancarias específicas en divisas.

La Tabla 2.1 muestra las divisas convertibles.

Tabla 2.1. Las divisas convertibles

Divisa	Abreviatura
Dólar estadounidense	USD
Euro	EUR
Libra esterlina	GBP
Yen japonés	JPY
Franco suizo	CHF
Dólar canadiense	CAD
Dólar australiano	AUD
Dólar neozelandés	NZD
Corona sueca	SEK
Corona danesa	DKK
Corona noruega	NOK
Yuan chino	CNY
Rublo ruso	RUB

La divisa **no convertible,** por el contrario, es aquella cuyo uso es exclusivo del país de origen y no es aceptada como moneda de pago internacional. Su operativa está establecida por el Estado emisor.

Ejemplo 2.3

El córdoba nicaragüense o el chelín de Kenia no son monedas convertibles, puesto que únicamente se utilizan para transacciones internas en sus respectivos países y no son aceptadas en el comercio internacional.

2.3.2. Oferta y demanda de divisas

En el mercado FOREX, la **oferta** de divisas es aquella cantidad de divisas que los agentes ofertantes están dispuestos a vender en el mercado a un precio reconocido y concreto. El precio de oferta es el precio al cual los operadores están dispuestos a vender.

En contraposición, **demanda** de divisas es la cantidad total de divisas que los agentes demandantes están dispuestos a adquirir en el mercado también a un precio reconocido y concreto. El precio de demanda es aquel que los compradores están dispuestos a pagar por una divisa.

Al igual como sucede en la economía global, la relación existente entre **la oferta y la demanda** de una divisa a un precio determinado es el principio básico sobre el que se basan las operaciones en las que participan compradores y vendedores. La coincidencia entre oferta y demanda determina el precio final de la operación.

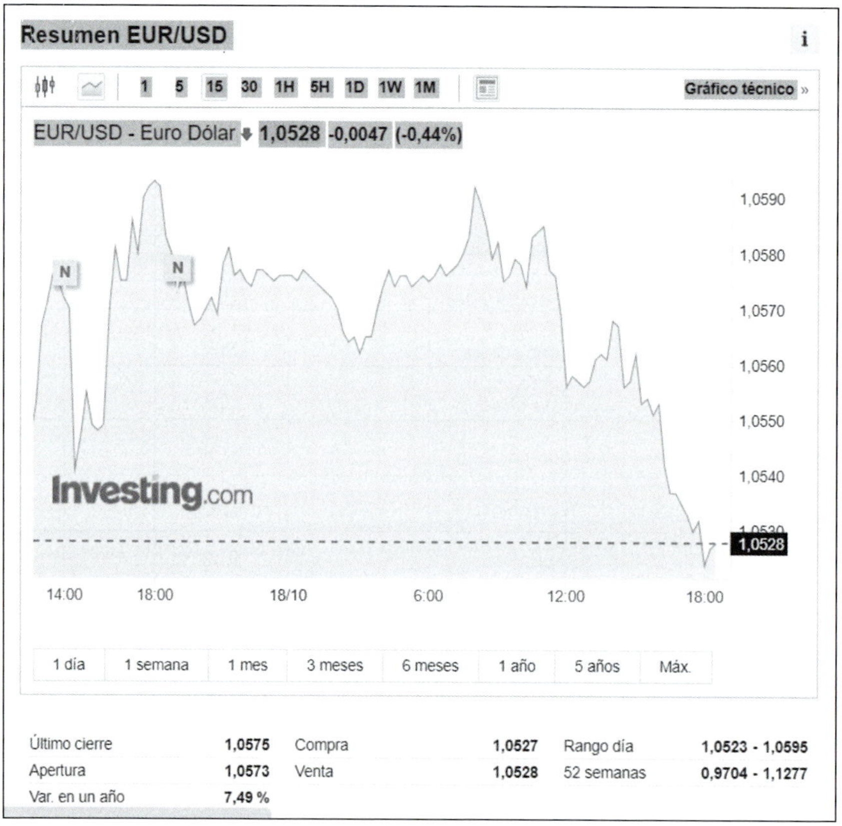

Figura 2.4. Cotizaciones de divisas en tiempo real, ofrecidas por Investing.com, del día 18/10/2023.

Ejemplo 2.4

El gráfico de la Figura 2.4 muestra la evolución de la cotización del euro con respecto al dólar a lo largo del día 18/10/2023, entre las 14:00 y las 18:00 horas. La **demanda** en ese momento estaba dispuesta a comprar dólares estadounidenses a razón de 1,0527 $ por euro. A su vez, la **oferta** estaba situada a 1,0528 $ por euro. El *spread* o diferencial estaba situado en 1,0527 – 1,0528 = –0,0001 (un ***pip*** en el argot usado en el mercado).

Actividad propuesta 2.6

Material. Hemerotecas y otras fuentes de información.

Contexto. Financiación internacional durante la Segunda Guerra Mundial.

a) Mediante consultas en la red o visualización de vídeos, explora el papel que jugó el franco suizo como divisa fuerte en la Segunda Guerra Mundial y comprueba cómo influyó el principio de oferta y demanda de esta divisa.

b) Comenta en el aula, en voz alta, los resultados obtenidos al resto de compañeros/as, participa en un debate y contesta adecuadamente a las preguntas que te sean formuladas.

2.3.3. Precio o tipo de cambio. Tipos de compra y de venta

Como consecuencia de la presión de la oferta y de la demanda, las divisas se intercambian entre compradores y vendedores al precio de mercado, variable regularmente. La relación existente entre el precio o valor de una divisa y otra se denomina **tipo o tasa de cambio.** El tipo de cambio indica qué cantidad de monedas de una divisa es necesaria para obtener una unidad de otra. La **divisa base,** también conocida como moneda base o moneda principal, es la moneda que se utiliza como referencia en un par de divisas en el mercado FOREX. En un par de divisas, la divisa base es la que se toma como punto de partida para determinar el valor de la otra moneda, que se conoce como **divisa cotizada.** Por ejemplo, en el par de divisas EUR/USD, el euro (EUR) es la divisa base y el dólar estadounidense (USD) es la divisa cotizada. El valor de un par de divisas indica cuántas unidades de la divisa cotizada se necesitan para comprar una unidad de la divisa base.

La forma de expresión de los tipos de cambio, muy habitual entre los especialistas, es la de escribir en mayúsculas primero la divisa base y, a continuación, la divisa *counter*, separadas por una barra inclinada o incluso sin ninguna separación.

Ejemplo 2.5

- **EUR/USD** = 1,05 significa que cada euro (divisa base) equivale a 1,05 dólares (divisa cotizada). En este caso, una cuenta corriente en euros con un saldo de 10 000 € equivale teóricamente a 10 000 × 1,05 = 10 500 dólares. Si se deseara convertir, se aplicaría la tasa de conversión exacta del día y el intermediario aplicaría comisiones correspondientes.

- **USD/EUR** = 0,95 significa que cada dólar (divisa base) equivale a 0,95 € (divisa cotizada). Así, una cuenta corriente en dólares con un saldo de 10 000 $ equivale a 10 000 × 0,95 = 9500 euros.
- **CNY/EUR** = 0,13 significa que un yuan (divisa base) equivale a 0,13 euros (divisa cotizada). Un producto ofrecido por una empresa china tasado en 25 000 yuanes costaría 25 000 × 0,13 = = 3250 euros, más gastos de intermediación.
- **EUR/CNY** = 7,55 significa que un euro (divisa base) equivale a 7,55 yuanes (divisa cotizada). Ejemplo. Si un comerciante chino residente en España quiere enviar 10 000 € a un familiar suyo residente en China, calculará que recibiría 75 500 yuanes, menos las comisiones aplicadas.

De la misma forma como sucede en cualquier mercado, en el mercado FOREX las divisas pueden comprarse (posición compradora *bid*) o venderse (posición vendedora *offer* o *ask*), mediante el cruce de la demanda y la oferta. La diferencia entre el precio ofertado de compra (*bid*) y el de venta (*ask*) se denomina *spread*.

Ejemplo 2.6

El gráfico de la Figura 2.5 muestra el tipo de cambio del euro con respecto al dólar, expresado como EUR/USD, a fecha de 18 de septiembre de 2018, a las 9:56 horas, en este caso 1,1684. Esto significa que para obtener un euro son necesarios 1,1684 dólares.

Figura 2.5. Cotizaciones de divisas en tiempo real, ofrecidas por Infobolsa.es. *Fuente:* Infobolsa.es.

El mismo gráfico muestra el tipo o tasa de cambio de la libra esterlina (EUR/GBP) y del yen japonés (EUR/JPY) respecto del euro en la misma fecha: son necesarias 0,8894 libras esterlinas o 130,815 yenes japoneses para obtener un euro.

Sabías que

El valor del euro con respecto al dólar estadounidense estuvo durante largo tiempo estabilizado dentro de un rango comprendido entre 1,1 € y 1,2 €. Así, en 2021 era necesario disponer de 1,18 dólares para adquirir 1 euro. A partir de febrero de 2022, en que empezó la guerra entre Rusia y Ucrania, esta relación ha ido descendiendo progresivamente hasta alcanzar prácticamente la paridad a finales de 2023.

Oferta y demanda se modifica continuamente en función del tipo de orden recibida (de mercado, limitada, etc.), cerrándose la operación en el momento que coincide la oferta y la demanda.

Ejemplo 2.7

Si el euro cotiza en relación con el dólar estadounidense a 1,08 (EUR/USD = 1,08) en fecha de hoy y al cabo de un tiempo cotiza a 1,10 (EUR/USD = 1,10) se dice que el euro se ha apreciado con respecto al dólar y que, a su vez, el dólar se ha depreciado con respecto al euro.

Si el dólar estadounidense cotiza a finales de septiembre de 2024 con respecto al yuan chino a 7,20 (USD/CNY = 7,20), y en el mes de mayo del mismo año cotizaba a 6,90 (USD/CNY = 6,90) significa que el dólar se ha apreciado con respecto al yuan chino y que, a su vez, el yuan chino se ha depreciado con respecto al dólar estadounidense.

ACTIVOS Personaliza mi listado **Vista Principal**

PREDETERMINADOS Criptos USD EUR CAD GBP JPY Índices Materias Primas Mostrar más

ACTIVO	ENLACES	ÚLTIMO	OFERTA	DEMANDA	CAMBIO	% CAMBIO	APERTURA	MÁXIMO	MÍNIMO	TENDENCIA	OB/OS	VOLATILIDAD
▲ EUR/USD		1.05161	1.05156	1.05166	0.004960	0.47 %	1.0466	1.0532	1.0451	▲		Alta
▲ GBP/USD		1.21503	1.21498	1.21508	0.007340	0.61 %	1.2076	1.2177	1.2037	▲		Alta
▼ USD/CHF		0.91618	0.91613	0.91623	-0.004850	-0.53 %	0.9210	0.9232	0.9143	▼▼		Subiendo
▼ USD/JPY		148.8730	148.8680	148.8780	-0.1500	-0.1 %	149.02	149.31	148.73	▼		Bajando
▲ USD/CAD		1.37395	1.37390	1.37400	0.003240	0.24 %	1.3707	1.3779	1.3690	▲		Alta
▲ AUD/USD		0.63342	0.63337	0.63347	0.003230	0.51 %	0.6301	0.6342	0.6286	▲		Alta
▲ NZD/USD		0.59205	0.59199	0.59211	0.001155	0.2 %	0.5909	0.5926	0.5870	▲		Alta

Figura 2.6. Cotizaciones de divisas en tiempo real, octubre 2023, ofrecidas por https://www.fxstreet.es. *Fuente:* FX Street.

La operativa de cambio de divisas se ejecuta electrónicamente y en red en tiempo real, por lo que los precios están cambiando constantemente. Si una relación de cambio aumenta, se dice que la divisa base se aprecia y la divisa cotizada, deprecia. Es de uso corriente la expresión *expanding* para referir una tendencia al alza y *shrinking* como tendencia a la baja.

Ejemplo 2.8

Un inversor dispone de 20 000 € y desea operar en el FOREX con la idea de adquirir experiencia y un profundo conocimiento del sistema, a fin de consolidar su formación en temas de comercio internacional.

En fecha 2/11/2024 compra dólares estadounidenses al cambio del día, EUR/USD = 1,1417, y, por tanto, recibe 20 000 € × 1,1417 = 22 834 $.

En fecha 15/11/2024 consulta la cotización del día y comprueba que el cambio es de EUR/USD = = 1,1645. ¿Qué consecuencias le puede suponer este nuevo tipo de cambio?

- Si ahora vendiera los 22 834 $ que tiene en su poder, le entregarían 22 834 $/1,1645 = = 19 608, 42 €, es decir, 391,58 € menos, un 1,96 % menos.
- Si ahora decidiera invertir otros 20 000 €, le entregarían 20 000 € × 1,1645 = 23 290 $, es decir, 456 $ más que el 2/11/2024, un 2 % más.

Estos cálculos explican y justifican que el dólar estadounidense se ha **depreciado** en este período en relación con el euro, o lo que es lo mismo, el euro se ha **apreciado** en relación con el dólar (a efectos de simplicidad del ejemplo no se consideran comisiones o gastos y se consideran iguales los precios de compra y de venta).

Recuerda

- Cuando el euro se **deprecia con respecto al dólar,** con un euro se pueden comprar menos dólares, o, lo que lo mismo, con un dólar se puede conseguir más euros.
- Cuando el euro se **aprecia con respecto al dólar,** con un euro se pueden comprar más dólares, o, lo que es lo mismo, con un dólar se pueden comprar menos euros.
- Cuando el dólar se **deprecia con respecto al euro,** con un dólar se pueden comprar menos euros o, lo que los mismo, con un euro se pueden conseguir más dólares.
- Cuando el dólar se **aprecia con respecto al euro,** con un dólar se pueden comprar más euros, o, lo que es lo mismo, con un euro se pueden comprar menos dólares.

Sabías que

Según André Kostolany, norteamericano experto en el mercado FOREX, las palabras de uso más corriente en el mercado de divisas son «quizá», «podría ser», «posiblemente», «según se espera», «a pesar de», «yo pienso», «en mi opinión», «me parece», expresiones todas ellas que indican incertidumbre, muy indicadoras del carácter del mercado.

Actividad propuesta 2.7

Material. Acceso a internet, herramientas Office.

Contexto. Relaciones comerciales entre los dos gigantes de la economía mundial, Estados Unidos y China.

Localiza noticias y documentación, preferentemente en inglés, acerca del intercambio comercial entre Estados Unidos y China en los últimos años.

a) Comprueba si en el período estudiado ha habido apreciación o depreciación significativa del yuan chino con respecto al dólar estadounidense. Selecciona información de fuentes de EE. UU., China y Europa.

b) Busca información acerca de qué motivos han impulsado al yuan a apreciarse o devaluarse en relación con el dólar en los últimos tiempos.

c) Explica, en breves líneas, qué efecto podría suponer una apreciación o depreciación del yuan chino en relación con las importaciones de productos elaborados chinos en el mercado norteamericano.

La evolución a lo largo del tiempo de la cotización de una divisa en relación con otra se suele mostrar gráficamente por períodos, parámetro que la persona usuaria puede seleccionar.

Conceptos importantes

Depreciación de una divisa: en el mercado FOREX, disminución del precio de una divisa con respecto a otra como consecuencia de la disminución o el aumento de la oferta y la demanda.

Devaluación de una divisa: disminución brusca del tipo de cambio de la divisa por efecto de decisiones políticas y económicas de las autoridades monetarias.

Ejemplo 2.9

La relación de cambio entre el dólar estadounidense y la libra esterlina a lo largo de 2018 se muestra en el gráfico de la Figura 2.7.

Período	Variac. %	Máximo	Mínimo
Semana	0,17	1,2740	1,2613
Este año	-6,31	1,4378	1,2477
Últimos 12 meses	-5,43	1,4378	1,2477

Figura 2.7. Gráfico de la evolución en el tiempo de la cotización del dólar estadounidense con respecto a la libra esterlina, en un período seleccionado de doce meses (2018). *Fuente:* Finanzas.com.

Actividad propuesta 2.8

Material. Acceso a internet, herramientas Office.

Contexto. Operaciones en el mercado de divisas.

a) Investiga qué tipo de cambio aproximado cotizó el euro con respecto al dólar a mediados de 2023.

b) Establece una comparación con el tipo de cambio actual mediante un ejemplo práctico en el que un importador realiza dos operaciones iguales, una a mediados de 2023 y otra en la actualidad, y explica qué ha ocurrido.

c) Complementa el trabajo con un gráfico equivalente al de la Figura 2.7, en este caso para la relación EUR/USD, eligiendo la opción de gráfico histórico 2023-actualidad (*Fuente:* Finanzas.com).

2.3.4. Variables que influyen en la fluctuación del tipo de cambio de una divisa

La fluctuación del tipo de cambio de una divisa se debe fundamentalmente a la presión en los mercados de la **oferta** o la **demanda** de la moneda, presión que viene generada por numerosos factores, en su mayor parte de carácter sociopolítico o macroeconómico, pero también por factores netamente psicológicos.

Para analizar los factores que influyen en la fluctuación del tipo de cambio de una divisa debemos considerar dos entornos distintos de trabajo:

- **Comercio internacional.** Desde el punto de vista de las necesidades de divisas y en consecuencia de las variables que influyen en la fluctuación del tipo de cambio, hay que distinguir:
  - **Importaciones y exportaciones.** Para importar bienes y servicios, las empresas necesitan disponer de divisas para pagar a los proveedores extranjeros, con lo que se impulsa la demanda. En sentido inverso, los ingresos por exportaciones constituyen fuente directa de divisas.
  - **Inversiones:** cuando una empresa decide expandir sus actividades internacionales requiere de una fuerte inversión que debe ser financiada. Para ello, necesita adquirir la moneda extranjera del país de destino, lo que aumenta la demanda de esa moneda. En sentido inverso, la inversión de empresas extranjeras en España representa una importante entrada de divisas.

  La variabilidad en el tipo de cambio de las divisas empleadas en el comercio y en la inversión internacional es debida a factores de carácter macroeconómico (precios del petróleo y materias primas, crecimiento económico en países no desarrollados, globalización) y, por tanto, debe evaluarse en el medio y largo plazo.

- ***Trading*** o acción de negociar en el FOREX con el objetivo de alcanzar rentabilidades a muy corto plazo mediante la compra y venta de divisas, frecuentemente en períodos de algunos días, horas o incluso en operaciones en minutos (operaciones intradía).

En el día a día del mercado de divisas FOREX, la fluctuación constante del tipo de cambio es aprovechada por operadores *trading,* en cuyas decisiones de compra o de venta influyen directamente, además de la evolución de las grandes variables macroeconómicas, sociales o políticas, motivos de índole psicológica que pueden influir y alterar los resultados en el muy corto plazo. Puede considerarse, en este grupo, la especulación basada en noticias, la renta disponible de los ciudadanos y factores de estabilidad política:

- **La especulación:** noticias o incluso rumores sobre la evolución económica positiva de un país suelen atraer compradores de su moneda llevados por la esperanza de que su valor aumente; esta situación genera a su vez una mayor demanda que justifica que el tipo de cambio se incremente. Por el contrario, noticias de carácter negativo sobre la economía de un país inducen a desprenderse de la divisa, y, por tanto, influyen en la disminución de la cotización. Nótese que estos motivos contienen un sustento psicológico importante, base del sentido especulativo de las operaciones.
- **La renta disponible:** el aumento del poder adquisitivo de la ciudadanía de un país genera un mayor consumo; este mayor consumo evoluciona hacia nuevos productos y servicios, genera mayores importaciones y termina provocando una mayor demanda de divisas extranjeras, en detrimento de la divisa local, cuyo precio disminuye. La disposición de la renta disponible, si bien es un dato cuantificable económicamente, viene influenciada por factores de orden psicológico, como puede ser la visión subjetiva de la economía, influenciada por tendencias.
- **La inestabilidad sociopolítica:** en la medida que se produce inestabilidad de carácter político en un área o región geográfica, y en mayor medida si esta inestabilidad presenta episodios de violencia o terrorismo, la presencia de capitales extranjeros tiende a disminuir; como consecuencia, disminuye la demanda de la divisa local y esta pierde valor, tiende a depreciarse en el corto y medio plazo. La cotización de dólar estadounidense, divisa más cotizada mundialmente, es muy sensible a los factores que aportan o sugieren estabilidad en el sistema.

Sabías que

Históricamente se ha dicho que los enemigos mortales del especulador son la ignorancia, la codicia, el miedo y la esperanza.

Actividad propuesta 2.9

Material. Ninguno específico.

Contexto. El responsable marroquí de Operaciones de Cambio, Mounir Razki, anunció en 2017 que el tipo de cambio del dírham en relación con el euro y el dólar se flexibilizaría con la intención de promover la industria y declaró públicamente: «Con la modificación del tipo de cambio racionalizaremos más la compra de divisas: cuanto más caro es el precio de las divisas, menos consumimos y más nos orientaremos hacia la industria nacional en lugar de importar».

a) Explica en voz alta al compañero o compañera más próximo en el aula, con tus propias palabras, el sentido de las declaraciones del ministro marroquí, y cómo deben interpretarse.

b) Plantea un ejemplo relacionado con el contenido expresado.

Actividad propuesta 2.10

Material. Acceso a la red, herramientas Office.

Contexto. Conflicto Israel - Hamás.

a) Busca en la red datos concretos acerca de la cotización de la moneda israelí (shekel) en relación con el dólar estadounidense a mediados de año 2023, anteriormente al estallido del conflicto y datos de la cotización a finales de 2023. Comenta la evolución de la cotización de la moneda israelí y sus posibles causas.

b) Consulta la cotización del shekel en tiempo real actual y compárala con la de finales de 2023. ¿Existe alguna relación con la evolución del conflicto?

2.3.5. Tipo de cambio y tipo de interés de una divisa

El tipo de cambio no solo depende de la oferta y la demanda del mercado FOREX, sino también de la política cambiaria que adopte cada país. La **política cambiaria** es el conjunto de medidas que toma un Gobierno o un banco central para influir en el valor de su moneda frente a otras. Estas medidas pueden ser de dos tipos: intervención directa o indirecta.

Intervención directa

Consiste en comprar o vender divisas en el mercado para modificar su precio. Por ejemplo, si un país quiere depreciar su moneda para favorecer sus exportaciones, puede vender su moneda y comprar divisas extranjeras, aumentando la oferta de su moneda y reduciendo la demanda de las otras.

Intervención indirecta

Consiste en modificar las variables macroeconómicas que afectan al tipo de cambio, como las tasas de interés, la inflación, el déficit público, etc. Por ejemplo, si un país quiere apreciar su moneda para controlar la inflación, puede subir las **tasas de interés**, atrayendo más inversores extranjeros y aumentando la demanda de su moneda.

Según el grado de intervención que ejerza un país sobre el tipo de cambio, se pueden distinguir diferentes sistemas cambiarios:

- **Tipo de cambio fijo:** el valor de una moneda se mantiene constante respecto a otra moneda o a un patrón oro. El banco central del país emisor interviene en el mercado comprando o vendiendo divisas para mantener el tipo de cambio establecido. El euro y el dólar son las monedas de referencia más usadas para tipos de cambio fijos.
- **Tipo de cambio flexible o flotante:** el valor de una moneda fluctúa libremente según la oferta y la demanda del mercado. El banco central del país emisor no interviene o lo hace mínimamente para evitar movimientos bruscos o especulativos.
- **Tipo de cambio mixto:** en un sistema de tipo de cambio mixto, una parte de la oferta y la demanda de la moneda se determina en el mercado libre, mientras que el Gobierno puede intervenir comprando o vendiendo su propia moneda para mantener cierto nivel de estabilidad o influir en la tasa de cambio.

Además de las variables citadas que afectan a la fluctuación del tipo de cambio de las divisas, el **tipo de interés** vigente en los mercados financieros, regulado por los bancos centrales, afecta directamente en la variación del tipo de cambio de las divisas, debido a su incidencia sobre la rentabilidad de los bonos del Tesoro u otras emisiones de deuda que se usan para financiar al Estado.

En opinión de algunos economistas, los tipos de interés que los bancos pagan por los depósitos en divisas están directamente relacionados con los tipos de interés de los bonos del Tesoro. Los **bonos del Tesoro** son valores emitidos por el Estado para su financiación, con vencimiento entre dos y cinco años. Son habituales y necesarios en la gestión política del país cuando los ingresos fiscales no cubren la totalidad del presupuesto de gastos y resulta necesario emitir deuda para cubrir el déficit. Son emisiones que ofrecen una rentabilidad fija y de bajo riesgo para el inversor, por lo que su presencia y movimiento en los mercados financieros es constante. El tipo de interés que ofrece el Tesoro Público se determina mediante un sistema de subasta pública y presenta valores distintos según el país de que se trate, incidiendo, por tanto, en la oferta y la demanda de divisas, y, en consecuencia, en los tipos de cambio.

Ejemplo 2.10

Si el Tesoro Público de Estados Unidos ofrece un tipo de interés superior a la media de los tipos de interés europeos, aquellos inversores de la zona euro que deseen obtener una mayor rentabilidad de su capital desearán adquirir los bonos del Tesoro estadounidenses. Dado que este tipo de operaciones debe realizarse necesariamente en dólares, las variaciones al alza en los tipos de interés que decida la Reserva Federal producirán un aumento de la demanda de dólares estadounidenses y, por tanto, estos se encarecerán (se apreciarán).

Contrariamente, si los tipos de interés bajan, se impulsará el deseo de los inversores de desprenderse de dólares estadounidenses, aumentará la oferta de venta y disminuirá la demanda, con la consecuencia de que la cotización del dólar estadounidense tenderá a bajar (se depreciará).

No obstante, la complejidad de los sistemas macroeconómicos y la influencia de factores sociopolíticos justifica las numerosas excepciones a la teoría económica. Así, en el período

2015-2018 la cotización del dólar estadounidenses presentó una tendencia al alza, a la vez que los tipos de interés también subieron.

Actividad propuesta 2.11

Material. Herramientas Office.

Contexto. La media de la cotización del euro respecto del dólar (EUR/USD) de los años 2016 a 2022 fue la siguiente:

Año	2016	2017	2018	2019	2020	2021	2022
Cotización media (EUR/USD)	1,11	1,13	1,18	1,11	1,14	1,18	1,05

a) Construye el gráfico de líneas correspondiente a los datos anteriores.

b) Busca cuáles fueron los tipos de interés medios aproximados en Estados Unidos en el mismo período, trasládalos a una tabla y construye el gráfico de líneas que corresponda. Compara ambos gráficos y analiza la relación entre tipos de interés y cotización del dólar. ¿Qué ocurrió en este período 2016-2022?

c) ¿Qué hechos, noticias o sucesos acaecieron en este período que podrían explicar la evolución de los tipos de cambio y las primas de riesgo?

Por otra parte, el bajo riesgo en no cobrar los intereses que existe para el inversor que compra deuda de un Estado de la Unión Europea, en el mercado financiero se estima un riesgo distinto para cada país, sujeto a constantes cambios, riesgo cuya evolución depende de factores políticos y económicos; en la actualidad, se considera una inversión firme y sin riesgo la deuda de Alemania, cuya rentabilidad es baja, pero segura. Para otros países cuya deuda se considera de algún riesgo, los inversores entienden que, como compensación, debe añadirse una prima a los tipos de interés que proporcionan los bonos estatales en emisiones con vencimiento a diez años, denominada **prima de riesgo.** Esta rentabilidad añadida que perciben los inversores que adquieren deuda pública de un país es un indicador de la calidad y la fortaleza de su economía.

La prima de riesgo aporta un mayor beneficio a los inversores en la medida que incrementa sus ingresos, y un mayor coste para las economías de los países emisores que se traduce en un esfuerzo fiscal mayor, con el consiguiente perjuicio para la evolución positiva de la economía y el desarrollo. Su cálculo se basa en la diferencia de rentabilidad del bono alemán en relación con la rentabilidad del país que se analiza.

Recuerda

Un aumento del tipo de interés de una divisa hace que esta se aprecie frente a otras divisas, ya que aumenta su rentabilidad y atrae más inversores. Contrariamente, una disminución del tipo de interés hace que la divisa se deprecie, ya que reduce su rentabilidad y provoca una salida de capitales.

Ejemplo 2.11

En octubre de 2023, la rentabilidad del bono alemán a diez años se situaba en un 2,9 % y, por su parte, la rentabilidad del bono español al entorno del 4,03 %. La diferencia es debida a la prima de riesgo que debe pagar España, al considerarse un activo financiero de riesgo medio.

Prima de riesgo: Bono español: 4,03 % – Bono alemán 2,90 % = 1,13 % (113 puntos)

Actividad propuesta 2.12

Material. Bases de datos estadísticas, acceso a internet.

Contexto. Prima de riesgo.

a) Selecciona libremente quince Estados miembros europeos, y busca y toma nota en una hoja de cálculo de su prima de riesgo actual. Ordena los datos de estos países de mayor a menor prima de riesgo y presenta un gráfico de barras que muestre las primas de riesgo por países, clasificadas de menor a mayor.

b) ¿Cuáles son los tres países con mayor prima de riesgo?

c) ¿Algún país presenta una prima de riesgo igual a cero o bien menor que cero?

d) Calcula la media aritmética de la prima de riesgo de los países seleccionados exceptuando Alemania.

e) ¿En qué posición se encuentra España, en relación con la media europea?

2.4. Tipos de transacciones en el mercado FOREX

Las transacciones en divisas que se realizan en el mercado FOREX son conocidas por distintas palabras técnicas que señalan cada una de ellas las características de la operación:

- **Transacciones *spot* (al contado):** son operaciones de compra y venta de divisas que se realizan de inmediato y se liquidan en un plazo máximo de dos días hábiles después de la fecha de registro. Este período se concede para que cada parte, comprador y vendedor, disponga del tiempo suficiente para gestionar la operativa desde cada país respectivo. El tipo de cambio aplicable en las transacciones *spot* es el que rige en el mismo momento. Este tipo de operaciones es el más frecuente en el mercado FOREX.

  Ejemplo. A fecha de 15 de octubre, Banco Santander compra 50 000 $ en el mercado de divisas, mediante acuerdo con el vendedor alemán Commerzbank, de realizar la operación *spot*, a un tipo de cambio de acuerdo con la cotización del momento (USD/EUR = 0,8645). El movimiento se cierra el 16 de octubre mediante la entrega de 50 000 $ × 0,8645 = 43,225 € por parte de Banco Santander, que recibe a cambio 50 000 $ de Commerzbank. La operación, cerrada dentro de los dos días hábiles concedidos, se califica como *spot*.

- **Transacciones *forward* (a futuro):** son operaciones de compra y venta de divisas en las que se acuerda por las partes una fecha concreta de vencimiento en la cual se cerrará la operación, siempre superior a dos días hábiles, pactando desde el mismo momento del contrato el tipo de cambio aplicable. Este tipo de operaciones permite a ambos agentes financieros asegurar los flujos de tesorería en divisas que necesitan para su negocio, sin que se produzcan riesgos de cambio.

  Ejemplo. A fecha de 15 de octubre, Banco Santander pacta comprar 50 000 $ a futuro, mediante acuerdo con el vendedor alemán Commerzbank, al tipo de cambio de la cotización actual (USD/EUR = 0,8645). Se acuerda por ambas partes cerrar la transacción un mes más tarde, el 16 de noviembre, mediante la entrega de 50 000 $ × 0,8645 = 43 225 € por parte de Banco Santander, que recibirá a cambio 50 000 $ del Commerzbank en la fecha futura acordada, sin que tengan efecto las variaciones sucedidas en este lapso. De esta forma, Banco Santander y Commerzbank aseguran el tipo de cambio que se aplicará dentro de un mes.

- **Transacciones *swap:*** un *swap* de divisas es un acuerdo entre dos entidades financieras en virtud del cual se intercambian divisas con el compromiso de restituirlas a su poseedor actual al final del período concertado. El acuerdo se realiza sobre principales de igual cuantía bajo denominación de diferente moneda. Llegado el vencimiento, se devuelven las cantidades principales al precio al contado del momento en que se celebró el acuerdo. El objetivo general que persiguen las operaciones *swap* es el ahorro en gastos, puesto que cada una de las partes que operan obtiene las divisas que necesita a un coste menor que si las adquiere directamente.

  Ejemplo. Una empresa industrial española A subcontrata parte de su producción a su filial B en la India. Esta, a su vez, importa de España productos químicos de terceros. La empresa española A necesita dólares estadounidenses para pagar a su proveedor en la India, y B necesita euros para pagar sus importaciones de productos químicos; en este contexto, es posible un intercambio *swap*, en beneficio de ambas partes, al reducir el coste de financiación y de obtención de las divisas.

2.4.1. Operativa

Para operar en el mercado FOREX es necesario utilizar órdenes o instrucciones que recibe el corredor o intermediario que las va a ejecutar. Cada tipo de orden indica qué se desea hacer en función de la estrategia escogida si se trata de un movimiento **especulativo;** para órdenes de petición de divisas ordinarias propias del comercio internacional es suficiente la orden de mercado.

Existen seis tipos de orden distintos:

- **Orden a Mercado (*Market Order*):** se refiere a una instrucción que un operador le da a su bróker para comprar o vender un par de divisas al precio actual del mercado. En otras palabras, con una orden de mercado, se está dispuesto a ejecutar la operación de inmediato al precio actual disponible en el mercado.

- **Orden *Stop* de Entrada (*Entry Stop Order*):** es un tipo de orden que se utiliza para entrar en el mercado cuando el precio de un par de divisas alcanza un nivel específico, pero en la dirección opuesta a la que se espera que se mueva el mercado. Esta orden se coloca por encima del precio actual si se espera que el mercado suba, o por debajo del precio actual si se espera que el mercado baje.
- **Orden Limitada (*Limit Order*):** es un tipo de orden que posibilita comprar o vender una divisa a un precio específico o mejor. Esto significa que se establece un precio límite en el que se está dispuesto a ejecutar la operación. Si el mercado alcanza ese precio, la orden se ejecutará automáticamente.

  Ejemplo. Si el EUR/USD se está negociando a 1,0500 y deseas comprar a un precio más bajo, puedes colocar una orden limitada a 1,0400. Esto significa que solo comprarás EUR/USD si el precio baja a 1,0400 o mejor. Del mismo modo, si deseas vender a un precio más alto que el actual, puedes colocar una orden limitada de venta a un precio superior al precio actual del mercado.
- **Orden *Stop* de Pérdidas (*Stop Loss Order*):** es una instrucción de venta cuando la cotización alcanza un nivel específico, conocido como el «stop loss». La idea de esta orden es limitar las pérdidas potenciales en una operación si el mercado se mueve en contra de la posición del operador.

  Ejemplo. Compras dólares al tipo EUR/USD = 1,0505 y estás dispuesto a aceptar pérdidas de hasta un 10 %. Entonces, puedes colocar un *stop loss* en 1,0505 × 0,90 = = 1,3545. Si la cotización desciende hasta 1,3545 (un 10 % de tu precio de adquisición), la orden se ejecuta automáticamente, evitando así pérdidas mayores.
- **Orden *Stop* de Seguimiento (*Trailing Stop Order*):** se trata de una orden *stop loss* dinámica que se va ajustando automáticamente en función de las nuevas cotizaciones.
- **Orden Toma de Beneficios (*Take Profits Order - TPO*):** es una indicación de venta cuando el precio alcanza el nivel deseado, asegurando así el beneficio.

  Ejemplo. Compras dólares al tipo EUR/USD = 1,0505 y realizas a la vez una orden TPO a 1,0600. Si la cotización alcanza este precio deseado, la operación se realiza automáticamente, garantizando los beneficios.

Actividad propuesta 2.13

Material. *Smartphone,* aplicación MetaTrader 5 o posterior.

Contexto. Simulación de operaciones de compra y venta de divisas en el mercado FOREX.

De acuerdo con la normativa docente:

a) Descarga y abre la aplicación MetaTrader 5, en modo de simulación.

b) Realiza operaciones de compra y venta en varias divisas.

c) Explora las posibilidades de la aplicación y coméntalas en el aula.

2.5. Euromercados

Los Euromercados son mercados financieros en los cuales se conceden y obtienen créditos, se aceptan depósitos en cuenta o se realizan otras operaciones de carácter financiero en **moneda distinta** de la del país emisor (*offshore*). Se caracterizan por ser un mercado libre, abierto y no intervenido por ninguna autoridad financiera, en el cual la única referencia para la negociación de los tipos de interés aplicables es la ley de la oferta y la demanda.

Ejemplo 2.12

- Una operación de préstamo de dólares estadounidenses realizada en Ámsterdam se califica como una operación en eurodólares.
- Un depósito en euros contratado en Estocolmo.
- La emisión de un cheque en USD contra una cuenta en eurodólares ubicada en Shanghái.

En los Euromercados obtienen financiación las grandes empresas, las instituciones financieras y los Gobiernos mediante la colocación de bonos y obligaciones en una moneda distinta a la usual en su propio país, con la finalidad de conseguir:

- La diversificación de las fuentes de financiación.
- La distribución del riesgo.
- La elusión de las jurisdicciones de los países implicados.

Se trata de un mercado mayorista en el cual **no se producen operaciones de pequeño volumen,** por lo que no suponen una alternativa financiera para las pequeñas y medianas empresas. Las operaciones se realizan exclusivamente en **divisas convertibles,** con una presencia importante del dólar estadounidense.

La actividad de los Euromercados se desarrolla en centros financieros *offshore* situados en París, Londres, Ginebra y Singapur. A pesar de que la palabra «euromercado» induce a pensar que es un sistema directamente relacionado con el euro o con transacciones efectuadas en Europa, ello no significa que las operaciones deban realizarse necesariamente en Europa o en euros, sino en cualquier moneda que **no pertenezca** al país donde se realiza la operación.

Ejemplo 2.13

GamaStan, producida por Grifols, S. A., es la única inmunoglobulina aprobada en el mercado estadounidense para la protección inmediata contra los virus de la hepatitis A y el sarampión. A partir de esta aprobación, Grifols consigue un fuerte aumento de las exportaciones a Estados Unidos, el cobro de las cuales produce una disponibilidad de tesorería expresada en dólares. Esta disponibilidad en divisas ofrece varias alternativas a la empresa; una de ellas la de abrir una cuenta en dólares fuera de Estados Unidos (eurodólares), para realizar pagos en esta moneda o para comprar letras del Tesoro estadounidense para obtener intereses.

2.6. Organismos financieros internacionales

Los mercados financieros, los movimientos internacionales de divisas y los vehículos de financiación del crecimiento económico mundial son elementos de alta complejidad, con contenidos especulativos y especialmente sujetos a intereses económicos y políticos. Este hecho trae como consecuencia la necesidad de una estricta regulación con todos los ámbitos que permita lograr la **estabilidad** general del sistema. Este es el sentido que configuran los organismos financieros internacionales, instituciones creadas precisamente con el objetivo de alcanzar la **cooperación** financiera imprescindible para el desarrollo global.

Los organismos financieros internacionales se caracterizan por ser de carácter **supranacional,** concepto que indica que ejercen su labor bajo una personalidad jurídica separada e independiente de las legislaciones de los países que forman parte de su estructura. Otra alternativa posible de cooperación financiera son los acuerdos **intergubernamentales** en virtud de los cuales dos o más países ajustan sus respectivas políticas económicas en el área objeto del acuerdo en beneficio común. En todos los casos, los organismos financieros internacionales acometen su objetivo de cooperación bajo tratados sujetos al derecho público internacional.

Si bien son numerosos los organismos internacionales cuya responsabilidad asumida concierne en gran parte a aspectos relativos a la financiación, especialmente aquellos que circunscriben sus actividades a áreas geográficas concretas, son el Fondo Monetario Internacional (FMI) y el Banco Mundial los organismos que con sus decisiones confieren a la economía mundial los efectos más determinantes.

2.6.1. Fondo Monetario Internacional (FMI)

El Fondo Monetario Internacional, fundado inmediatamente después de la Segunda Guerra Mundial y ubicado en Washington, es el organismo encargado de promover mediante sus políticas y acciones la **estabilidad financiera** internacional y la **cooperación monetaria** como factores tendentes a facilitar el comercio exterior, el crecimiento económico global y la reducción de la pobreza. Está formado por miembros de 189 países y su presidenta, desde 2019, es Kristalina Gueorguieva.

La misión de primer orden del FMI es el control del **sistema monetario** internacional que garantice la estabilidad y encauce el comercio internacional equilibrado y seguro. La necesidad fundacional del FMI fue consecuencia de los problemas financieros generados en los años treinta del siglo pasado, especialmente la importante devaluación del marco alemán, que fueron decisivos en la crisis internacional que acabó en el conflicto bélico. En este sentido, el FMI ha asegurado el sistema de pagos internacionales y los tipos de cambio de divisas que posibilitan a empresas, Gobiernos e instituciones efectuar transacciones mutuas satisfactoriamente.

Figura 2.8. Fondo Monetario Internacional.

Los objetivos propuestos de mantener la estabilidad y prevenir crisis monetarias se consiguen a partir de tres líneas complementarias de actuación:

- El **apoyo financiero** a aquellos países miembros que puedan estar sujetos a dificultades en los pagos al exterior derivados del desequilibrio de la balanza de pagos, mediante préstamos condicionados a la ejecución de programas de ajuste económico y de cuya implementación va a depender la continuidad de la concesión.
- La **asistencia técnica** que contribuya a fortalecer las capacidades de gestión tributaria, políticas monetarias, marco legislativo y regulación general del sistema aplicado por los países miembros.
- La **supervisión** de las políticas económicas que aplican los países miembros mediante un sistema formal y estructurado e interactivo con los Gobiernos. Esta función supervisora se complementa con acciones de asesoramiento e indicaciones acerca de la política monetaria que son publicadas periódicamente.

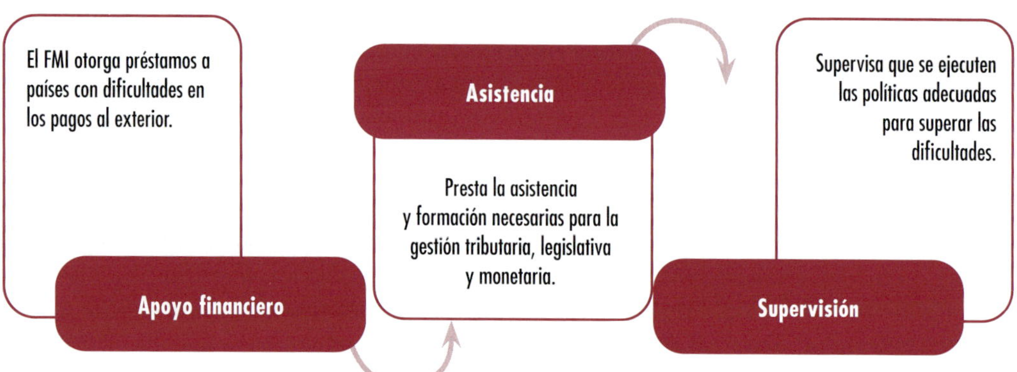

Figura 2.9. Actuación del Fondo Monetario Internacional.

Actividad propuesta 2.14

Material. Hemerotecas, acceso a internet.

Contexto. A finales de 2023, el director del Fondo Monetario Internacional para Europa, Alfred Krammer, emitió, en el marco de las previsiones para 2024, una serie de recomendaciones al Gobierno de España dirigidas a contener la inflación de precios.

a) Busca, lee y analiza en profundidad estas recomendaciones y toma nota en documento aparte de cada una de ellas, añadiendo una breve descripción.

b) Participa en un debate sobre qué medidas podría el Gobierno atender las recomendaciones y qué consecuencias podrían comportar.

2.6.2. Banco Mundial

El Banco Mundial, con sede central en Washington, es un grupo financiero integrado por cinco instituciones estrechamente relacionadas, todas ellas orientadas a dos **misiones** concretas:

- Poner fin a la **pobreza** extrema de ámbito mundial.
- Promover la **prosperidad** compartida de manera sostenible.

Inició sus operaciones en 1944, y a partir de entonces ha financiado proyectos de desarrollo en un número superior a 12 000 expedientes. Según cada caso concreto, el Banco Mundial ofrece préstamos a tipos de interés reducido, créditos a tipo cero e incluso donaciones a fondo perdido.

Banco Internacional de Reconstrucción y Fomento (BIRF)	Asociación Internacional de Fomento (AIF)	Corporación Financiera Internacional (IFC)	Organismo Multilateral de Garantía de Inversiones (MIGA)	Arreglo de Diferencias Relativas a Inversiones (CIADI)
Proporciona préstamos, garantías, productos financieros de gestión de riesgos y asesoría a países de ingresos medios y bajos.	Presta ayuda a los países más pobres mediante créditos y donaciones destinados a programas para fomentar el crecimiento económico, reducir las desigualdades y la mejora social.	Se dedica exclusivamente a fomentar la presencia del sector privado en la financiación de proyectos en los países en vías de desarrollo.	Su función es la de promover la inversión en países en vías de desarrollo mediante la cobertura de riesgos no comerciales (catástrofes naturales, conflictos armados, etcétera).	Se centra en servicios de arbitraje y resolución de conflictos jurídicos relativos a inversiones.

Figura 2.10. Instituciones integrantes del Banco Mundial.

Cada institución que forma parte del Banco Mundial está especializada en un sector o una actividad financiera concreto: préstamos a países en desarrollo, reducción de desigualdades, sector privado, inversiones, etcétera.

2.7. Sistema monetario europeo. Unión monetaria

En el último cuarto del siglo XX se iniciaron las acciones tendentes a mejorar las relaciones económicas entre países europeos y eliminar las limitaciones al desarrollo del comercio internacional, en beneficio común. En este sentido, se valoró como imprescindible tomar las medidas necesarias para converger hacia un sistema monetario que tuviera el alcance europeo, con el objetivo final de establecer en el medio plazo una moneda única que consolidara la eficiencia del comercio internacional. El primer paso fue la consecución del sistema monetario europeo (1979-2002), para llegar al uso del euro, como moneda única, a partir de 2002.

2.7.1. Sistema monetario europeo (SME)

El concepto de sistema monetario europeo se refiere al conjunto de acuerdos firmados por diversas instituciones europeas que tuvieron como objetivo la regulación del mercado de divisas entre 1979 y la implantación del euro en el año 2002, acuerdos que revistieron una singular importancia para interpretar la economía en la actualidad.

Los **objetivos** que llevaron a la creación del sistema monetario europeo fueron los siguientes:

- La definición de una zona de **estabilidad monetaria** en la que se evitaran las fuertes oscilaciones de los cambios de divisas, en fortalecimiento de la seguridad del comercio internacional.
- El **control de la inflación,** objetivo de especial sensibilidad para Alemania, después de las enormes dificultades producidas por el proceso inflacionario en 1923 (hiperinflación), que desembocaron en el crecimiento del nazismo.
- La cooperación entre los países a fin de preparar la **unión monetaria** (uso del euro como moneda única).

El primer paso para la creación de un mercado común fue el de unificar el valor de las monedas utilizadas por los Estados miembros de las instituciones; en este sentido, se creó el ECU, moneda de referencia que sirvió para valorar las relaciones económicas entre los Estados. El ECU se formó con base en una «cesta» de monedas de cada país miembro, con una composición ponderada según la importancia de la economía de cada país respecto del total de la vigente en aquel momento Comunidad Económica Europea.

En virtud de los acuerdos del sistema monetario europeo, el tipo de cambio de las monedas de cada país se vinculó al ECU, permitiéndose una fluctuación máxima del 2,25 %, excepto la libra esterlina y la peseta, que tuvieron un margen del 6 %. Más adelante, en 1993, los límites se ampliaron hasta el 15 %. Estos acuerdos significaron el inicio del proceso de convergencia financiera europea que desembocó en el uso actual del euro.

2.7.2. Unión Económica y Monetaria europea (UEM)

La Unión Económica y Monetaria europea (UEM) es el resultado de los acuerdos internacionales en búsqueda de la **integración monetaria (euro)** que fueron produciéndose escalonadamente en un proceso histórico que ha perdurado durante más de veinticinco años. El desarrollo institucional de la idea de UEM se produjo en 1988 durante la celebración del Consejo Europeo de Hannover, y, a partir de entonces, fueron diversas las conferencias generales cuyos resultados culminaron en la implantación del euro en 2002.

Los criterios de convergencia necesarios para la creación y el desarrollo de la UEM fueron establecidos en el Tratado de Maastricht, tratado que en 1993 dio lugar a la actual Unión Europea. Estos criterios de convergencia exigen cumplir a los países que desean operar en la zona euro una serie de **requisitos** mínimos:

- **Tasa de inflación:** no debe exceder la media de las tasas de inflación de los tres Estados que presenten una inflación más baja en un 1,5 %.
- **Tipos de interés:** no deben diferir de la media de los tipos de interés de los tres Estados miembros cuyos tipos sean los más bajos en más de un 2 %.
- **Déficit presupuestario:** debe ser inferior al 3 % del PIB (producto interior bruto).
- **Deuda pública:** no debe exceder del 60 % del PIB.
- **Tipos de cambio:** deben haberse mantenido dentro de los márgenes de fluctuación autorizados dentro de los dos años previos.

Los objetivos conseguidos por la Unión Económica y Monetaria (UEM) son notables, puesto que fueros eliminados:

- Los costes de transacción producidos por los cambios de una moneda a otra.
- El riesgo derivado de la volatilidad en los cambios de moneda (aumentos o disminuciones).

Y en cuanto a la formación de precios y el control de la inflación, se consiguió:

- Mayor transparencia en la formación de precios.
- Mejor comparabilidad de precios, en beneficio de una positiva competencia.

Estos objetivos conseguidos favorecen un alto grado de **especialización** de las economías europeas, en beneficio de un aumento de la inversión, de una mayor productividad y de una mayor tasa de crecimiento.

Recuerda

La **Unión Económica y Monetaria (UEM)** de la Unión Europea (UE) se enfrenta a nuevos escenarios a partir de la recuperación de la pandemia de COVID-19 y de las posibles consecuencias del conflicto entre Rusia y Ucrania. El nuevo contexto implica mayores niveles de deuda y nuevos objetivos de inversión y reformas.

2.8. Instituciones monetarias europeas

El concepto de instituciones monetarias europeas se ha especificado por el Banco de España como aquellas que asumen la responsabilidad de definir los grandes temas **referidos a la moneda,** de importancia vital para la expansión y desarrollo del comercio internacional:

- Estrategias y decisiones que seguir acerca de la política monetaria europea.
- Normas que rigen el sistema de emisión del euro.
- Garantía de la estabilidad de precios en la Unión Europea.

La primera institución monetaria creada fue el **Instituto Monetario Europeo (IME),** cuya función principal fue la de fortalecer la cooperación entre los bancos centrales de cada país y la coordinación de políticas tendentes a garantizar la estabilidad de los precios. Fue operativo hasta 1998, hasta la creación del Banco Central Europeo, actual autoridad en materia monetaria.

2.8.1. Banco Central Europeo

Desde un inicio y a medida que se iba avanzando en la formación y el desarrollo de la Unión Económica y Monetaria europea, se constató la necesidad de crear un banco central de ámbito europeo como ente regulador y coordinador de las políticas monetarias que llevar a cabo en la zona euro. A partir de esta necesidad, se creó, en 1998, el Banco Central Europeo (BCE) y se fijó la sede en Fráncfort (Alemania). Desde 2019, es presidente la abogada francesa Christine Lagarde.

Figura 2.11. Banco Central Europeo.

El Banco Central Europeo asume y se responsabiliza de las misiones de:

- Concretar y llevar a cabo en la zona euro las políticas monetarias más adecuadas para garantizar la **estabilidad** de precios y garantizar una inflación moderada (inferior al 2 % como objetivo).
- Autorizar la **emisión de moneda** euro en la cantidad necesaria y en el momento oportuno de acuerdo con el objetivo de estabilidad de precios.
- Observar las operaciones de cambio de divisas y proponer políticas monetarias tendentes a la **firmeza del euro** como moneda de comercio internacional.
- Supervisar la actuación de las entidades financieras y, en caso necesario, prestarles **ayuda crediticia.**
- Garantizar un buen **funcionamiento** de las estructuras de los mercados financieros.

Actividad propuesta 2.15

Material. Hemeroteca *La Vanguardia,* hemeroteca diario *ABC,* internet.

Contexto. Decisiones del Banco Central Europeo.

En julio de 2022, el Banco Central Europeo tomó una decisión histórica respecto de los tipos de interés. Busca información sobre este tema y responde a las siguientes cuestiones:

a) ¿En qué consistió exactamente esta decisión?

b) ¿Cuál fue la causa que generó la necesidad de tomar esta decisión y qué objetivo tuvo?

c) ¿Qué consecuencias acarreó esta decisión a familias, empresas y Estado? Cita un ejemplo de cada uno de los tres casos.

d) Consulta la situación actual de los tipos de interés del BCE y la inflación existente; compara los datos con las previsiones del BCE de julio de 2022 y explica qué está ocurriendo.

2.8.2. Sistema Europeo de los Bancos Centrales (SEBC) y el Eurosistema

El Sistema Europeo de los Bancos Centrales (SEBC), compuesto por los bancos centrales de los países miembros de la Unión Europea (hayan o no adoptado el euro) y por el Banco Central Europeo, es la organización encargada de:

- Definir cuál debe ser la **política monetaria** que debe aplicarse a la Unión Europea y cuidar de su implantación.
- **Operar con divisas** de acuerdo con las directrices establecidas en el Tratado de Funcionamiento de la Unión Europea (TFUE), especialmente con lo dispuesto en el artículo 219.

- Ocuparse de la gestión y **tutela de las reservas** oficiales de divisas de los Estados miembros de la Unión Europea.
- **Supervisar las políticas** aplicadas de las entidades de crédito, como garantía de estabilidad del sistema financiero.

El **Eurosistema** se refiere también a la agrupación del BCE y los bancos centrales, pero en este caso únicamente de aquellos estados miembros cuya moneda es el euro. El objetivo fundamental del Eurosistema es el de **mantener la estabilidad de precios,** salvaguardando la estabilidad financiera en la zona euro y controlando el **peligro de una inflación** excesiva.

La salvaguarda de estabilidad de precios permite a los ciudadanos adquirir la misma cantidad de bienes y servicios a lo largo del tiempo, con la misma disponibilidad de dinero, únicamente con mínimas variaciones, accediendo a numerosas ventajas, entre otras:

- Mejora los **criterios de inversión** y de gasto de las empresas. En un entorno financiero estable, el rendimiento y la financiación de las inversiones pueden ser determinados con mayor objetividad y confianza por las empresas, impulsando así la decisión de invertir en nuevos proyectos.
- Reduce la **prima de riesgo**. El endeudamiento del Estado mediante emisión de deuda pública se encarece con la prima de riesgo si la situación del país es inestable o su economía es débil. El control de la estabilidad de precios tiende a mantener controlada la prima de riesgo.
- Limita la destinación de recursos hacia bienes reales que suelen servir de refugio en contextos de alta inflación, pero que son ineficientes para la economía y suponen un obstáculo al crecimiento.
- Constituye un elemento de cohesión social y de mantenimiento de la estabilidad general.

Actividad propuesta 2.16

Material. https://elpais.com/economia/2023-09-14/el-bce-sube-los-tipos-de-interes-en-025-puntos-y-aprieta-en-su-batalla-contra-la-inflacion.html

Contexto. Objetivos del Eurosistema.

Después de leer con atención el artículo propuesto como material, explica en el aula en voz alta el contenido, respondiendo a las siguientes cuestiones:

a) ¿En qué consiste la decisión del Banco Central Europeo?

b) ¿Qué objetivo persigue esta decisión?

c) ¿Es una decisión acertada o bien presenta algunas dudas sobre las consecuencias? Explica esto.

d) ¿Qué previsiones de crecimiento económico manejan los expertos del BCE?

e) ¿Qué es la inflación subyacente?

f) ¿Qué bienes de consumo se vieron afectados en 2023?

g) ¿Cuál es el principal argumento que esgrimen quienes no están de acuerdo con las subidas de tipos?

h) ¿Qué hacen aquellas personas que disponen de ahorros?

2.8.3. Otras instituciones de la Unión Económica y Monetaria

Otras instituciones integradas en la Unión Económica y Monetaria son el Comité Económico y Financiero, el ECOFIN, y el Eurogrupo.

El Comité Económico y Financiero es un órgano **consultivo** que trata cuestiones relacionadas con los mercados financieros, políticas de tipos de cambio y relaciones con países terceros. Su objetivo fundacional fue el de promover la coordinación de las políticas financieras de los Estados miembros.

El ECOFIN está formado por los ministros de Economía y Hacienda de los Estados miembros. Se reúne mensualmente para tratar temas de **cuestiones fiscales** y reglamentación de servicios financieros de interés común.

El Eurogrupo es de carácter informal. Está formado por los ministros de Economía y Finanzas de los Estados miembros de la Unión Europea; se reúne mensualmente y trata de temas específicos económicos y financieros de interés común.

Conceptos importantes

Abrir/cerrar una posición: comprar o vender divisas en el FOREX con intención especulativa.

Apalancamiento: endeudamiento, relacionado con la rentabilidad de la inversión.

Apalancamiento financiero: uso de mecanismos de endeudamiento con el fin de disponer de mayor disponibilidad frente a la posibilidad de invertir. Se determina como una ratio entre capital propio y el total utilizado para la inversión.

Apelativo: denominación o calificación de un concepto.

Depreciación de una divisa: en el mercado FOREX, disminución del precio de una divisa con respecto a otra como consecuencia de la disminución o del aumento de la oferta y la demanda.

Devaluación de una divisa: disminución brusca del tipo de cambio de la divisa por efecto de decisiones políticas y económicas de las autoridades monetarias.

Divisa base: en la expresión de la relación entre un par de divisas, es la que ocupa la primera posición.

Divisa *counter*: en la expresión de la relación entre un par de divisas, es la que ocupa la segunda posición.

Elusión: acción de evitar una obligación.

Especulación: operaciones dirigidas a obtener un beneficio económico a corto plazo mediante el aprovechamiento de los cambios en los precios de las divisas.

Fluctuación: oscilación en el precio o tasa de cambio.

Globalización de la economía: proceso de integración de las distintas culturas y sociedades del mundo en un mercado único mundial.

Incertidumbre: situación producida cuando no existe certeza sobre sucesos futuros.

Inflación: término referente al aumento en los precios de los bienes y servicios en un área económica.

Interactivo: que permite acciones recíprocas.

Liquidez: capacidad de un activo de convertirse en dinero líquido disponible.

Política monetaria: aquella que controla los factores que garantizan la estabilidad de precios.

Posiciones cortas: en el mercado especulativo, aquellas cuya estrategia se basa en esperar una depreciación para obtener beneficios.

Prima de riesgo: sobrecoste que asume la emisión de deuda de un país para atraer inversores.

***Trading*:** término que se refiere a operar a muy corto plazo en los mercados financieros, por ejemplo, en intervalos de pocas horas o incluso minutos.

Volatilidad: inestabilidad de los precios en los mercados financieros.

Actividades finales

De comprobación

2.1. ¿Qué diferencia fundamental presenta el comercio exterior en relación con el interior?

a) La rentabilidad.

b) La fiscalidad.

c) La incertidumbre.

d) La financiación.

2.2. El mercado de divisas destaca por su característica de...

a) ...regularidad.

b) ...volatilidad.

c) ...fiscalidad.

d) ...rentabilidad.

2.3. ¿Cómo definirías en pocas palabras el sistema financiero internacional?

a) Conjunto de empresas del sector financiero y de seguros.

b) Conjunto de instituciones públicas que regula los mercados financieros.

c) Conjunto de organismos e instituciones privadas de carácter financiero.

d) Conjunto de organismo e instituciones públicas y privadas que regula el sistema.

2.4. ¿Cómo puedes esquematizar el sistema financiero internacional?

a) Instituciones mundiales, europeas, norteamericanas y otras de carácter regional.

b) Instituciones monetarias, de crédito y de seguros.

c) Instituciones de la Unión Europea y otras instituciones internacionales.

d) Instituciones locales, regionales, estatales y continentales.

2.5. ¿Cómo definirías el concepto de divisa?

a) La moneda del propio país en que se emite.

b) La moneda extranjera referida al país de que se trata.

c) La moneda utilizada en el turismo.

d) La moneda equivalente al dólar estadounidense.

2.6. ¿En qué consiste la función de fijación de precios que ofrece el FOREX?

a) En garantizar un precio estable de intercambio de divisas.

b) En establecer los precios de unas monedas en relación con otras.

c) En fijar los precios del euro en relación con el dólar estadounidense.

d) En regular la inflación de precios.

2.7. ¿Es lo mismo divisa que moneda extranjera?

a) No, las divisas son billetes virtuales o criptomonedas.

b) No, las divisas se refieren únicamente a operaciones sin soporte físico.

c) No, las divisas se refieren únicamente a billetes de banco.

d) Sí, es exactamente lo mismo.

2.8. ¿Qué caracteriza el mercado de divisas como mercado mayorista?

a) Que operan Gobiernos y autoridades monetarias.

b) Que operan agentes de cambio y bolsa.

c) Que operan especuladores al por mayor.

d) Que operan bancos e instituciones.

2.9. ¿A qué se dedican los bancos de inversión?

a) A financiar proyectos internacionales solidarios.
b) A financiar empresas dedicadas a la exportación.
c) A financiar las grandes empresas.
d) A financiar las pymes.

2.10. Los bancos centrales de cada país asumen el papel de...

a) ...instituciones responsables del control del sistema financiero.
b) ...instituciones responsables del control fiscal.
c) ...instituciones responsables de centralizar el sistema crediticio.
d) ...instituciones responsables de supervisar las cajas de ahorro.

2.11. ¿Qué disposiciones regulan el mercado de divisas?

a) Leyes internacionales que regulan el comercio.
b) Leyes mercantiles que regulan los contratos privados.
c) Leyes de carácter financiero y fiscal.
d) Leyes especiales del mercado de divisas.

2.12. ¿Cuál de las siguientes divisas no es convertible?

a) Peso mexicano.
b) Dólar australiano.
c) Corona danesa.
d) Rublo ruso.

2.13. En la expresión EUR/USD, ¿cuál es la divisa *counter*?

a) El dólar estadounidense.
b) El dólar canadiense.
c) El dólar australiano.
d) El euro.

2.14. ¿Qué ocurre si la relación de cambio de una divisa aumenta?

a) Que la divisa base se deprecia y la divisa *counter* se aprecia.
b) Que la divisa base se aprecia y la divisa *counter* se deprecia.
c) Que ambas divisas se aprecian.
d) Que ambas divisas de deprecian.

2.15. ¿Qué significa la expresión anglosajona *shrinking* en el mercado de divisas?

a) Indica una tendencia a la apreciación de la divisa.
b) Indica una tendencia estable en la cotización de la divisa.
c) Indica que la divisa ha alcanzado un valor mínimo.
d) Indica una tendencia a la depreciación de la divisa.

2.16. ¿En qué consiste una operación de cambio cruzado?

a) En comparar cotizaciones de divisas distintas de la local.
b) En comparar cotizaciones de la divisa local frente al dólar.
c) En comparar cotizaciones de la divisa local frente al euro.
d) En comparar cotizaciones de divisas no convertibles.

2.17. El dólar estadounidense se apreciará si en Estados Unidos...

a) ...bajan los tipos de interés.
b) ...se mantienen los tipos de interés.
c) ...no se producen noticias sobre los tipos de interés.
d) ...suben los tipos de interés.

2.18. ¿Qué son las operaciones *spot* en el mercado de divisas?

a) Operaciones con un plazo de veinticuatro horas.
b) Operaciones con un plazo de dos días.
c) Operaciones aplazadas con límite de tiempo.
d) Operaciones aplazadas sin límite de tiempo.

2.19. **¿Qué son las operaciones *forward* en el mercado de divisas?**

a) Operaciones a plazo, acordado por las partes.

b) Operaciones a plazo, sin definir.

c) Operaciones a plazo, con un máximo de dos días.

d) Operaciones a plazo, con un máximo de un año.

2.20. **¿Qué son los Euromercados de divisas?**

a) Mercados controlados por instituciones de la Unión Europea.

b) Mercados ubicados en ciudades europeas.

c) Mercados centralizados en la Unión Europea.

d) Mercados donde se opera con monedas distintas de la local.

2.21. **¿Cuál es el objetivo más importante de los organismos financieros internacionales?**

a) Mantener los tipos de interés bajos.

b) Mantener la inflación controlada.

c) Mantener la estabilidad general del sistema.

d) Mantener la fortaleza del dólar.

2.22. **Si un Estado desea formar parte de la Unión Europea y Monetaria, debe...**

a) ...mantener el déficit presupuestario a cero.

b) ...mantener el déficit presupuestario por debajo del 1 % del PIB.

c) ...mantener el déficit presupuestario por debajo del 2 % del PIB.

d) ...mantener el déficit presupuestario por debajo del 3 % del PIB.

2.23. **¿Qué institución es responsable de la emisión de moneda euro?**

a) El Banco Mundial.

b) El Fondo Monetario Internacional.

c) El Banco Central Europeo.

d) El Banco Central Monetario.

2.24. **¿A quién corresponde la política monetaria de la Unión Europea?**

a) Al Sistema Europeo de los Bancos Centrales.

b) Al Fondo Monetario Internacional.

c) Al Bundesbank.

d) A la Reserva Federal.

De aplicación

2.1. Entra en Instagram o cualquier otra red social con presencia del Banco Central Europeo (European Central Bank) y:

a) Comenta alguna de las últimas aportaciones, su contenido, su sentido y su posible repercusión en la zona euro.

b) Invita a European Central Bank a chatear, en las condiciones establecidas, y realiza alguna pregunta acerca de los tipos de interés que creas importante para ti.

c) Escucha alguna de las locuciones en inglés que ofrece el BCE en las redes sociales y comenta su contenido en el aula, en un debate abierto.

2.2. Este verano has programado viajar a Londres y, por tanto, vas a necesitar libras esterlinas. Investiga las distintas opciones que te ofrece el mercado de divisas:

a) Averigua cuáles son las tarifas bancarias para la obtención de moneda extranjera.
b) ¿Existe alguna aplicación para *smartphone* que permita la transferencia de divisas?
c) Comenta cuál es la opción más conveniente, según casos y situaciones.

2.3. Visita la página **https://www.fxstreet.es** y selecciona la pestaña **Gráficos y cotizaciones:**

a) Tras una observación de treinta segundos, ¿se actualizan los datos en tiempo real?
b) Tienes 1000 francos suizos: ¿a cuántos dólares estadounidenses equivalen hoy?
c) ¿Y cuánto valdrían los 1000 francos suizos en euros?
d) ¿Qué significa el color verde y el color rojo en las cotizaciones?
e) ¿Qué pares de monedas presentan una volatilidad *shrinking* y cuáles *expanding*?
f) Accede a las noticias (*news*) mediante el enlace que presenta cada par de divisas.

2.4. En el contexto de organismos y entidades que participan en el mercado de divisas:

a) Presenta el contenido del Apartado 2.2.1 del libro en un esquema gráfico, mediante el uso de PowerPoint u otra herramienta gráfica.
b) De cada subapartado, aporta tus propios ejemplos.

2.5. Visualiza el vídeo acerca de la normativa FOREX: **https://www.youtube.com/watch?v=lYewYpWi2PQ**.

a) Explica en breves frases de qué tema trata.
b) ¿A qué conclusiones alcanza? Escribe un resumen.

2.6. Accede a la Guía para operar en FOREX: **https://es.dailyforex.com**.

a) Selecciona y analiza un artículo en el que se pronostique la evolución del tipo de cambio de la libra esterlina, influenciada en su oferta y demanda por el efecto Brexit.
b) Comenta por escrito los aspectos que a tu criterio son más relevantes y de mayor trascendencia para el comercio internacional.

2.7. Analiza el siguiente texto:

«El euro bajó hoy más por la fortaleza del dólar tras la publicación de algunos datos económicos y tras el tono moderado del presidente del Banco Central Europeo (BCE), Mario Draghi, respecto al debilitamiento económico. La moneda única se cambiaba hacia las 16:30 horas GMT a 1,1370 dólares, frente a los 1,1396 dólares en las últimas horas de la negociación europea del mercado de divisas de la jornada anterior». (Agencia EFE, 25 de octubre de 2018).

A partir de la lectura del texto anterior, responde a las siguientes cuestiones:

a) ¿Qué factor de variabilidad en el tipo de cambio de la divisa estudiado está presente en el texto y qué naturaleza tiene?

b) El pasar la cotización de 1,1396 a 1,1370, ¿significa que el dólar se ha revalorizado o que se ha depreciado? Argumenta la respuesta.

2.8. Cítricos, S. A., participa en un 51 % en el capital de una cooperativa agrícola australiana, con domicilio en Melbourne. Esta cooperativa acometió un proyecto de mejora de las instalaciones para facilitar la exportación y Cítricos, S. A., aportó 1 000 000 de dólares australianos en concepto de préstamo, con pago de intereses periódicos y vencimiento a diez años del principal.

A finales de 2018, la cooperativa ofertó la posibilidad de devolver el préstamo íntegramente, puesto que los beneficios de la actividad lo permitían.

Valora la decisión de aceptar o no la devolución del préstamo, en función de la evolución sufrida por el dólar australiano en este período, aportando los datos necesarios.

2.9. En agosto de 2018 se produjo la siguiente noticia:

«La lira turca (TRY) se vendió masivamente a finales de la semana pasada, extendiendo su caída en torno al 40 % desde el comienzo del año y siendo la peor moneda de fluctuación libre en 2018.

La moneda se desplomó en caída libre el viernes 10 de agosto, cayendo más del 20 % hasta un nuevo mínimo durante una sesión frenética que causó estragos en los mercados de divisas. La lira experimentó sus mayores pérdidas diarias consecutivas en veinte años, con una caída de cerca del 50 % en los doce meses anteriores, el mayor declive en 52 semanas de cualquier moneda del G20 en la última década. Alcanzó mínimos por debajo de 7 respecto al dólar antes de rebotar a más de 6 después de las restricciones a la capacidad de los operadores extranjeros por parte de las autoridades turcas».

Analiza el texto anterior y responde a las siguientes cuestiones:

a) ¿Cuál es el motivo expuesto que generó la caída de la cotización de la lira turca?
b) Averigua el significado de las expresiones «caída libre», «alcanzar mínimos» y «rebotar» en el contexto del mercado de divisas y anótalo a mano en el libro.
c) ¿Qué es el G20?
d) Tienes 900 liras turcas que te sobraron de un viaje a Turquía en 2015. ¿Cuánto pagaste por ellas y cuánto valen ahora?

2.10. Accede a la Guía para operar en FOREX: **https://es.dailyforex.com**.

a) Selecciona y analiza un artículo en el que se comente la evolución de los tipos de interés y la cotización de las divisas, en el que intervenga la actuación de la Reserva Federal de Estados Unidos.
b) Destaca las ideas más importantes y coméntalas en el aula con el resto de los compañeros y las compañeras.

2.11. Accede a la cuenta de Instagram del Banco Central Europeo:

a) Localiza qué objetivos se propone el Banco Central Europeo.
b) Traduce la definición al castellano.
c) Identifica los objetivos propuestos en el texto del libro y subráyalos.

2.12. Clasifica las siguientes situaciones en dos grupos: a) posible aumento de la prima de riesgo; b) posible disminución de la prima de riesgo.

a) Aumenta el tipo de interés del bono español, permaneciendo constante el tipo de interés del bono alemán.
b) El interés del bono español disminuye, manteniéndose inalterado el tipo de interés del bono alemán.
c) El interés del bono alemán aumenta, manteniéndose inalterado el tipo de interés del bono español.
d) El interés del bono español aumenta más que el tipo de interés del bono alemán.
e) El tipo de interés del bono español disminuye más que el tipo de interés del bono alemán.
f) Disminuye el tipo de interés del bono alemán, permaneciendo constante el tipo de interés del bono español.

2.13. Explora otras posibilidades de trabajar en el mercado de divisas utilizando únicamente un *smartphone*:

a) En pequeños equipos de trabajo de dos alumnos, descarga una opción distinta de MetaTrader 5 y comprueba si es posible comprar o vender dólares.
b) Observa durante unos segundos las cotizaciones de las divisas. ¿Qué tendencia parece tener la libra esterlina?
c) Compara las prestaciones de la *app* descargada con la de otros compañeros y publica los resultados obtenidos en un *post* en las redes sociales.

2.14. El Fondo Monetario Internacional publicó el siguiente texto acerca de las crisis económicas:

«¿Por qué se producen las crisis?

Las causas de las crisis son variadas y complejas, y pueden obedecer a factores tanto internos como externos. Entre los factores internos cabe señalar la aplicación de políticas fiscales y monetarias inadecuadas, que puede conducir a grandes desequilibrios económicos (entre ellos, grandes déficits fiscales o en cuenta corriente y altos niveles de deuda externa o pública); los tipos de cambio fijos a niveles inadecuados, que pueden erosionar la competitividad y dar lugar a persistentes déficits en cuenta corriente y a la pérdida de reservas oficiales, y un sistema financiero débil, que puede crear auges y caídas económicas. Asimismo, la inestabilidad política y la debilidad de las instituciones pueden desencadenar crisis. Entre los factores externos cabe mencionar los *shocks*, desde desastres naturales hasta fuertes vaivenes de los precios de las materias primas. Estos factores son una causa común de crisis, especialmente en países de bajo ingreso con limitadas capacidades para prepararse y hacer frente a estos *shocks* y que dependen de un número limitado de productos de exportación. Además, en una economía cada vez más globalizada, los cambios bruscos en el sentimiento de los mercados pueden originar volatilidad en los flujos de capital. Incluso los países con fundamentos económicos sólidos pueden verse gravemente afectados por los efectos de las crisis y políticas económicas en otros países».

a) Lee y analiza el texto del FMI.
b) Destaca las ideas más relevantes.
c) Presenta un esquema gráfico de las ideas propuestas.

Para reflexionar

2.1. ¿Es razonable pensar que el sistema financiero internacional, tal como se define en el texto, constituye un elemento de poder mundial, incluso por encima del político, o esta afirmación es una frase vacía de contenido real? Establece un diálogo con un compañero o compañera sobre este tema, aportando ejemplos actuales o históricos.

2.2. De los cuatro focos de influencia mundial propuestos en el texto, ¿cuál de ellos te parece de mayor trascendencia relativa para las empresas exportadoras españolas y por qué razones?

2.3. En el texto se afirma que en el mercado FOREX se presentan oportunidades de especulación en divisas, junto con la función de compra y venta dirigida a las necesidades del comercio internacional. Reflexiona sobre este hecho y comenta en el aula tu punto de vista, bien sea positivo, negativo o neutro.

2.4. ¿Qué papel juegan actualmente los bancos de inversiones en la financiación internacional? Realiza las consultas previas que sean necesarias, en un máximo de diez minutos, y comenta las impresiones recibidas en el aula.

2.5. Pregúntale a un familiar, amigo o conocido que haya invertido alguna cantidad en fondos de inversión acerca de su impresión sobre estos productos financieros. Comenta en el aula los resultados.

2.6. La escasa regulación legal del mercado FOREX, ¿es una ventaja o un inconveniente para las empresas exportadoras e importadoras? Toma algunos minutos en la reflexión y razona la respuesta.

2.7. La convertibilidad o no de las divisas, ¿mantiene alguna relación con los poderes económicos mundiales? Valora el papel de las monedas de los países nórdicos y también de los de Oceanía, en clave de poder económico.

2.8. Explica, en tu opinión, cómo influye la variabilidad del tipo de cambio y los fenómenos de depreciación y apreciación de las divisas en el comercio internacional.

2.9. De las variables que influyen en la fluctuación del tipo de cambio de una divisa, ¿cuáles podrían evaluarse con una cierta objetividad y cuáles son de carácter subjetivo? Razona las respuestas.

Tema de debate

¿Deberían los Gobiernos imponer regulaciones más estrictas sobre el *trading* de divisas para proteger a los inversores minoristas?

Las regulaciones más estrictas probablemente ayudarían a prevenir la manipulación del mercado y a proteger a los inversores menos experimentados de pérdidas significativas, pero, por otra parte, hay quien sostiene que las regulaciones excesivas podrían restringir la libertad financiera y limitar el acceso al mercado de divisas, impidiendo así oportunidades de inversión. Reflexiona sobre el valor de ambos razonamientos y forma tu propio punto de vista.

GESTIÓN Y COBERTURA DEL RIESGO DE CAMBIO Y DEL RIESGO DE INTERÉS EN LAS OPERACIONES DE IMPORTACIÓN Y EXPORTACIÓN

Unidad 3

Contenidos

3.1. Riesgos en el comercio internacional: comerciales y financieros
3.2. Riesgo de cambio de una divisa. Factores de riesgo
3.3. Cobertura del riesgo de cambio. Estrategias de gestión del riesgo
3.4. Mecanismos de cobertura del riesgo de cambio
3.5. Mecanismos de cobertura del riesgo de interés
3.6. Cálculo de los costes financieros de cobertura de riesgos

Objetivos

- Determinar los riesgos y costes que se generan al instrumentar el pago/cobro y la financiación de las operaciones de comercio internacional.
- Valorar las ventajas del seguro de cambio y calcular su coste.
- Evaluar otras formas de cobertura del riesgo de cambio.
- Valorar distintas formas de cobertura del tipo de interés.
- Establecer el procedimiento de contratación de cobertura del riesgo.
- Conocer los sistemas de intercambio de datos Swift, EDI y otros.
- Manejar las herramientas informáticas para la tramitación del riesgo de cambio.

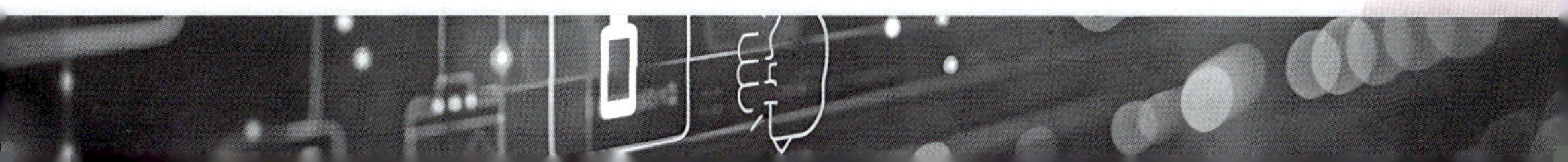

INTRODUCCIÓN

Toda empresa que inicie una nueva transacción con el exterior, debe analizar previamente y con todo detalle los riesgos a los cuales se va a enfrentar con la mayor precisión posible, y, en su caso, debe tomar las medidas preventivas necesarias. Por **riesgo** en comercio internacional se entiende la posibilidad de que ocurra un evento adverso que cause una pérdida o un daño económico a una empresa o a un inversor en las operaciones de importación y exportación.

3.1. Riesgos en el comercio internacional: comerciales y financieros

Los riesgos que plantea el comercio internacional pueden agruparse en dos grandes categorías: comerciales y financieros.

- **Riesgos comerciales:** son aquellos que se relacionan directamente con la ejecución del contrato establecido con el cliente o, en el supuesto de importaciones, con el proveedor:

  - **Riesgo de crédito:** es el riesgo de que el comprador no pague la mercancía recibida, ya sea por insolvencia, morosidad o fraude. Para evitar este riesgo, se pueden utilizar medios de pago seguros, como la carta de crédito, el seguro de crédito a la exportación o el *factoring*.

  - **Riesgo de fraude:** es el riesgo de que una de las partes defraude a la otra con el fin de obtener un beneficio ilícito. Por ejemplo, si el vendedor envía una mercancía defectuosa o falsificada, o bien si el comprador utiliza documentos falsos o robados. Para evitar este riesgo, se debe verificar la identidad y la reputación de los socios comerciales, así como la autenticidad y legalidad de los documentos.

  - **Riesgo de no conformidad:** en exportación, es el riesgo de que la mercancía no cumpla con las especificaciones técnicas, sanitarias, medioambientales o de calidad exigidas por la legislación del país de destino. Esta situación puede provocar el rechazo o la devolución de la mercancía, así como sanciones o multas. Para evitar este riesgo, se debe conocer en profundidad y cumplir con exactitud la normativa del país al que se exporta.

  - **Riesgo de no resolución del contrato:** es el riesgo de que una de las partes incumpla alguna cláusula del contrato, como la forma o el plazo de entrega, o que surjan disputas o conflictos que impidan la ejecución del contrato. Para evitar este riesgo, se debe redactar un contrato claro y detallado, que incluya las condiciones generales y particulares del negocio, así como los mecanismos de resolución de controversias.

Estos riesgos suelen protegerse mediante seguros especializados en el comercio internacional, excepto que su escasa cuantía económica no justifique la contratación de un seguro específico.

- **Riesgos financieros:** los riesgos financieros son aquellos que se relacionan con factores que, si bien forman parte de las operaciones internacionales, no son responsabilidad directa de los sujetos que intervienen, sino consecuencia de los movimientos y evolución de los mercados financieros, fundamentalmente los referentes a los **tipos de cambio** de las divisas y a **los tipos de interés.**

El proceso de contratar una fórmula de cobertura de riesgo con una entidad financiera puede ser complejo y variar según la naturaleza de los riesgos que cubrir, el tamaño de la empresa y la ubicación geográfica. En general, el exportador que desee contratar una cobertura de riesgo financiero, bien sea de tipo de cambio o de tipo de interés, deberá seguir los siguientes pasos:

- **Identificar los riesgos y necesidades de cobertura:** antes de empezar el proceso, la empresa debe identificar y analizar los riesgos que desea cubrir: fluctuaciones en las tasas de interés o tipos de cambio, fundamentalmente. Es importante establecer objetivos claros para la cobertura, como reducir la volatilidad de los ingresos, proteger márgenes de beneficio, o cumplir con requisitos regulatorios.
- **Seleccionar la entidad financiera más adecuada:** el exportador debe investigar y seleccionar una entidad financiera que ofrezca los productos de cobertura adecuados para sus necesidades. Esto implica comparar diferentes opciones, tarifas, términos y experiencias en la gestión de riesgos.
- **Negociar los términos y condiciones:** una vez elegida una entidad financiera, procede la negociación de los términos y condiciones concretas que debe contener el contrato de cobertura, en cuanto a la duración, los límites, las tasas, los márgenes y otros detalles importantes. Una vez se hayan acordado los términos y condiciones y se hayan obtenido las aprobaciones necesarias, se firma el contrato de cobertura.
- **Controlar los resultados:** después de la implementación de la cobertura, es conveniente realizar un seguimiento constante y ajustarla según sea necesario para garantizar que siga siendo eficaz.

La documentación y los trámites concretos que deben realizarse pueden variar según la entidad financiera y el tipo de cobertura, pero generalmente incluyen:

- **Solicitud de cotización:** la empresa exportadora debe proporcionar información a la entidad financiera presentando las Cuentas Anuales y la Memoria del último ejercicio, así como la liquidación del impuesto sobre sociedades. En la misma solicitud debe concretar las necesidades de cobertura que necesita, explicando en qué consiste la operación internacional (tipo de mercancía exportada, valor, divisa, país de destino, cliente, etcétera).
- **Análisis de riesgo y propuesta de cobertura:** la entidad financiera realizará un análisis de las operaciones que le presenta la empresa, y determinará el riesgo para determinar el coste y la viabilidad de la cobertura. Presentará una propuesta

detallada que incluya los términos, las tarifas y otros detalles del contrato. Una vez se hayan acordado los términos, se redactará un contrato de cobertura en el que quedarán establecidos los derechos y responsabilidades de ambas partes.

3.2. Riesgo de cambio de una divisa. Factores de riesgo

El riesgo de cambio de una divisa es el riesgo que se presenta al realizar operaciones de exportación o importación en **moneda distinta** del euro, a causa de las oscilaciones de la cotización de las divisas. El mismo riesgo se presenta al mantener inversiones a lo largo del tiempo en países fuera de la eurozona. Se cuantifica como la diferencia de cotización desde el momento actual y la cotización en otro momento, anterior o posterior, en el que se ha llevado a cabo otro suceso de la operación de comercio internacional, compra, venta, inversión, desinversión, etcétera.

Para reducir o eliminar estos riesgos, las empresas pueden optar por varias opciones:

- Optar por la adaptación de medidas preventivas de orden **interno.**
- Contratar **instrumentos de cobertura,** ofrecidos por las entidades financieras, a distintos niveles y costes.
- Combinar medidas preventivas internas con instrumentos de cobertura contratados.

Actividad propuesta 3.1

Material. Acceso a internet.

Contexto. Comercio internacional.

a) Consulta en alguno de los diccionarios en línea disponibles cuál es la expresión correcta en inglés usada como referencia a «instrumentos de cobertura» en el contexto del riesgo de cambio de divisas.

b) Expresar en voz alta una o varias frases en inglés en la que se incluya la traducción obtenida.

3.2.1. Riesgo de cambio en operaciones de exportación e importación

En la medida en que una venta de exportación se factura en divisas y estas modifican su valor constantemente debido a las oscilaciones del mercado, las operaciones con vencimiento aplazado se cobran a un contravalor en euros distinto del facturado. Ello es debido a que el tipo de cambio de la divisa en el momento del cobro es siempre diferente del tipo de cambio del momento de emitir la factura, bien sea por mayor importe, en cuyo caso se produce un beneficio extra por diferencia de cambio, o bien sea en menor importe, en cuyo caso se produce una pérdida por este concepto.

Ejemplo 3.1

La empresa farmacéutica Almirall realiza el 15 de enero una exportación a Guatemala de 200 000 unidades del fármaco Almax Forte a un precio de 2 $ la unidad y vencimiento de la factura a 90 días. Puesto que la moneda guatemalteca no es convertible, se acuerda que la operación sea llevada a cabo en dólares estadounidenses. En el momento de emitir la factura, el dólar cotiza a EUR/USD = 1,05.

La factura se expedirá por 200 000 × 2 $ = 400 000 $, que es el precio acordado con el cliente y el importe en dólares que el importador guatemalteco deberá pagar en el vencimiento.

En la contabilidad de la empresa figurará, en fecha 15 de enero, el contravalor expresado en euros al tipo de cambio del día, es decir:

200 000 unidades × 2 / 1,05 = 380 952,38 euros

Contabilización, en el momento de la emisión de la factura, 15 de enero

DEBE				HABER
380 952,38 €	(430) Clientes	a	(700) Ventas	380 952,38 €

Al finalizar el plazo de 90 días, el cliente extenderá un cheque por 400 000 $ y lo enviará al exportador Almirall como pago de la factura. Almirall recibirá el cheque y lo ingresará en el Banco Santander, en su cuenta corriente. El banco aceptará el cheque y practicará la liquidación, al tipo de cambio del momento y con las comisiones que correspondan.

En el supuesto de que la cotización EUR/USD en fecha 15 de abril fuera de 1,6 (el dólar se habría devaluado y el euro apreciado respecto la fecha anterior) y que el banco tuviera establecida una tarifa de comisión por gestión de cheques internacionales de 7,5 ‰, tendríamos:

Contravalor obtenido del cheque recibido de 400 000 $:

400 000 $ /1,05 = 377 358,49 €

La variación del tipo de cambio habría supuesto una pérdida de 380 952,38 – 377 358,49 = = 3593,89 €

Comisión bancaria: 377 358,49 € × 0,0075 = 2830,19 €

Importe neto recibido: 377 358,49 € – 2830,19 € = 374 528,30 €

Contabilización, en el momento del cobro, 15 de abril

DEBE				HABER
374 528,30 €	(570) Tesorería	a	(430) Clientes	380 952,38 €
2830,19 €	(626) Servicios bancarios			
3593,89 €	(668) Diferencias negativas de cambio			
380 952,38 €				380 952,38 €

Como resultado de la operación, contabilizada por 380 358,49 € como ingresos por ventas (equivalentes a 400 000 $ en fecha 15 de enero), se ha percibido un neto de 374 528,30, una vez aplicado el nuevo cambio y deducida la comisión bancaria por el servicio de compensación de cheques; la diferencia negativa en la liquidación es debida a la **depreciación** del dólar estadounidense en la cotización internacional de divisas experimentada en el período, al pasar de un cambio EUR/USD = 1,05 a EUR/USD = 1,06. Esta diferencia de 3593,89 € supone una pérdida extra que quedará reflejada en la cuenta de pérdidas y ganancias.

Recuerda

Los activos valorados en divisas generan diferencias de cambio al ser liquidados y presentan siempre pérdidas o beneficios en función de la *evolución de la divisa en la que se ha operado.*

En sentido contrario a las operaciones de exportación, al realizar **importaciones** se producen necesariamente diferencias de cambio debidas a la distinta valoración de la divisa en el momento de la compra y del momento del pago de la factura.

Ejemplo 3.2

La empresa farmacéutica Almirall adquiere extractos de raíces orientales y otras materias primas naturales usadas como ingredientes en sus especialidades, a proveedores coreanos. En fecha 1 de septiembre recibe 500 kg de extracto de *ginseng,* comprados a razón de 600 $ el kilo.

Compra de materias primas: 500 kg × 600 $ = 300 000 $

La factura recibida por un importe de 300 000 $ debe contabilizarse por su equivalente en euros al tipo de cambio de la fecha de la transacción, en este supuesto EUR/USD = 1,059, por tanto, 300 000 $/1,059 = 283 286,12 €

Contabilización, el momento de la recepción de la factura

DEBE				HABER
283 286,12 €	(600) Compras	a	(400) Proveedores	283 286,12 €

Al acercarse la fecha de vencimiento, 90 días más tarde, Almirall solicita a su banco un cheque por 300 000 $ para pagar al proveedor coreano la factura pendiente. El banco emite el cheque en dólares estadounidenses y carga en cuenta de Almirall el contravalor en euros, según el tipo de cambio del día, en este caso EUR/USD = 1,044, más una comisión del 0,50 %.

Liquidación del cheque solicitado: 300 000 $ /1,044 = 287 356,32 €

Comisión bancaria por emisión de cheque (0,50 %) = 287 356,32 € × 0,50 % = 1436,78

IVA s/comisión: 1436,78 € * 0,21 = 301,72 €

Total gastos bancarios: 1416,43 € + 301,72 € = 1718,51 €

Total, cargo en cuenta: 287 356,32 + 1718,51 = 289 074,47 €

Contabilización, en el momento del pago de la factura					
DEBE					**HABER**
283 286,12 €	(400) Proveedores	a	(570) Tesorería	289 094,83 €	
1718,51 €	(626) Servicios bancarios				
4070,20 €	(668) Diferencias de cambio				
289 074,47 €				289 094,83 €	

En este ejemplo, en el período comprendido entre la emisión y recepción de la factura y la fecha de emisión del cheque y pago efectivo, se ha producido una revalorización del dólar estadounidense (o depreciación del euro), al pasar de EUR/USD = 1,059 a EUR/USD = = 1,044, con la consecuencia de que se produce un coste adicional, que debe llevarse a la cuenta de diferencias de cambio.

En un lenguaje más coloquial, se podría decir que el dólar se ha encarecido entre el momento de la emisión del pedido y el momento en que se ha debido pagar la factura, la compra ha sido más cara a causa de la depreciación del euro.

Actividad propuesta 3.2

Material. Ejemplo del texto referente a la exportaciones e importaciones de la empresa Almirall.

Contexto. Operaciones de comercio internacional fuera de la Unión Europea.

a) Propón un ejemplo razonable de exportación de productos propios de tu comunidad autónoma, en base al catálogo de una empresa real y unas cantidades y precios racionales, a un importador de un país latino, en el que se produzca una situación de riesgo de cambio. El punto de partida debe ser el tipo de cambio actual real.

b) En el mismo sentido, propón un ejemplo de empresa española importadora.

c) A criterio docente, complementa la actividad mediante la redacción de los asientos contables.

El riesgo de cambio de una empresa está directamente relacionado con el volumen de sus actividades y del **grado de exposición** a que se encuentre frente a los movimientos monetarios. Cualquiera que sea la dimensión de la empresa, si su actividad internacional es regular y su volumen de operaciones activas (exportaciones) o pasivas (importaciones) es relevante, el riesgo de cambio toma una importancia de enorme nivel, en la medida que está relacionado con los resultados económicos (pérdidas o ganancias) que la empresa espera obtener.

En este tipo de empresas, es necesario evaluar el grado de exposición a las variaciones del tipo de cambio, a fin de contratar una **cobertura del riesgo** adecuada, proporcionada y eficiente que garantice el resultado previsto en las operaciones en aquello que concierne a este tema.

3.2.2. Otros riesgos de cambio

La incertidumbre propia de los negocios y el comercio internacional se reduce notablemente cuando existe alguna clase de vinculación jurídica entre empresa exportadora e importadora, en los casos como exportaciones a delegaciones, filiales, empresas asociadas, fórmulas *joint venture* u otros tipos de vinculación. Además, el funcionamiento operativo en este entorno de trabajo es más fluido y mucho más eficiente desde el punto de vista administrativo, algo que resulta especialmente necesario para mantener la competitividad del grupo. Se explica, así, la importancia de la inversión de capitales en el extranjero con el fin de establecer estructuras empresariales que puedan ser utilizadas como clientes o distribuidores de los productos o servicios exportados.

En este contexto de **inversión de capital** en filiales en el extranjero, especialmente en operaciones a corto y medio plazo con intención o posibilidad cierta de desinversión, el riesgo de cambio reviste singular importancia.

Ejemplo 3.3

En agosto de 2017, Telefónica desembolsó 1538 millones de dólares en aumentar su participación en Coltel, su filial en Colombia, con el fin de consolidar su presencia y expansión en este país. Telefónica adquirió esta cantidad a un cambio medio de EUR/USD = 1,18, luego el importe en euros necesario para realizar la inversión fue:

Inversión de capital: = 1 538 000 000 $ / 1,18 = 1 303 389 830,51 €

Al suscribir y adquirir las acciones de Coltel (supuestamente al contado), Telefónica contabilizó la operación como sigue;

Contabilización, el momento de suscripción y compra de las acciones				
DEBE				**HABER**
1 303 389 830,51 €	(240) Participaciones a l/pl.	a	(572) Bancos	1 303 389 830,51 €

En la hipótesis de que en fechas posteriores el dólar estadounidense experimentara una fuerte apreciación frente al euro (o depreciación del euro frente al dólar), por ejemplo, a finales de 2023, en el supuesto de que las acciones cotizaran al mismo precio en dólares que en el momento de la inversión, y el cambio de la divisa era de EUR/USD = 1,05 se presentaría un beneficio latente en base a la diferencia de cambio, al margen de pérdidas o beneficios producidos por otros conceptos, factor que podría llegar a influir en la decisión de venta de las acciones.

En un lenguaje más coloquial, el dólar ahora vale más y, por tanto, se obtendrían más euros:

Hipótesis de desinversión de capital: 1 538 000 000 $ / 1,05 = 1 464 761 904,76 €

En este supuesto, se presentaría un importante **beneficio latente,** considerando la diferencia entre la inversión realizada y el contravalor actual, que tener en cuenta en posibles decisiones:

Contravalor actual 1 464 761 904,76 € – Inversión 1 303 389 830,51 € = 161 372 074,25 €

El mismo razonamiento, a la inversa, aparece en caso de depreciación del dólar, ya que en este caso se manifestarían pérdidas latentes que tener en cuenta en caso de ser planteada una desinversión total o parcial.

El ejemplo muestra cómo la inversión de capital en el extranjero genera un riesgo que debe ser evaluado y, si es preciso, cubierto, especialmente cuando se trata de inversiones de carácter especulativo, sujetas a posibles cambios en el corto o medio plazo.

Actividad propuesta 3.3

Material. Ejemplo del texto referente a las inversiones de capital en el exterior.

Contexto. Hipótesis de inversión de capitales en el mercado actual globalizado.

Localiza una inversión reciente de una gran empresa española en el exterior, preferiblemente de tu comunidad autónoma.

a) ¿A cuánto ascendió la inversión en euros y cuál era su equivalencia aproximada en divisas en aquel momento?

b) ¿Cuál es el tipo de cambio EUR/USD que se aplicó?

c) Si se planteara una desinversión en fecha actual, ¿qué podría pasar en relación con el tipo de cam bio y qué resultados positivos o negativos podrían producirse? Explica con un ejemplo la hipótesis.

El riesgo de cambio estudiado se refiere a operaciones efectuadas en divisas, muy frecuentemente en dólares estadounidenses debido a que se trata de una moneda aceptada en todo el mundo. No obstante, es posible también que una empresa exportadora acuerde, si es posible, realizar sus ventas expresadas en euros con los clientes fuera de la eurozona, garantizando de esta forma que no se producen alteraciones en el resultado derivadas de las diferencias de cambio.

Esta opción, caso de ser aceptada por los clientes, reviste en sí misma un problema, y es que se gana o pierde competitividad de los productos vendidos en función de la variabilidad del tipo de cambio, o **riesgo indirecto.**

Actividad propuesta 3.4

Material. Hoja de cálculo.

Contexto. Tiendas Max, de Guatemala, importa neveras de un proveedor europeo a razón de 280 € la unidad y de un proveedor coreano a razón de 300 $ la unidad.

a) Consulta el último tipo de cambio disponible y comprueba cuál de los proveedores es más competitivo y en qué porcentaje.

b) Propón una hipótesis de una nueva cotización del dólar después de una fuerte apreciación y explica su efecto sobre las operaciones propuestas.

c) Propón una hipótesis de una nueva cotización del dólar después de una fuerte devaluación y explica su efecto sobre las operaciones propuestas.

3.2.3. Factores de riesgo de cambio de una divisa

La cotización internacional de las divisas, bajo una **visión macroeconómica,** sufre alteraciones constantes, manifestadas a partir de factores tales como la inflación presente en un país, la balanza comercial y el tipo de interés interbancario, como elementos más relevantes:

- **La inflación.** El aumento de los precios de los productos y servicios en un área geográfica, cuando se produce de forma sostenida a lo largo de un período, se conoce como **inflación.** Cuando se produce una fuerte inflación, la producción interna de los países pierde competitividad debido al aumento de los precios, lo cual lleva a las empresas a ser menos competitivas en los mercados exteriores, lo que supone una disminución de las exportaciones. Como consecuencia, el valor de la divisa de los países afectados tiende a deteriorarse.
- **La balanza comercial.** El saldo de la balanza comercial o diferencia entre las exportaciones y las importaciones efectuadas en un período dado, caso de ser positivo, genera un aumento de valor de la divisa; en caso de déficit en la balanza comercial, la tendencia va a ser una disminución de los tipos de cambio.
- **El tipo de interés interbancario.** La presencia de un tipo de interés interbancario alto en un país atrae la participación activa de capitales extranjeros, en búsqueda de rentabilidad de las operaciones financieras. Esta entrada de capital atraído por unos tipos de interés altos, provoca un aumento de la demanda de la divisa y consecuentemente el aumento de su precio. Por el contrario, un tipo de interés bajo rechaza la participación de capital extranjero y, por tanto, lleva al descenso de las cotizaciones.

Ejemplo 3.4

Los bonos del Tesoro de Estados Unidos rentan un 4,85 en octubre de 2023. Si la Reserva Federal decide incrementar este tipo de interés, a fin de atraer más inversores, dado que estas operaciones únicamente se pueden ejecutar en dólares estadounidenses, se generará un aumento de la demanda del dólar y, por tanto, este tenderá a apreciarse en los mercados internacionales.

Recuerda

La inflación afecta a diferentes grupos de personas de manera desigual. Por ejemplo, alivia la carga real de la deuda para quienes tienen préstamos, pero reduce el retorno para quienes ahorran.

3.3. Cobertura del riesgo de cambio. Estrategias de gestión del riesgo

La empresa exportadora debe definir su propia estrategia en relación con la cobertura del riesgo de cambio, no existe una única opción plausible en cuanto a la actitud que tomar, puesto que ello depende en gran medida de la filosofía de gestión, crecimiento y desarrollo empresarial que haya adoptado.

En primer lugar, es necesario distinguir las **estrategias internas** de gestión del riesgo de aquellas que suponen una contratación externa de mecanismos de cobertura.

Las estrategias de carácter interno que una empresa puede adoptar ante el riesgo de cambio de las divisas son básicamente las siguientes:

- Establecer políticas comerciales en las que se contemple únicamente la **operativa en euros.** Es una estrategia que obviamente elimina el riesgo de cambio en su totalidad, pero en ocasiones resulta de muy difícil implantación.
- Negociar con el cliente o proveedor para establecer una **cláusula en el contrato** comercial en la que se estipule con claridad que toda diferencia de cambio, positiva o negativa que resulte de la transacción, será repartida equitativamente entre las partes.
- Disponer de una **cuenta en divisas,** por ejemplo, en dólares estadounidenses, con el fin de pagar las importaciones con las divisas obtenidas en las exportaciones. Esta opción permite eliminar el riesgo de cambio de la parte compensada en aquellas empresas multinacionales que realizan ambas actividades.

Siempre que sea posible, es conveniente la elección de alguna o varias estrategias de carácter interno para reducir o anular el riesgo de cambio.

La empresa exportadora, ante las contingencias de riesgo, puede optar por una primera opción, meramente especulativa, de no tomar ninguna medida externa y aplicar en cuanto sea posible las técnicas de carácter interno, con el riesgo de quedar en exposición a pérdidas significativas derivadas de la variabilidad del tipo de cambio. Esta opción, al no contemplar costes de cobertura, puede ser interesante únicamente en sectores concretos de la actividad económica o en productos concretos, especialmente aquellos cuyos márgenes comerciales sean muy amplios y los vencimientos sean a corto plazo.

3.4. Mecanismos de cobertura del riesgo de cambio

La opción alternativa a las estrategias internas es contratar mecanismos de cobertura del riesgo en todos los casos, sin excepción. Esta posibilidad evidentemente elimina cualquier riesgo, pero comporta altos costes directos probablemente innecesarios, además de los costes de oportunidad que representan.

La opción **selectiva,** o contratación de coberturas del riesgo de cambio en casos previamente estudiados y valorados como necesaria, es la estrategia de más aceptación y extensión en el comercio exterior.

3.4.1. Seguro de cambio

Al hablar de seguro de cambio se debe hacer de un **contrato** entre una empresa y una entidad financiera o banco en virtud del cual se acuerda cambiar una determinada cantidad de divisas en una fecha futura y a un tipo de cambio previamente definido.

Estas operaciones a plazo, conocidas como operaciones ***forward,*** permiten bloquear el precio al que la empresa comprará la divisa en una fecha acordada, asegurando de esta forma el tipo de cambio para ese día, sin que quede afectada por las oscilaciones en la cotización.

Este contrato permite eliminar los efectos de las posibles oscilaciones que puedan producirse en la cotización de la divisa desde el momento en que se firma un contrato hasta el vencimiento acordado, ya que el precio a que se liquidará la divisa objeto de la contratación queda fijado anticipadamente. Se trata de una compraventa de divisas en firme, de carácter irreversible, y que obliga a las partes:

- Al **exportador/importador** (asegurado) a comprar/vender una determinada cantidad de divisas en una fecha futura.
- Al **banco** (asegurador), a comprar o vender la moneda extranjera al exportador/importador en la fecha de vencimiento a un tipo de cambio predefinido, a cambio de una prima o margen que le compensa por el riesgo asumido.

Ejemplo 3.5

Fluidra, S. A. cierra un contrato de construcción y mantenimiento de piscinas deportivas en Estados Unidos, en el que se prevé un pago anual de 1 800 000 $, durante los cinco años contratados. En el día de hoy, la cotización EUR/USD es de 1,05, por lo cual, con este dato, la empresa podría estimar una facturación de 1 800 000 $ / 1,05 = 1 714 285,71 € anuales, aunque la cifra es incierta hasta que no se produzca la liquidación definitiva, liquidación que dependerá del tipo de cambio vigente en la fecha de cobro.

Dada la importancia de la operación, los resultados no pueden quedar a expensas de que el dólar estadounidense se devalúe y su conversión a euros se vea perjudicada. En el supuesto de que en la fecha de recepción del primer pago la cotización fuera de EUR/USD = 1,06, el contravalor ascendería a 169 813,21 €, suponiendo una pérdida por diferencia de cambio de 16 172,51 €.

Ante cualquier eventualidad en la evolución de las cotizaciones, contrata con Bankinter un seguro de cambio en el que se pacta el precio de EUR/USD = 1,05 para la primera liquidación que se produzca o para todas las previstas, al margen de la cotización vigente en cada uno de los momentos. De esta forma, Fluidra se asegura una facturación en cada vencimiento de 1 800 000 $ /1,05 = = 1 714 285,71 €, cifra presupuestada que garantiza un resultado positivo en la operación.

A cambio, Bankinter aplicará una prima por anticipado, comisiones de gestión y, en algunos casos, puede incluir un margen a su favor *(spread),* en el tipo de cambio aplicado.

Actividad propuesta 3.5

Material. Texto acerca del seguro de cambio.

Contexto. Un exportador de equipos de energías alternativas emite una factura de 6 250 000 $ por el contrato de venta e instalación a su principal cliente en Chile en fecha 1 de abril, con vencimiento a 90 días. Dado que para obtener los beneficios previstos en función de los costes debería convertir los dólares a un mínimo de 0,93 USD/EUR, opta por asegurar este tipo de cambio y consolidar la operación. El cambio en fecha 1 de julio es de 0,92.

Responde a las siguientes cuestiones:

a) ¿Cuál es el tipo de cambio expresado en EUR/USD que ha pactado para la fecha de vencimiento?
b) ¿A cuánto ascienden los ingresos de esta operación, expresados en euros?
c) En este período, ¿el euro se ha depreciado o apreciado? ¿Por qué?
d) Y el dólar, ¿se ha apreciado o depreciado?
e) En caso de no contratar el seguro, ¿hubiera habido beneficio o pérdida por diferencia de cotización?
f) ¿A cuánto ascendería la diferencia?

Este tipo de contratos reviste varias características comunes en la mayoría de casos:

- No es necesario asegurar la totalidad de la operación, puede realizarse por una parte de la misma.
- El acuerdo puede cerrarse en cualquier momento anterior a la fecha de vencimiento, no necesariamente en el momento de la operación comercial.
- El plazo máximo suele establecerse en un año, aunque no existe limitación legal al respecto.
- Existe la opción de contratar la cobertura de todas las exportaciones por un período determinado (en términos comerciales, línea de cobertura de riesgo), o bien para cada operación concreta.
- Tiene la desventaja de que no permite aprovechar las oscilaciones de la divisa que puedan representar un beneficio.

En la medida en que el tipo de cambio de la divisa (también denominado **precio** de cambio) que la empresa puede optar por asegurar en la fecha de vencimiento depende de varios factores macroeconómicos, el tipo pactado será objeto de estimación por parte de la entidad financiera y de negociación con el importador/exportador.

Si el precio de cambio que el importador/exportador contrata como fijo es superior al actual, recibe la denominación de **divisa con premio.** En contrapartida, si el cambio es inferior, se habla de **divisa con descuento.**

En épocas en las cuales se considera que el euro cotiza **alto** en relación con el dólar estadounidense, surgen numerosas oportunidades de importación de bienes en muchos de los sectores económicos. El aprovechamiento de estas oportunidades está condicionado a la garantía de que la operación se cierre al tipo de cambio conveniente, sin cambios según el presupuesto inicial; el seguro de cambio permite a los **importadores** garantizar un precio fijo de compra del importe en divisas que será necesario para pagar la importación sobre la cual se contrata el seguro.

En sentido inverso, dado que las empresas exportadoras van a desear convertir los dólares que recibirán de sus clientes en una fecha futura, la contratación de un seguro de cambio les puede beneficiar de un nivel de cotización **bajo** del EUR/USD. En este caso el seguro de cambio garantiza a los **exportadores** un tipo de cambio fijo a que podrá vender las divisas recibidas de sus clientes extranjeros y convertirlas en euros.

El riesgo de cambio debe evaluarse previamente a fin de tomar las medidas de protección oportunas en el grado necesario y suficiente, sin incurrir en costes innecesarios. El riesgo de cambio depende de la posibilidad de que se produzca una situación perjudicial en las liquidaciones o **grado de exposición** en que la empresa se encuentre, a mayor exposición, mayor riesgo, y viceversa.

Un posible modelo útil para medir el grado de exposición al riesgo de cambio es el de ponderar cada uno de los activos (tesorería y facturas que cobrar) y pasivos (deudas pendientes de pago), que mantiene la empresa en moneda extranjera por el tiempo que media entre la contratación del seguro de cada uno de ellos y su correspondiente fecha de vencimiento, en base a una determinada hipótesis de evolución del tipo de cambio.

Ejemplo 3.6

Novartis Farmacéutica, S. A. tiene una factura pendiente de pago de una importación de materia prima procedente de Indonesia por un importe de 300 000 $, y que debe pagar dentro de 90 días y, por otra parte, tiene una factura pendiente de cobro de una exportación a Perú, por un importe de 230 000 $ y vencimiento a 120 días, ambas emitidas el 1 de abril, fecha en la que el tipo de cambio EUR/USD marcaba 1,135. Dada la tendencia del mercado de divisas afectada por diversos factores macroeconómicos, se estima que el dólar estadounidense se apreciará mensualmente a razón de EUR/USD = 0,0075.

En esta hipótesis, en la que se estima una tendencia del dólar a la apreciación con respecto al euro, se espera que la importación resulte desfavorecida (0,0075 × 3 = 0,0225). En contrapartida, la exportación quedará favorecida (0,0075 × 4 = 0,0300).

Importaciones

País	Prov.	Importe (dólares)	Fecha factura	Fecha de pago prevista	Meses	Tipo cambio el día de contrato	Variación estimada	Tipo de cambio vto.	Difª	Exposición sobre import.
Indonesia	Prov02	300 000 $	01/04/2020	30/06/2020	3	1,135	0,0225	1,1125	–0,023	–6750 $
										–6750 $

Exportaciones

País	Cliente	Importe (dólares)	Fecha factura	Fecha de cobro prevista	Meses	Tipo cambio el día de contrato	Variación estimada	Tipo de cambio vto.	Difª	Exposición sobre export.
Perú	Cli01	230 000 $	01/04/2020	30/07/2020	4	1,135	0,0300	1,1050	0,030	6900 $
										6900 $
							Exposición neta			**150 $**

El análisis que debe hacerse se considerará clasificado por divisas y países, hasta obtener el grado de exposición total.

Recuerda

Para una correcta gestión del contrato de seguro de cambio es conveniente el cálculo del coste de este servicio, a fin de ponderar con precisión la oportunidad o no de la decisión tomada. En este aspecto, las entidades financieras no suelen ofrecer una tarifa fija, sino adaptada y negociable a las características del cliente y de la operación.

Actividad propuesta 3.6

Material. Herramientas Office.

Contexto. Un distribuidor mayorista ubicado en Madrid importa patinetes eléctricos de China, los vende en España y exporta una parte a Latinoamérica. Tiene pendiente de pago una factura del proveedor chino por valor de 250 000 $ con vencimiento a 120 días, y dos facturas pendientes de cobro, una de su cliente distribuidor en Argentina, por 100 000 $ con vencimiento a 6 meses y otra del cliente de Chile, por 60 000 $ con vencimiento a 5 meses. Todas las facturas se contabilizaron a un cambio EUR/USD = 1,05. Se estima que en el futuro se producirá una depreciación mensual del dólar a razón de EUR/USD = 0,0082.

a) Construye una hoja de cálculo apropiada y determina el grado de exposición al riesgo de cambio en base a la hipótesis del enunciado.
b) Formula otra hipótesis de tipo de cambio futuro en la cual la empresa vea reducida la exposición al riesgo de cambio.
c) Relata brevemente los resultados obtenidos de modo razonado.

3.5. Mecanismos de cobertura del riesgo de interés

La empresa, en el inicio de su actividad exportadora, necesita que sus productos o servicios estén presentes en los mercados internacionales, donde son desconocidos, y para ello necesita introducirse, establecer contactos con nuevos clientes, contratar empleados especialistas, adecuarse a la leyes que rigen en el mercado donde se dirige, tratar los aspectos logísticos locales y numerosas acciones más necesarias para el proceso de consolidación del nuevo mercado, acciones que implican un trabajo de desarrollo sólido, pero lento y prudente, que deberá ir avanzando en el tiempo, acciones normalmente incompatibles con la obtención de márgenes de beneficio regulares en el corto plazo.

A medida que las ventas de exportación hacia el nuevo mercado se consolidan y la marca entra en un período de maduración, la empresa se plantea un nuevo reto, consistente en establecer algún sistema de **presencia permanente** en el nuevo mercado que permita canalizar la actividad con fluidez y eficacia, establecer relaciones de proximidad con bancos, clientes e intermediarios extranjeros y, en definitiva, avanzar hacia las bases de consolidación de los beneficios empresariales. Este proceso se materializa generalmente mediante una u otra forma de **inversión directa** y a largo plazo de entre las varias posibles, que siempre implica la necesidad de una fuerte financiación, con los consiguientes costes.

Ante esta perspectiva, existe la posibilidad de financiación con apoyo oficial (Unidad 5), que puede cubrir una parte de las necesidades financieras del proyecto, o bien es necesario el estudio de un planteamiento basado en empréstitos o préstamos a largo plazo contratados con bancos, en los que hay que considerar las oscilaciones en los tipos de interés, de posible cierta importancia, ya que, en la actualidad, la práctica totalidad de operaciones de financiación de inversiones en el exterior se realizan a tipos de interés variable, **ajustados a los referentes euríbor y SOFR.**

En otras oportunidades, la financiación internacional a largo plazo puede estar relacionada con la ejecución de proyectos en el extranjero cuya realización requiera una fuerte inversión (infraestructuras, comunicaciones, servicios públicos). En todos los casos, ante un proyecto de financiación a largo plazo a tipos de interés variable, la empresa debe plantearse:

- Eliminar, o cuanto menos reducir, el impacto sobre los beneficios empresariales que pueda derivarse de las oscilaciones de los tipos de interés a lo largo del tiempo.
- Estabilizar el flujo de tesorería y reducir la incertidumbre financiera, como garantía de la ejecución del plan de empresa que se haya proyectado.

Es necesario, pues, en la financiación a largo plazo a tipos de interés variable de un proyecto de inversión, trabajar con las herramientas que el sistema ofrece en algunas de las modalidades de cobertura que mejor se adapten a la empresa. Las opciones más destacadas son las siguientes:

- **Cobertura IRS Estándar o SWAP**(*Interest Rate Swap*). Es un contrato entre la empresa exportadora y el banco en que se prevé la posibilidad de convertir el tipo de interés variable en un tipo fijo siempre que la empresa lo crea necesario. Esta opción supone una cobertura total del riesgo de los tipos de interés al alza, pero en contrapartida la empresa asume el riesgo de liquidaciones negativas en el supuesto de que los tipos de interés bajen.

  Ejemplo. Industrias Kolmer, S. L., ubicada en Granada, exporta regularmente a Canadá materias colorantes y sus derivados a través de Kolmer Canadian Ind., empresa distribuidora de la que participa en un 51 %, asegurándose así el flujo de actividad. La inversión en las acciones de la empresa canadiense supuso una inversión de 5 millones de dólares, que fueron financiados por CaixaBank, a un tipo de interés variable basado en el referente SOFR más un margen. En el momento de la contratación, el SOFR a 12 meses se estimaba en un 3 %, pero, al parecer de la dirección financiera de Kolmer, existía un gran riesgo de que este porcentaje aumentara notoriamente, encareciendo la operación; por esta razón propuso contratar con CaixaBank la cobertura de este riesgo y pactar que si unilateralmente lo estimaba necesario, se podría convertir el tipo variable en un tipo fijo.

- **Cobertura *Cap* o techo.** El contrato, en este caso, consiste en la fijación de un límite máximo que puede alcanzar el tipo de interés, sin que la empresa deba renunciar al provecho que significaría una bajada de los tipos. En contrapartida, el contrato incluye un coste adicional o prima.

  Ejemplo. Otro directivo de Industrias Kolmer, S. L. estaba muy seguro, según su parecer, de que los tipos de interés iban a disminuir, por lo que propuso una cobertura *Cap*, argumentando que la empresa debería beneficiarse de los tipos de interés más bajos que estimaba se iban a producir.

- **Cobertura Collar.** Este tipo de cobertura de riesgos sobre los tipos de interés marca un tope máximo (*cap* o techo) y un tope mínimo (*floor* o suelo) sobre los cuales pueden oscilar.

  Ejemplo. Un tercer directivo intervino en la reunión sosteniendo la posición de que, puesto que existía una gran incertidumbre acerca de si los tipos de interés iban a subir o bajar, la mejor solución era contratar con CaixaBank un tipo variable a partir del SOFR inicial del 3 %, pero con limitación en las hipotéticas subidas hasta un máximo de un 3,5 % y con limitación de las posibles bajadas hasta un mínimo de 2,5 % (cobertura Collar).

La **cobertura del riesgo** de los tipos de interés (mal denominada *seguro* de interés, puesto que no es un seguro, sino un contrato libre entre las partes) es presentada por los bancos, además de las opciones básicas descritas, con opciones complementarias, tendentes a adecuarse a las necesidades de su empresa cliente (IRS creciente, con barreras, SWAP estructurados), negociables en cada caso, en función del perfil del exportador, del volumen de negocio, del grado de vinculación con el banco, etc. En muchos casos, existe la posibilidad de acceder a una cobertura de cambio flexible en relación con la fecha de vencimiento acordada, debiendo, en este caso, renegociar con el banco las condiciones.

Es una opción muy recomendable para las empresas exportadoras con un alto grado de endeudamiento y un gran volumen de inversión: constructoras, industria pesada, grandes explotaciones agrarias y mineras, etcétera.

Actividad propuesta 3.7

Material. Herramientas Office.

Contexto. Estudio de los mecanismos de cobertura de los tipos de interés.

a) Toma las tres opciones de cobertura de los tipos de interés expuestas en el texto y elabora una diapositiva de presentación PowerPoint en la que se explique su contenido. Necesariamente deberás redactarlo con tus propias palabras y expresiones.

b) Presenta la diapositiva en el aula y comenta en voz alta, dirigiéndote a las demás personas, el contenido expuesto.

3.6. Cálculo de los costes financieros de cobertura de riesgos

Se diferencian los costes financieros relativos a la cobertura de los riesgos de cambio de divisas y los riesgos de evolución de los tipos de interés.

3.6.1. Costes financieros de cobertura de riesgos de cambio

Los costes financieros en las operaciones internacionales en las cuales queda cubierto el riesgo de cambio, es decir, aquellas operaciones que se realizan a un tipo de cambio de divisa garantizado e independiente de las oscilaciones de la cotización, se componen, básicamente, de dos factores:

- El **diferencial** entre el precio actual de la divisa *(spot)* y el precio que se acuerda realizar la operación en el futuro *(forward)*, a cambio de ser conocido de antemano y garantizado por la entidad bancaria, va a ser siempre menos favorable que el actual: para una importación, el precio *forward* será superior, encareciendo la compra, y para una exportación será inferior, perjudicando la venta. Este será el coste financiero de mayor importancia, conocido como el precio del seguro de cambio.
- Las **comisiones,** primas o cualquier otra forma análoga de coste fijo que el banco puede aplicar en este tipo de operaciones, establecido en sus tarifas habituales y generalmente susceptible de negociación.

Para determinar el precio del seguro de cambio existen diversos modelos econométricos de cálculo, cuya aplicación es variable dependiendo de cada banco, pero siempre se toman en consideración los siguientes factores:

- El tipo de cambio actual de la divisa en el mercado.
- El plazo de la operación, es decir, la fecha futura en la que se realizará el intercambio de divisas.
- La volatilidad de la divisa, es decir, la variabilidad de su cotización en el tiempo.
- El diferencial de tipos de interés entre las dos divisas involucradas en la operación.

A partir de estos datos, se utiliza la siguiente fórmula para obtener el precio asegurado del dólar, en el que se considera el **diferencial** entre los tipos de interés de cada una de las divisas en sus respectivas zonas:

$$F\ EUR/USD = S\ EUR/USD * (1+iUSD\mathit{n}) / (1+iEUR\mathit{n})$$

Donde:

- F EUR/USD = Tipo de cambio *forward* o seguro de cambio entre el euro y el dólar.

- S EUR/USD = Tipo de cambio *spot* o al contado entre el euro y el dólar.
- iUSD = Tipo de interés de un depósito en dólares para el plazo fijado.
- iEUR = Tipo de interés de un depósito en euros para el plazo fijado.
- *n* = Plazo del *forward* o seguro de cambio en relación con el año.

Ejemplo 3.7

En noviembre de 2023, el tipo de cambio *spot* entre el euro y el dólar es de 1,051 EUR/USD, el tipo de interés del dólar a un año es del 5,4 %, el tipo de interés aplicable al euro a un año es del 4,5 % y el plazo del *forward* o seguro de cambio es de un año, entonces el tipo de cambio *forward* es:

$$F = 1{,}051 * (1 + 0{,}02 * 1) / (1 + 0{,}025 * 1) \quad F = 1{,}051 * 1{,}02 / 1{,}025 \quad F = 1{,}0468 \text{ EUR/USD}$$

Esto significa que el banco se compromete a comprar o vender un euro por 1,0468 dólares dentro de un año, independientemente de cómo evolucione el tipo de cambio en el mercado.

En cuanto a la variable «tiempo», se refiere al número de días que transcurren entre la fecha de contratación y la fecha de vencimiento del seguro dividido por 360; obsérvese que es habitual en el sector bancario el uso de 30 días × 12 meses = 360 como base referente para el cálculo, en lugar de 365 días naturales.

Una vez calculado y acordado el precio de la divisa que el banco aplicará en la fecha de vencimiento, indistintamente de si se trata de un cobro de una importación o de un pago de una exportación, es aplicable la tarifa por sus servicios, que suele oscilar sobre el 0,50 % del importe de la operación.

Actividad propuesta 3.8

Una industria alimentaria española desea ampliar sus instalaciones y facturación. Para ello necesita instalar una línea de envasado procedente de Corea del Sur cuyo coste es de 1 250 000 $, que podrá pagar al cabo de 18 meses. En fecha actual, en la que contrata el seguro de cambio, la cotización del dólar es de EUR/USD = 1,05; el tipo de interés del euro a 1 año es de 4,15 % y el tipo de interés del dólar a un año, 5,35 %.

a) ¿Cuál es el precio del seguro de *cambio* al que podrá cerrarse la operación?

b) Si el banco aplica adicionalmente una comisión del 0,5 %, cuál será el coste total que habrá que pagar?

En las opciones de contratación de cobertura de riesgos de cambio por un período determinado y válido para todas las operaciones, los bancos aplican una tarifa de «alta de línea de seguro de cambio», que suele estar regulada mediante un límite que queda cubierto, tarifa que oscila alrededor del 1 % del límite. No obstante, este tipo de tarifas es confidencial y reservada por los bancos.

Por último, es corriente también contratar un precio de cambio fijo, sin comisiones, en el cual quede ya implícito el beneficio del banco en la operación, basado en un margen aplicado sobre el tipo de cambio. Esta opción tiene el inconveniente de su opacidad para la empresa, pero resulta muy eficiente en la práctica.

Actividad propuesta 3.9

Material. Hoja de cálculo.

Contexto. Valoración de los costes financieros de la cobertura de riesgos de cambio.

a) Selecciona una empresa exportadora ubicada en tu ciudad o, en su defecto, en tu comunidad autónoma, consulta su web y construye un ejemplo imaginario de exportación de aquellos productos o servicios que le sean propios, con cantidades y precios realistas, en la que el cliente extranjero facilite un acuerdo de pago a 120 días fecha factura. El cliente debe ser un comprador adecuado, del mismo sector económico que el exportador español y ubicado en Latinoamérica.

b) Añade al ejemplo el supuesto de que la empresa desea contratar la cobertura de riesgo de cambio con su banco. Toma el tipo de interés del euro y del dólar a un año vigente en el momento de resolver la cuestión. Para la comisión bancaria, consulta las tarifas del banco elegido y, en caso de que no fueran publicadas en internet, comunícate con el servicio de atención al cliente por el conducto que esté establecido por la entidad.

Actividad propuesta 3.10

Material. Hoja de cálculo.

Contexto. Valoración de los costes financieros de la cobertura de riesgos de cambio.

a) Selecciona en la base de datos que facilita la Cámara de Comercio otra empresa próxima a tu domicilio y sigue la misma pauta de construcción de la actividad anterior. En este caso, la empresa quiere contratar la cobertura de cambio para un año completo, en el que prevé exportar por valor de 1 000 000 €. Busca un cliente adecuado que pudiera ser real, el tipo de producto, vende o compra, cantidad, precio y total, e imagina varias operaciones con distintos valores y varias fechas de vencimiento, tipos de interés, etc.; la finalidad es la de construir un ejemplo práctico de operación realista para una empresa en la que puedes enviar tu currículum.

b) Aplica las tarifas de seguro de cambio en los tramos de contratación de línea y una comisión adicional para cada operación, para un supuesto de cobertura hasta un límite del 80 %, comisión de alta en línea del 1 % y un 0,10 % por cada operación realizada. En caso necesario, plantea el caso a un banco y solicita presupuesto.

c) Para el caso anterior, plantea el supuesto de que el banco no cobra comisión alguna, sino que sobrecarga a su favor el precio de cambio de la divisa en un 15 %.

3.6.2. Costes financieros de cobertura de riesgos de tipo de interés

En las operaciones internacionales de gran envergadura, en las que el exportador se endeuda necesariamente y además lo hace a largo plazo, la cobertura del tipo de interés adopta un carácter imprescindible para asegurar la rentabilidad del contrato obtenido en lo que concierne a costes financieros. De los distintos instrumentos de cobertura disponibles, el contrato *Cap* (o techo), resulta uno de los más adecuados.

Para determinar el coste de un contrato *Cap,* se consideran los siguientes elementos:

- **Importe de la operación.** Es la cantidad teórica, en principio fija, sobre la que se inicia el cálculo, aunque pueden plantarse hipótesis de variaciones.
- **Tipo de interés de referencia.** Es el tipo de interés inicial sobre el cual se proyecta la operación, basado en los referentes habituales en el mercado financiero: euríbor, SOFR, bonos del Tesoro, etcétera.
- **Tipo de interés *Cap*.** Es el tipo de interés que se desea contratar. Al igual que el capital, es fijo en principio, pero pueden plantearse también opciones de variabilidad,
- **Plazo.** Período que se establece para la operación entre la fecha de contrato y la fecha de vencimiento. No existe un límite contractual definido, pero no suele sobrepasar los diez años.
- **Frecuencia.** En este tipo de contratos, se compara regularmente el tipo de interés contratado como fijo con el tipo de interés vigente en el mercado. La frecuencia es la periodicidad en la que comparan ambos tipos de interés, habitualmente 1, 3 y 6 meses.

La prima o coste financiero de cobertura del riesgo de tipo de interés, en la modalidad de contrato *Cap,* se expresa como un porcentaje del importe de la operación, y se puede optar por pagarlo de una sola vez al inicio de contrato o por períodos. En el lenguaje propio de este tipo de operaciones, se dice que el exportador «compra» un *Cap* y el banco «vende» el *Cap.*

Ejemplo 3.8

Un operador español de mediana dimensión ha obtenido un contrato de construcción de estructuras en Bolivia que supone una inversión de 625 000 euros, de los cuales un 80 % se financiará con un préstamo a un tipo de interés variable, pero con un máximo limitado, con pagos anuales de intereses, sin amortización de capital, la cual se producirá al finalizar el plazo (sistema americano). Para asegurar la rentabilidad de la operación, cree oportuno contratar un *Cap* que garantice que sus costes financieros van a estar contenidos, frente a la expectativa de que los tipos de interés de mercado van a subir en un futuro próximo.

El tipo de interés euríbor se encuentra en el momento del contrato en el 0 %, porcentaje sobre el cual el banco aplicará un diferencial del 2 %. Se acuerda un tipo de interés variable con techo *Cap* para los próximos cinco años del 1 % + diferencial, que es el tipo máximo que la empresa está dispuesta a asumir. Esto significa que, si los tipos de interés superan el 1 %, será el banco quien asumirá el coste por la diferencia. En caso contrario, la empresa se beneficiará de la bajada de tipos. En contrapartida, el banco, para esta operación, cobra una prima del 2 %, en un solo pago al inicio del período. Se acuerda comparar el tipo de interés de referencia con el tipo *Cap* anualmente.

Hipótesis de evolución de los tipos de interés

A partir de la fecha de contrato y a efectos de seguimiento del ejemplo, se plantea la hipótesis de evolución de los tipos de interés siguiente: en el primer año, el tipo de interés es del 0 %; en el segundo año, 0,50 %; en el tercer año, 1 %; en el cuarto año, 1,50 % y, en el quinto año, 2 %.

Cálculo de los costes financieros

El coste financiero de la operación descrita está formado por la totalidad de intereses pagados en el plazo de vigencia del contrato, ajustados por la diferencia de intereses entre el tipo de referencia base y el real *Cap,* más la prima pagada al banco por el servicio financiero. En este ejemplo, los tipos de interés reales a partir del 4.° año superan el techo máximo previsto en contrato y, por tanto, corresponde liquidar a favor de la empresa el exceso.

Coste por intereses de préstamo, ajustados:

	1.er año	2.° año	3.er año	4.° año	5.° año	Total
Tipo de interés	0 %	0,50 %	1 %	1,50 %	2,00 %	
Diferencial bancario	2 %	2 %	2 %	2 %	2 %	
Tipo aplicado	2,00 %	2,50 %	3,00 %	3,50 %	4,00 %	
Coste financiero anual	10 000 €	12 500 €	15 000 €	17 500 €	20 000 €	75 000 €
Aplicación interés contrato *Cap*	0,00 %	0,50 %	1,00 %	1,00 %	1,00 %	
Diferencia que regularizar	0,00 %	0,00 %	0,00 %	0,50 %	1,00 %	
Ajuste/s contrato *Cap*				–2500 €	–5000 €	–7500 €
Coste financiero anual ajustado	10 000 €	12 500 €	15 000 €	15 000 €	15 000 €	67 500 €

Es posible y conveniente comparar el coste financiero total, ya ajustado y real, con el que hubiera supuesto la misma operación sin cobertura de riesgo de interés. En este caso:

Opción sin cobertura de riesgo		
Coste financiero sin contrato *Cap*		75 000 €
Prima contrato *Cap* (no procede)		0,00 €
		75 000 €
Opción con cobertura de riesgo		
Coste financiero sin contrato *Cap*		67 500 €
Prima contrato *Cap*		6000 €
		73 500 €
Diferencia		**–1500 €**

Este ejemplo muestra una hipótesis de condiciones contratadas y de evolución posterior de los tipos de interés que termina en un ajuste favorable a la empresa. Al margen del ajuste, que podría ser negativo en otros casos, la ventaja para la empresa es que puede plantear una operación a largo plazo en la seguridad de que la evolución de los tipos de interés no va a incidir sobre los resultados finales.

Actividad propuesta 3.11

Material. Herramientas Office.

Contexto. En 2018, la ampliación de las instalaciones aeroportuarias en Heathrow aprobadas por el parlamento británico se presupuestaron en 14 000 millones de libras esterlinas. Hipótesis: el accionista mayoritario, la compañía española Ferrovial, financia el 75 % de las obras gracias a un préstamo concedido por un consorcio bancario a 10 años, un tipo de interés variable con cobertura *Cap* con techo 1,25 %, una prima del 1,5 % y un diferencial a favor del banco del 1,8 %.

a) Plantea qué ocurriría en un escenario financiero en el cual los tipos de interés fueran escalando a lo largo de los diez años a razón de 0,30 % anual.

b) Comenta el efecto de la cobertura *Cap* sobre la financiación.

c) Busca información en internet acerca de la ampliación real del aeropuerto de Heathrow que permita ajustar alguno de los datos hipotéticos en que se ha trabajado.

Importante

Desde mediados de 2023, el índice de referencia líbor dejó de publicarse. En su lugar, se usa el SOFR *(Secured Overnight Financing Rate)*, tipo de interés desarrollado por la Reserva Federal de Estados Unidos, que ya venía publicándose desde 2018. Este tipo de interés se calcula como la media ponderada de todos los préstamos a un día que se prestan entre sí los bancos y otras entidades financieras dentro del sistema auspiciado por la Reserva Federal.

Desde el punto de vista conceptual, se trata de un tipo de interés parecido al extinto líbor, pero presenta algunas diferencias importantes:

- Para su cálculo se ha usado un mayor número de transacciones diario, superando el billón de dólares.
- Incluye operaciones realizadas no solo por los bancos, sino también por otras entidades financieras, como compañías aseguradoras o gestoras de fondos.
- Lo publica la Reserva Federal de Nueva York a partir de las transacciones observadas, en lugar de transacciones reportadas.
- Los préstamos utilizados para el cálculo de la referencia están garantizados con deuda soberana de los EE. UU.

Estas diferencias en relación con el líbor le aportan mayor confiabilidad, motivo que justifica su uso actual.

Conceptos importantes

Coste de oportunidad: beneficio o valor al cual se renuncia al elegir una opción sobre otra. Cuando se toma una decisión, se está renunciando a otras opciones disponibles, y el coste de oportunidad es el valor de esas opciones sacrificadas. Este concepto es fundamental en economía y finanzas, ya que ayuda a evaluar el valor relativo de diferentes opciones y a tomar decisiones informadas sobre cómo asignar recursos escasos.

Crédito (comercial): forma común de financiamiento utilizada por las empresas para gestionar sus flujos de efectivo y sus operaciones comerciales. Bajo este acuerdo, el proveedor concede al cliente un plazo para pagar la factura, lo que permite al cliente recibir los bienes o servicios de inmediato y pagar por ellos en un momento posterior.

Instrumentos de cobertura: herramientas financieras utilizadas por las empresas para gestionar y mitigar el riesgo asociado con fluctuaciones en los precios de activos financieros, tasas de interés, tipos de cambio u otros riesgos financieros. Algunos ejemplos comunes de instrumentos de cobertura incluyen contratos de futuros, opciones, SWAP y contratos a plazo.

IRS creciente (*Interest Rate SWAP creciente*): tipo de instrumento financiero derivado en el que dos partes acuerdan intercambiar flujos de pagos en relación con tasas de interés. En un IRS creciente, una de las partes paga una tasa de interés fija predeterminada, mientras que la otra parte paga una tasa de interés variable que aumenta con el tiempo. Este tipo de contrato se utiliza comúnmente como una estrategia de cobertura para protegerse contra el riesgo de que las tasas de interés aumenten en el futuro.

Operaciones *forward*: acuerdos entre dos partes para comprar o vender un activo financiero, mercancía o divisa a un precio acordado en una fecha futura específica.

SOFR: tasa de interés de referencia a corto plazo para el mercado financiero estadounidense.

Actividades finales

De comprobación

3.1. Los riesgos en el comercio internacional pueden ser:

a) Fiscales y arancelarios.
b) Políticos y comerciales.
c) Financieros y logísticos.
d) Comerciales y financieros.

3.2. El riesgo de cambio de divisas para el exportador español se produce cuando:

a) La moneda es distinta del dólar.
b) La moneda es distinta del euro.
c) La moneda es distinta del yen.
d) La moneda es distinta de la libra.

3.3. ¿A qué son debidas las diferencias de cambio en las operaciones internacionales?

a) A factores de azar no controlables.
b) A la acción correctora del Fondo Monetario Internacional.
c) A las oscilaciones en el precio de las divisas.
d) A la presión de los mercados financieros.

3.4. El dólar pasa de cotizar EUR/USD = 1,15 a EUR/USD = 1,13. ¿Qué ha ocurrido?

a) El dólar se ha revalorizado respecto al euro.
b) El dólar se ha depreciado respecto al euro.
c) El dólar se ha estabilizado respecto al euro.
d) Ninguna de las respuestas anteriores es correcta.

3.5. La necesidad de evaluar el riesgo de cambio de divisa:

a) Está relacionada con el grado de exposición.
b) Está regulada por leyes de la Unión Europea.
c) Está relacionada con el tipo de cliente extranjero.
d) Está obligada por los bancos.

3.6. La libra ha pasado de cotizar EUR/GBP = = 0,88 a EUR/GBP = 0,90. ¿Qué significa?

a) La libra permanece estable respecto al euro.
b) La libra se ha depreciado respecto al euro.
c) La libra se ha revalorizado respecto al euro.
d) Ninguna de las respuestas anteriores es correcta.

3.7. El riesgo de cambio debe cubrirse siempre si:

a) La empresa vende regularmente a la Unión Europea.
b) La empresa exporta regularmente fuera de la Unión Europea.
c) La empresa cobra las exportaciones mediante cheque.
d) La empresa importa mercancías con pago al contado.

3.8. El tipo de cambio de las divisas cambia por efectos de:

a) Modificación de las medidas arancelarias.
b) La inflación, el desequilibrio de la balanza comercial y los tipos de interés.
c) La política exterior de los Estados Unidos.
d) Incremento del coste del petróleo y materias primas.

3.9. Si en un país se produce una fuerte inflación, entonces:

a) Disminuyen las exportaciones y aumentan las importaciones.
b) Aumentan las exportaciones y disminuyen las importaciones.
c) Aumentan las exportaciones e importaciones.
d) Disminuyen las exportaciones y las importaciones.

3.10. ¿Qué tendencia se produce si la balanza comercial es positiva?

a) Aumenta el valor de la divisa.
b) Disminuye el valor de la divisa.
c) Regulariza el valor de la divisa.
d) No afecta al valor de la divisa.

3.11. Los altos tipos de interés:

a) No afectan a la cotización de las divisas.
b) Tienden a rebajar la cotización de las divisas.
c) Generan mayor demanda de divisas.
d) Normalizan la demanda de divisas.

3.12. La cobertura del riesgo de cambio:

a) Está obligada por la normativa mercantil europea.
b) Es imprescindible en el comercio exterior.
c) Es recomendable para algunas operaciones.
d) Depende de la estrategia de la empresa.

3.13. ¿Qué finalidad busca el seguro de cambio de divisas?

a) Garantizar el cobro de una exportación.
b) Asegurar la estabilidad de los tipos de interés.
c) Eliminar los efectos de las oscilaciones de los tipos de cambio.
d) Reducir los costes operativos de las divisas.

3.14. ¿Qué carácter tiene el seguro de cambio?

a) Es modulable.
b) Es irreversible.
c) Es evaluable.
d) Es transitorio.

3.15. En el seguro de cambio, el banco se compromete a:

a) Aplicar el cambio más favorable.
b) Cambiar moneda extranjera por euros sin comisiones.
c) Financiación a las exportaciones sin riesgo de cambio.
d) Entregar el contravalor al cambio prefijado.

3.16. La empresa, por su parte, se compromete a:

a) Entregar al banco las divisas en la fecha acordada.
b) Aplicar las divisas para amortizar el préstamo.
c) Mantener las divisas en una cuenta en moneda extranjera.
d) Ingresar en la cuenta las divisas cambiadas.

3.17. En los contratos de seguro de cambio:

a) Es necesario asegurar la totalidad de la operación.
b) Es obligado asegurar la totalidad de la operación.
c) Es recomendable asegurar la totalidad de la operación.
d) No es necesario asegurar la totalidad de la operación.

3.18. ¿Cuál es el límite legal establecido para contratos de seguro de cambio?

a) Tres meses.
b) Seis meses.
c) Un año.
d) No existe límite legal.

3.19. El precio de cambio pactado para el seguro:

a) Se calcula previamente en base a la estadística.
b) Se estima arbitrariamente.
c) Se negocia entre banco y empresa.
d) Se aplica el previsto por el Banco de España.

3.20. ¿Qué significa divisa con premio?

a) Que el precio de cambio contratado es inferior al actual.
b) Que el precio de cambio contratado es superior al actual.
c) Que el precio de cambio contratado es igual al actual.
d) Que el precio de cambio contratado incluye una prima.

3.21. ¿Qué significa divisa con descuento?

a) Que el precio de cambio contratado es inferior al actual.
b) Que el precio de cambio contratado es superior al actual.
c) Que el precio de cambio contratado es igual al actual.
d) Que el precio de cambio contratado incluye una prima.

3.22. ¿A quién beneficia una considerada alta cotización EUR/USD?

a) A los exportadores.
b) A los importadores.
c) A los bancos.
d) Al Estado.

3.23. ¿A quién beneficia una considerada baja cotización EUR/USD?

a) A los exportadores.
b) A los importadores.
c) A los bancos.
d) Al Estado.

3.24. ¿A quién beneficia una considerada alta cotización USD/EUR?

a) A los exportadores.
b) A los importadores.
c) A los bancos.
d) Al Estado.

3.25. ¿A quién beneficia una considerada baja cotización USD/EUR?

a) A los exportadores.
b) A los importadores.
c) A los bancos.
d) Al Estado.

3.26. Grado de exposición al riesgo de cambio de divisa, significa:

a) El nivel de probabilidad de que se produzca un cambio beneficioso.
b) El nivel de probabilidad de que se produzca un cambio neutro.
c) El nivel de probabilidad de que se produzca un cambio perjudicial.
d) El nivel de probabilidad de que se produzca un cambio alternativo.

3.27. El riesgo de tipo de interés se produce en:

a) Las operaciones exteriores no financiadas.
b) Las operaciones exteriores financiadas a corto plazo.
c) Las operaciones exteriores subvencionadas.
d) Las operaciones exteriores a largo plazo.

3.28. La cobertura SWAP de tipos de interés:

a) Posibilita fijar un tipo de interés máximo.
b) Posibilita fijar un tipo de interés máximo y un mínimo.
c) Posibilita fijar un tipo de interés mínimo.
d) Posibilita convertir el tipo de interés variable en fijo.

3.29. La cobertura *Cap* de tipos de interés:

a) Posibilita fijar un tipo de interés máximo.
b) Posibilita fijar un tipo de interés máximo y un mínimo.
c) Posibilita fijar un tipo de interés mínimo.
d) Posibilita convertir el tipo de interés variable en fijo.

3.30. La cobertura Collar de tipos de interés:

a) Posibilita fijar un tipo de interés máximo.
b) Posibilita fijar un tipo de interés máximo y un mínimo.
c) Posibilita fijar un tipo de interés mínimo.
d) Posibilita convertir el tipo de interés variable en fijo.

3.31. ¿A qué tipo de empresa conviene asegurar los tipos de interés?

a) A las *startups* de nueva creación.
b) A las pequeñas y medianas empresas.
c) A las de gran volumen de operaciones.
d) A ninguna.

De aplicación

3.1. Concéntrate y mantente alejado de *smartphones,* libros y apuntes por unos minutos. Imagina que diriges tu propia empresa y que ha llegado el momento de afrontar la expansión hacia mercados internacionales, en principio latinoamericanos, donde por razones de idioma común puedes ves oportunidades de desarrollo. Sin ninguna ayuda exterior:

a) Piensa qué riesgos de toda clase deberás tener en cuenta en esta fase de expansión.

b) Clasifícalos ordenadamente, separando los riesgos comerciales de los financieros.

c) Compara tu listado con las ideas contenidas en el Apartado 3.1 del texto.

3.2. En un futuro próximo es probable que debas enviar tu currículum a las empresas más próximas, en petición de empleo. Selecciona una empresa que podría admitir tu currículum:

a) Investiga a qué se dedica, qué productos fabrica o distribuye, cuántos empleados tiene y a qué países exporta.

b) En base al contexto de esta empresa, de sus productos y de su mercado potencial, construye un ejemplo de operación de exportación, con cantidades, precios, fechas, medio de pago, etc. a un comprador ubicado en Asia que insiste en pagar en francos suizos.

c) Describe el proceso completo hasta el momento de cobro, en el que se producirá una diferencia de cambio positiva o negativa.

d) Sigue el modelo descrito en el texto y plantea los asientos contables relativos a las diferencias de cambio.

3.3. Consigue un listado de las empresas que cotizan en bolsa, formen o no parte del IBEX 35; todas ellas, por cumplir con la ley, ofrecen en su página web amplia información financiera y de sus negocios en el exterior.

a) Selecciona una empresa del listado y explora el último informe de gestión anual. Comprueba los datos referentes a su actividad internacional y si tiene o no filiales en el extranjero. ¿Cuál es su valor contable?

b) Con datos obtenidos de la actividad anterior, construye una hipótesis en la cual la empresa venda alguna de sus filiales a un comprador asiático en la que se muestre una posible plusvalía por evolución del tipo de cambio.

3.4. El dólar estadounidense es una divisa muy corriente en operaciones internacionales, pero no en todos los casos. Con esta premisa y preferiblemente sin mirar el texto:

a) Describe con tus propias palabras el significado de *riesgo indirecto* de cambio.

b) Propón un ejemplo práctico y explícalo en el aula ante todos los compañeros.

3.5. Repasa el texto y el ejemplo referente a las transacciones *forward* y visita la página «coberturas del tipo de cambio» del Banco Santander.

a) Selecciona una empresa exportadora de tamaño medio de tu comunidad autónoma.

b) Prepara un ejemplo de operación *forward*, con datos realistas, en el que se simule una compra de divisas a plazo y se garantice el tipo de cambio.

c) ¿Debe la empresa desembolsar alguna cantidad en el momento de la contratación?

d) Si a la empresa le interesa la posibilidad de anticipar una parte del capital antes de la fecha acordada, ¿puede hacerlo?

3.6. La siguiente imagen muestra gráficamente el escenario financiero que se produce cuando existe un riesgo de cambio de divisas (*Fuente:* Banco Sabadell):

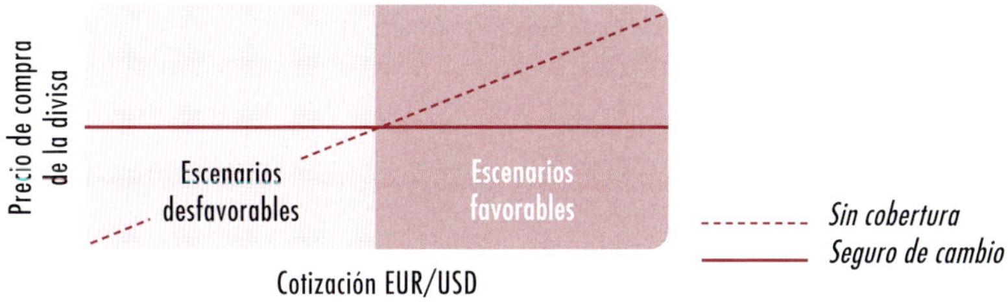

a) Toma un ejemplo práctico extraído del libro o bien de tu propia aportación y anota a mano en el esquema el tipo de cambio que se supone se ha realizado una exportación con cobro diferido.

b) Consulta la cotización actual de la divisa y añádela al esquema, ¿en qué escenario se encuentra?

c) Si es necesario, completa el gráfico con las incidencias reales de las que tengas conocimiento.

3.7. En el texto se propone un ejemplo de exposición neta al riesgo de cambio de divisas, protagonizado por Novartis Farmacéutica, S. A.

a) Representa gráficamente en una diapositiva y herramientas SmartArt, una figura que sugiera el análisis efectuado. Añade todos los datos que sean posibles.

b) Con la ayuda de la diapositiva realizada, explica a los compañeros el significado de exposición neta al riesgo de cambio de divisas.

3.8. Traduce el siguiente texto con la ayuda de un traductor automático en línea, analízalo y a continuación escribe otras cinco o seis líneas explicando, con tus propias palabras, los conceptos contenidos.

What is an Interest Rate Swap - An interest rate swap is a forward contract in which one stream of future interest payments is exchanged for another based on a specified principal amount. Interest rate swaps usually involve the exchange of a fixed interest rate for a floating rate, or vice versa, to reduce or increase exposure to fluctuations in interest rates or to obtain a marginally lower interest rate than would have been possible without the swap. A swap can also involve the exchange of one type of floating rate for another, which is called a basis swap.

3.9. Dirígete a los servicios de atención al cliente de tu propio banco y preséntate como alumno/a de Comercio Internacional.

a) Solicita información acerca de qué tipo de cobertura de riesgo del tipo de interés están interesadas las empresas exportadoras de tu zona.

b) Establece un diálogo con el empleado especialista en estos temas y contrasta tus conocimientos acerca de la fórmula aplicada para determinar el precio del seguro de cambio con la experiencia real del empleado.

c) ¿Existe algún método alternativo de cálculo del precio del seguro de cambio?

Para reflexionar

3.1. Bajo tu punto de vista, ¿qué riesgos son más peligrosos de los que asume una empresa dedicada al comercio internacional? Desarrolla con una cierta amplitud las ideas, siguiendo un proceso razonado.

3.2. ¿Existe alguna relación entre el proceso histórico de construcción de la Unión Europea y la operativa de las empresas exportadoras e importadoras? Explica el porqué.

3.3. Benjamin Franklin, en el siglo XVIII, afirmó lo siguiente: «Ninguna nación se ha arruinado por causa del comercio». ¿Estás de acuerdo con la sentencia o bien podrías sugerir matices, especialmente relacionados con el riesgo de cambio de divisas?

3.4. Imagina que ocupas la dirección financiera de una empresa con fuerte vocación exportadora. ¿Qué estrategias, en tu opinión, se podrían llevar a cabo para minimizar el efecto de los riesgos de cambio?

3.5. Te planteas viajar el próximo verano a un país europeo con un presupuesto muy reducido. Estrictamente bajo el punto de vista de la balanza comercial, ¿qué país escogerías como más favorable para tu viaje, y por qué razón?

3.6. Todo parece indicar que el dólar australiano sigue un proceso de revalorización constante. ¿Debe ser debido a que sus bancos ofrecen un alto tipo de interés o, por el contrario, ofrecen un bajo tipo de interés?

3.7. En el texto se proponen tres acciones distintas como estrategia interna de gestión del riesgo de cambio. Analiza cada una de ellas en profundidad, razona cuál de ellas es más fácil de llevar a la práctica y explica en qué casos.

3.8. La financiación a largo plazo de inversiones en el extranjero implica un fuerte riesgo relativo a los tipos de interés. ¿Sería posible algún tipo de financiación externa sin los costes añadidos de cobertura de riesgos? Imagina algún escenario en que ello fuera posible.

Tema de debate

Cambios de divisas en un entorno de conflictos bélicos

Uno de los factores económicos que llevaron a la Segunda Guerra Mundial fue la fortísima inflación que se produjo en Alemania en los años 30 del siglo pasado. Piensa y explica qué consecuencias pudo tener para el marco alemán y el comercio internacional de este país. ¿Tuvieron que ver los tipos de cambio de las divisas en el conflicto bélico? Abre un debate sobre el tema.

DETERMINACIÓN DE LA FINANCIACIÓN ADECUADA DE LAS OPERACIONES DE COMPRAVENTA INTERNACIONAL Y CÁLCULO DE COSTES FINANCIEROS Y RIESGOS

Unidad 4

Contenidos

Objetivos

- Identificar las fuentes primarias y secundarias de financiación.
- Evaluar las distintas formas de financiación de las importaciones.
- Diferenciar distintas modalidades de créditos.
- Interpretar los principales usos y prácticas mercantiles uniformes en las operaciones de crédito internacional.
- Caracterizar otras formas de financiación de las exportaciones.
- Gestionar la documentación necesaria para la obtención de créditos.
- Calcular los costes financieros y elaborar el cuadro de amortización de préstamos.

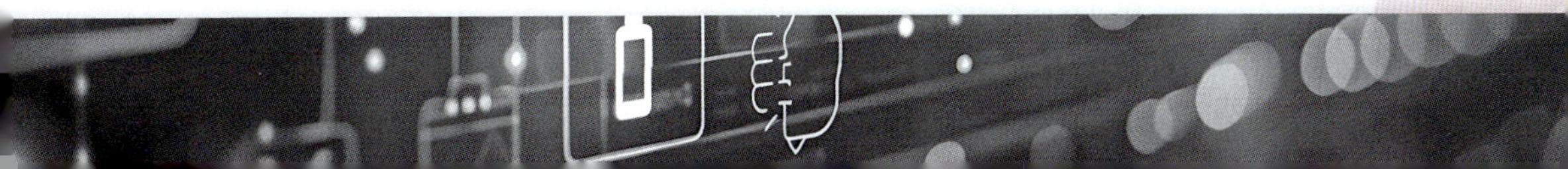

INTRODUCCIÓN

Acceder a la financiación de importaciones o bien de exportaciones significa acceder a la disponibilidad de liquidez, en euros o en divisas. Ello es estrictamente necesario para realizar el pago de una importación de bienes o equipos, o bien para pagar las materias primas, mano de obra y los gastos de fabricación imprescindibles para dar respuesta a un pedido o encargo desde el extranjero. Para ello, la primera opción es la de acceder al crédito bancario como modelo más frecuente.

Complementariamente, el aplazamiento comercial de pago concedido por el proveedor exterior o por la empresa exportadora es una importante posibilidad del sistema de financiación, especialmente si el coste es reducido o en muchos casos cero. Así pues, las opciones más básicas de financiación, el acceso al **crédito bancario** y **aplazamiento comercial,** son habituales en la mayoría de operaciones que se realizan en el comercio internacional por las pequeñas y medianas empresas.

Las operaciones internacionales de mayor envergadura obtienen adicionalmente, con frecuencia, financiación total o parcial del sector público a través de diversos programas de ayuda a la internacionalización. La financiación se solicita directamente relacionada con una operación concreta de importación o de exportación, o bien puede optarse por financiación pura, no ligada con ninguna operación concreta, por ejemplo, para mejorar el fondo de maniobra. Las grandes operaciones internacionales requieren de fórmulas de financiación complejas, en las que se incluye desde ampliaciones de capital a empréstitos, créditos, préstamos de inversión, etcétera.

La necesidad de cubrir la financiación de importaciones y exportaciones se relaciona de modo distinto en función de tres elementos básicos:

- **Clase** o categoría de bienes o servicios.
- **Período** de posible financiación.
- **Sujeto** financiador.

En directa dependencia de estos tres elementos, se debe estudiar, comparar y decidir acerca de qué opciones son las más adecuadas a la empresa, según su situación financiera y del contexto del mercado en que se va a producir la importación. Estos tres elementos básicos que inciden sobre las necesidades de financiación presentan las siguientes características:

- **Clase** de bienes o grupo en los que se pueden clasificar, en función del uso o destino que les es natural. La naturaleza o clase de bienes es un referente muy común en el momento de las negociaciones para determinar el plazo de pago, plazo que se relaciona directamente con las necesidades de financiación.

  Ejemplo. Las grandes operaciones del comercio internacional, como son la ejecución de proyectos de ingeniería y construcción, así como las exportaciones e importaciones de maquinaria y bienes de equipo, van siempre relacionadas con los largos períodos de pago y financiación; en cambio, las operaciones de bienes de consumo suelen estar relacionadas con períodos de pago más cortos.

- **Período** que se estima debe financiarse. Es el espacio de tiempo que media entre la llegada de las mercancías adquiridas (o bien el certificado de obra o servicio terminado, en su caso), y el pago efectivo, entendido como disminución real de la disponibilidad de tesorería. El período que financiar es un elemento muy variable según el sector de la actividad económica de que se trate y especialmente del importe total que pagar; en cualquier caso, siempre es un elemento para negociar entre los sujetos participantes.

  Ejemplo. En el año 2019, se firmó un contrato marco entre la empresa de ferrocarriles alemana Deutsche Bahn y la española Talgo, por el suministro de hasta 100 trenes, por un valor de 3000 millones de euros, que deberían ser entregados sucesivamente, por lotes, en varios años. La financiación de Talgo, basada en anticipos, créditos y autofinanciación, se necesita y aplica a lo largo del tiempo, espaciadamente.

- **Financiador.** Es el sujeto que proporciona la financiación. Puede ser el banco, a través de cualquiera de las modalidades de crédito existentes, el proveedor extranjero en el supuesto de que conceda un aplazamiento comercial, o una combinación de ambas fuentes de financiación. La financiación puede nacer también de la propia empresa, mediante bonos corporativos, empréstitos u otras formas de financiación externa.

Actividad propuesta 4.1

Material. Herramientas Office.

Contexto. Introducción a las posibilidades de financiación internacional.

a) El texto de la introducción a esta unidad didáctica plantea algunas ideas que fundamentan la financiación internacional. Con la ayuda de PowerPoint u otra herramienta apropiada, presenta un esquema de síntesis.

b) Aporta ejemplos que se te ocurran o que hayan sido próximos a tu propia experiencia.

4.1. Financiación comercial

La **financiación comercial** se refiere al grado (número de días) de aplazamiento de pago de la importación, concedido por el proveedor extranjero, según el acuerdo contractual que se haya alcanzado. Los acuerdos acerca del período de aplazamiento, si bien siempre son libres entre las partes, siguen un cierto criterio dependiendo del tipo de mercancías o servicios objeto de la transacción. Así, es corriente establecer contractualmente los siguientes vencimientos:

- **Bienes de consumo.** Son aquellos productos destinados a satisfacer las necesidades directas de las personas o consumidores, distribuidos en España sin transformación alguna (ejemplo: objetos de decoración, ferretería, papelería o juguetes). En general, el vencimiento de las facturas de importación de estos bienes se estipula entre uno y tres meses, y puede considerarse a corto plazo. La tipología del importador es la de una empresa cuya actividad básica es la de almacenaje, distribución de las mercancías importadas y venta a detallistas (actividad mayorista).

- **Materias primas y productos semielaborados.** La característica general de las importaciones de materias primas y de productos semielaborados es de que suelen ser de un volumen importante, ya que se trata de bienes relacionados con la tecnología industrial, la industria química y mecánica, los tecnológicos y otros de naturaleza similar. El aplazamiento de pago concedido por los proveedores, en estos casos, sigue una temporalización entre cuatro y doce meses; se considera, así, un plazo medio.
- **Bienes de equipo.** Es toda aquella maquinaria, componentes e instrumental técnico que se destina a ser incorporados a un proceso productivo o de fabricación. Son bienes de alto coste que requieren muy frecuentemente de un complejo sistema de instalación y puesta en marcha y, por tanto, los aplazamientos de pago concedidos por los proveedores suelen ser de mayor amplitud, más de un año.

Tabla 4.1. Período medio financiado en función de la clase de bienes o servicios

Importador	Clases de bienes o servicios	Uso o destino	Período a financiar
Mayorista/distribuidor	Bienes de consumo.	Consumo.	Corto (60-180 días).
Fabricante	Materias primas, productos semielaborados.	Procesos de fabricación.	Medio (180-360 días).
	Bienes de equipo.	Inversiones.	Largo (más de un año).

No obstante, las opciones de financiación comercial descritas únicamente se presentan en las relaciones comerciales continuadas entre empresas solventes y conocidas con un largo historial de operaciones. Se presentan también en las operaciones en las que el importador es un distribuidor oficial en España de la marca o los modelos objeto de la transacción, cuyo capital está participado por la empresa matriz extranjera. En los demás contextos de mercado, en los que no existe vinculación ni experiencia anterior, es muy probable que el pago sea exigido al contado, por lo que deviene imprescindible disponer de financiación externa bancaria. En cualquier caso, el período de financiación está siempre sujeto a posible negociación entre las partes.

Actividad propuesta 4.2

Material. Herramientas Office.

Contexto. Financiación comercial en el comercio internacional.

a) La Cámara de Comercio ofrece un buscador de empresas bajo el epígrafe: «Directorio de Empresas Exportadoras e Importadoras»; selecciona las empresas que reúnan estas características:

- Ubicadas en tu comunidad autónoma.
- De facturación superior a 1 millón de euros.
- Actividad en el sector de la industria productiva.
- Actividades de importación y exportación, relacionadas con América.

b) ¿Cuántas empresas aparecen? ¿Conoces o tienes referencias de alguna?

c) Selecciona algunas de las anteriores y visita su página web. Con el esquema de la Figura 4.1 del libro, clasifica la empresa: ¿es distribuidor, mayorista o ambas cosas? ¿Qué clase de bienes o servicios importa de África? ¿A qué uso se destinan?

d) En función del análisis efectuado, razona qué posibles plazos de pago supones debe realizar las importaciones.

e) ¿Ves posible trabajar en esta empresa en un futuro próximo? ¿Las empresas seleccionadas te invitan a enviarles tu currículum en apartados tipo «trabaja con nosotros»?

4.2. Financiación primaria y secundaria

Para determinar cuál es la financiación externa más ajustada, eficiente y rentable de una empresa española en vías de internacionalización en ambos sentidos, importador/exportador, cabe, en primer lugar, distinguir las fuentes de financiación primarias de las secundarias, a fin de obtener una visión objetiva de qué posibilidades existen y tomar la decisión más adecuada y oportuna en cada caso.

Son fuentes de **financiación primaria** del comercio internacional aquellas instituciones y organismos, públicos y privados, con capacidad de aportar la disponibilidad de tesorería necesaria para llevar a cabo un proyecto de internacionalización.

Ejemplos. Banco Santander, CaixaBank, BBVA, líneas ICO de financiación oficial.

Son fuentes de **financiación secundaria** aquellas que, si bien su función no es la de aportar directamente fondos a la empresa para destinar a la actividad importadora/exportadora, proporcionan distintos tipos de servicios relacionados con la financiación. En este grupo se encuentran las empresas de *factoring*, que compran con un descuento documentos financieros pendientes de cobro, empresas de *leasing* y *renting* (arrendamiento financiero) que ceden en régimen de alquiler bienes de equipo y, por tanto, liberan a la empresa de la necesidad de efectuar un gran desembolso, y otras instituciones financieras no bancarias, como sociedades de garantía recíproca y de seguros de crédito a la exportación, que facilitan el acceso al crédito.

Pueden incluirse dentro del concepto de fuentes de financiación secundaria las empresas *trading*, cuya función es la de poner en contacto con clientes y proveedores de todas partes del mundo, especialmente de países de difícil acceso, aportando la posibilidad de reducir enormemente los costes de investigación de mercados y comercialización en terceros países, y resultan, por tanto, un ahorro o una fuente financiación indirecta o secundaria.

Ejemplos. Corfisa, CESCE, Mitsubishi Corporation, Sumitomo Corporation.

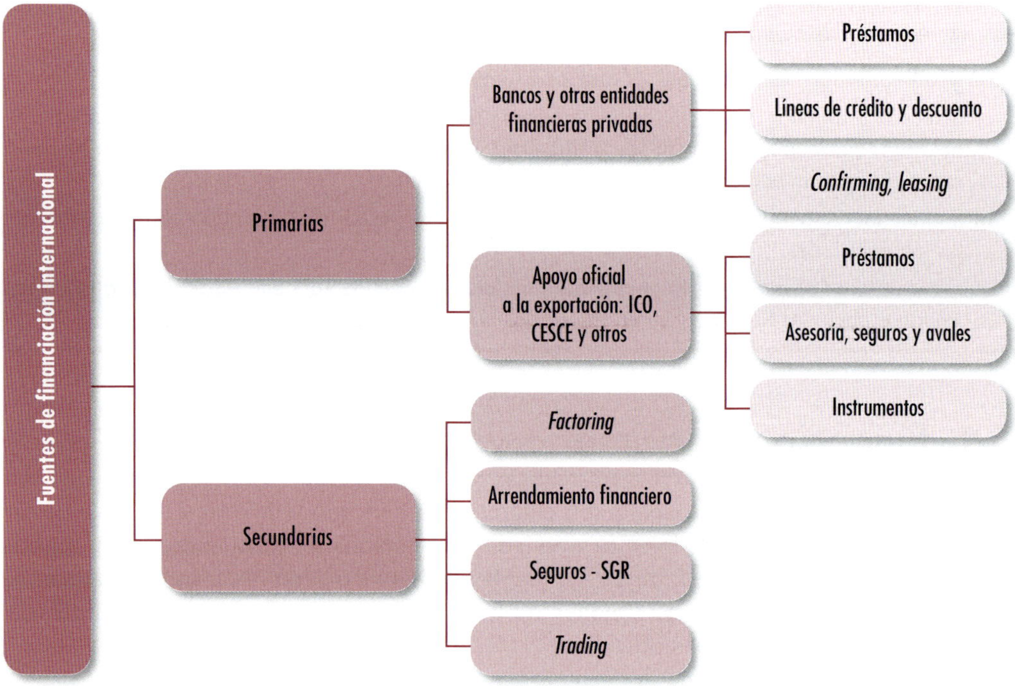

Figura 4.1. Fuentes de financiación internacional primarias y secundarias.

Actividad propuesta 4.3

Material. Acceso a internet.

Contexto. ¿Conocías la actividad de las empresas *trading*?

a) Explora en internet las actividades de las *Trading Company* y prepara un documento de síntesis de todo lo descubierto.
b) ¿En qué país se ha desarrollado más el concepto de empresa *trading*?
c) ¿Qué mercancías podrían ser importadas con la ayuda de una empresa *trading*?
d) Cita las empresas *Trading Company* más importantes.
e) ¿En qué medida estas empresas podrían aportar financiación a una empresa española?

4.3. Financiación de importaciones y compras internacionales

En el ámbito de las fuentes **primarias,** la financiación de las importaciones y compras internacionales consiste en obtener la oportunidad de pagar en diferido la deuda contraída con el vendedor extranjero por una **importación concreta** que de otra forma sería necesario pagar al contado, aplazando el pago gracias al crédito concedido al importador por una entidad financiera, en euros o en divisas.

La finalidad de aplazar el pago de la importación es la de disponer del tiempo necesario para comercializar, vender y, si es posible, cobrar las mercancías importadas; de esta forma **se consigue reducir** considerablemente la necesidad de disponer de elevados fondos propios y acceder a un volumen de compras de importación razonable, que justifique los elevados costes logísticos y aduaneros, además de la consecución de precios competitivos.

El financiar una importación **posiciona favorablemente** al comprador en los mercados internacionales, ya que al hacer efectivo puntualmente el pago en la fecha acordada ofrece una buena imagen de solvencia; además, existe la posibilidad de negociar y mejorar los precios de compra al obtener descuentos por pagos al contado.

El **esquema operativo** es muy sencillo: consiste en un préstamo simple u otra modalidad de crédito análoga a corto plazo, que se asocia a una operación de importación específica en la que se exige contractualmente el pago al contado. Con la disponibilidad de tesorería adquirida, más aquella de la que pueda disponer según sus propios recursos, la empresa importadora realiza el pago al proveedor; más adelante, devuelve el préstamo y paga los intereses correspondientes de acuerdo con las condiciones acordadas con el banco referentes al vencimiento, tipo de interés, comisiones, etcétera.

Ejemplo 4.1

Dos antiguas alumnas de Comercio Internacional, muy emprendedoras, llegan al acuerdo de realizar operaciones de importación puntuales, como ensayo antes de iniciar una carrera empresarial completa. Una de ellas, muy creativa, ha diseñado unos lápices de memoria USB muy originales, que considera muy interesantes para regalos de empresa.

Según sus cálculos para obtener beneficios, deben invertir 50 000 € para llevar a cabo el proceso completo de encargo, importación desde China, distribución, venta y cobro de las unidades USB, pero entre las dos disponen únicamente de 10 000 €.

En este contexto, y con los avales necesarios, podrán solicitar a una entidad bancaria una financiación específica para esta operación, dentro de las líneas previstas de financiación de importaciones; el pago se realizará al contado y más adelante amortizará el préstamo y se pagarán los intereses y comisiones que correspondan.

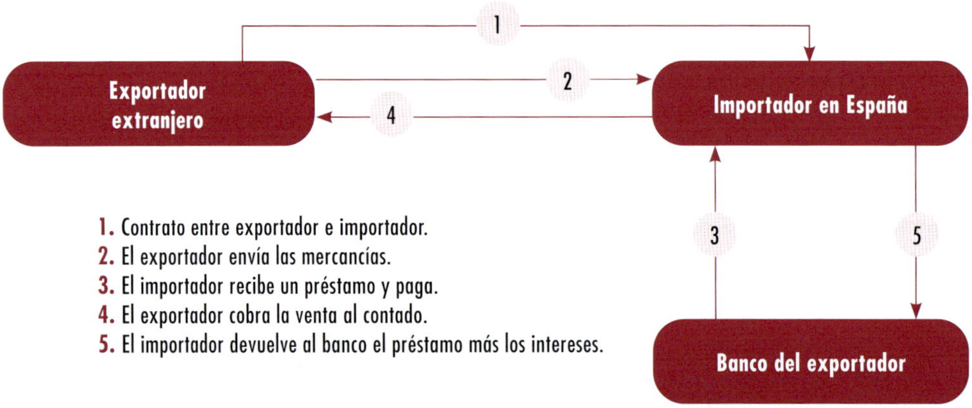

Figura 4.2. Financiación de importaciones.

4.3.1. Cálculo de los costes financieros

El importador, en el momento que estudia la viabilidad económica de una posible importación y planifica una previsión de los ingresos y de los costes que se producirán, incluye también el coste financiero. Si el estudio de la importación presenta un balance satisfactorio (beneficios), aprobará el proyecto, solicitará el préstamo y realizará la importación con los riesgos mínimos. Con este esquema de trabajo, la financiación de importaciones suele concretarse en un **pago único** en un determinado vencimiento, que negociar, en el que la empresa importadora devuelve el préstamo más los intereses una vez espera haber vendido y cobrado las mercancías adquiridas.

El cálculo de los costes financieros de una importación, por tanto, se reduce a la **aplicación del tipo de interés** anual al período contratado para cada operación concreta, más las **comisiones** que se establezcan. Dado que existe la posibilidad de financiar la importación en una moneda distinta del euro, si así se llevara a cabo, la empresa importadora se comprometería a devolver el contravalor de la divisa en la fecha de vencimiento, con el consiguiente riesgo de cambio. En este supuesto, el importador puede suscribir un contrato de cobertura de riesgos de cambio (*seguro*, en lenguaje comercial) asumiendo un coste fijo adicional en el proyecto.

La fórmula que aplicar es la del interés simple:

$$\text{Interés} = \text{Capital} \times \text{Tipo de interés} \times \text{Tiempo}$$

Ejemplo 4.2

Lámparas Españolas Herma, S. A., ubicada en Valencia, importa regularmente desde China placas indicadoras y luminosos que incorpora a su catálogo. Para obtener los mejores precios y ofrecer una imagen solvente, conviene con el proveedor chino el pago al contado. En esta ocasión, la factura proforma indica un coste total de la importación que debe producirse de 500 000 euros. Herma presenta el contrato y la factura proforma, y solicita un préstamo directamente vinculado con esta operación, con vencimiento a un año, al tipo de interés euríbor (0 %) más dos puntos (2 %) de diferencial como beneficio bancario.

Solución:

Capital: 500 000 €

Tipo de interés anual: 0 % + 2 % = 2 %

Tiempo: 1 año

Coste de la operación: 500 000 € × 0,02 × 1 = 10 000 €

Actividad propuesta 4.4

Material. Calculadora simple, hoja de cálculo.

Contexto. Ejemplo 4.2 referente a Lámparas Españolas Herma, S. A. En este caso, el banco anuncia una comisión de apertura del 0,5 % y otra comisión de estudio del 0,5 % que cargará en la misma fecha de disposición, ya que Herma indica se incluyan estas comisiones en el nominal del préstamo, a fin de disponer del capital íntegramente. Considera, por otra parte, innecesario el financiar la importación a un año y cree que con nueve meses es suficiente.

a) Calcular el coste financiero total de la importación.

b) ¿Qué porcentaje representa?

Actividad propuesta 4.5

Material. Acceso a internet.

Contexto. Contenido de la Actividad propuesta 4.2.

a) En base a una de las empresas reales seleccionadas en el trabajo realizado en la Actividad propuesta 4.2, preparar un ejemplo en la misma línea de los mostrados en el libro, en el cual el tipo de mercancías, el país de origen, el proveedor, el tipo de interés aplicado y las comisiones bancarias sean de carácter real.

b) Documenta digitalmente cada uno de los elementos incluidos en el ejemplo y guárdalos en una carpeta del sistema informático, junto con el ejemplo preparado.

c) Envía el conjunto, ejemplo y documentación, al correo electrónico propuesto por el profesor/a para su revisión.

4.4. Financiación de exportaciones, ventas y proyectos internacionales

La financiación de exportaciones consiste, esencialmente, en recibir un **anticipo** por parte del banco de todo o parte del importe de una exportación en la que se ha concretado con el cliente exterior el pago aplazado. De esta forma, el exportador consigue disponer de liquidez en euros o en divisas, que podrá reinvertir en nuevas operaciones a cambio de un coste financiero (intereses y comisiones bancarias). Se trata, por tanto, de una operación de crédito.

Adicionalmente, existen distintas opciones de financiación de exportaciones, de carácter híbrido entre medio de pago y financiación, además de mecanismos de financiación de proyectos de gran volumen e importancia *(Project Finance)*.

4.4.1. Financiación de exportaciones básica

La financiación de exportaciones puede iniciarse en dos escenarios distintos:

- **Prefinanciación.** En el contexto económico de la actualidad, en el que es primordial la eficiencia de los procesos en aras del mantenimiento de la competitividad y los resultados, el proceso más extendido entre las empresas productivas consiste en ajustar al mínimo los *stocks* disponibles y proceder a la fabricación de los productos y mercancías que exportar una vez ya se ha recibido y confirmado un pedido o cerrado un contrato de exportación.

  En algunos casos, no tendría ningún sentido el mantenimiento de *stocks* de productos fabricados y disponibles para la venta (ejemplo: vagones de ferrocarril, buques militares), sino que la construcción se realiza una vez cerrado el contrato.

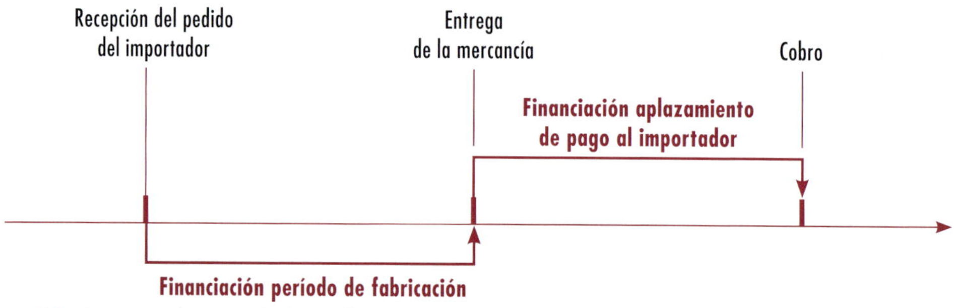

Figura 4.3. Esquema básico de la prefinanciación de las exportaciones.

  Se produce, por tanto, un período en el cual la empresa asume y paga los costes de aprovisionamiento y fabricación de los productos demandados, y en cambio, no recibe dinero efectivo del cliente hasta el vencimiento de la factura emitida tras el envío de exportación, a no ser que se haya pactado algún tipo de anticipo, algo no siempre factible. El período de fabricación, si es muy dilatado y si la empresa no dispone del fondo de maniobra suficiente, debe ser financiado por necesidad; en términos comerciales bancarios, se denomina prefinanciación.

Ejemplo. En el año 2018, el operador público del transporte urbano de Oslo (Noruega), Sporveien, firmó con la constructora española CAF un acuerdo para el suministro de 87 unidades de tranvía para el uso ciudadano de esta ciudad. Desde el momento de la firma del contrato hasta la entrega del pedido se produjeron unos costes de aprovisionamiento de materiales, de mano de obra y de gastos de fabricación que necesariamente fueron financiados (prefinanciación) con un anticipo concedido por los bancos con los que trabaja CAF.

- **Posfinanciación.** Salvo que el contrato de venta prevea el pago al contado, algo que no es usual en grandes operaciones internacionales, una vez se han enviado las mercancías de exportación al país de destino o en su caso se ha certificado el final de las prestaciones de servicios, transcurre un tiempo cuya dilatación se ha acordado contractualmente hasta la fecha de vencimiento, en la que se producirá el cobro. Aun cuando los costes de fabricación ya se han pagado, suele ser necesario mantener un cierto grado de apalancamiento financiero como oportunidad para continuar con las actividades de la empresa, que puede obtenerse en el mercado bancario como posfinanciación relacionada con una exportación realizada y pendiente de cobro hasta su vencimiento.

En ambos casos, pre y posfinanciación, se trata de recibir un anticipo del banco sobre el montante de la exportación que permite la fluidez de la tesorería y el mantenimiento de la fortaleza financiera de la empresa.

Recuerda

En la financiación de las operaciones de comercio internacional es fundamental observar la máxima **eficiencia,** entendida como la utilización de los recursos disponibles de la manera más óptima posible para lograr los objetivos propuestos.

Ejemplo 4.3

El contrato firmado entre la empresa guipuzcoana CAF y la noruega Sporveien para el suministro de 87 unidades de tranvía pudo ser financiado total o parcialmente en el período comprendido entre la entrega de las unidades y la fecha o fechas de vencimiento, en base a esta operación concreta.

En este tipo de financiaciones, el importe máximo que conceden los bancos puede alcanzar la totalidad del valor de las mercancías, incluidos los gastos de almacenaje y transporte. La operación puede realizarse en euros o en divisas, a conveniencia del exportador; en el supuesto de financiar la operación en divisas, siempre hay que tener en cuenta el factor del riesgo de diferencias de cambio (Unidad 3).

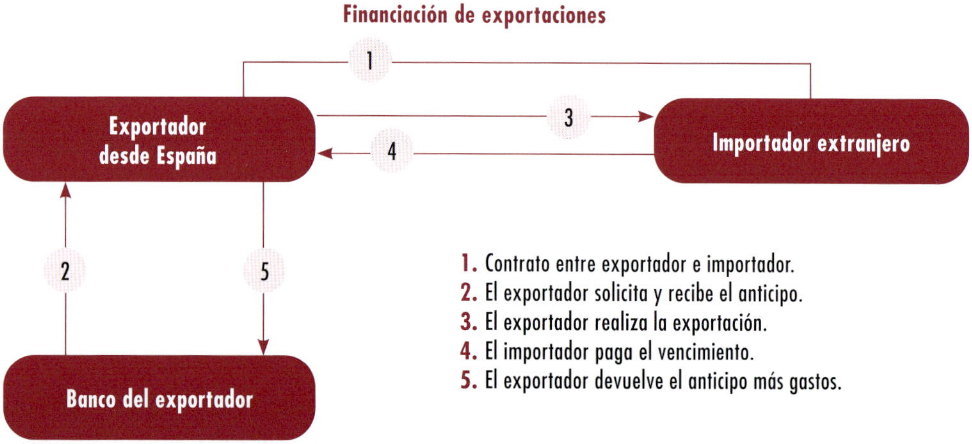

Figura 4.4. Financiación de exportaciones con anticipo.

Actividad propuesta 4.6

Material. Acceso a internet.

Contexto. Financiación de exportaciones, ejemplo CAF.

a) En base a una de las empresas reales de tu comunidad, seleccionadas en el trabajo realizado en la Actividad propuesta 4.2, prepara un ejemplo en la misma línea de los mostrados en el libro para la constructora CAF, en el cual el tipo de mercancías, el país de origen, el proveedor, el tipo de interés aplicado y las comisiones bancarias sean también de carácter real.

b) Documenta digitalmente cada uno de los elementos incluidos en el ejemplo y guárdalos en una carpeta del sistema informático, junto con el ejemplo preparado.

c) Envía el conjunto, ejemplo y documentación, al correo electrónico propuesto por el profesor/a para su revisión.

4.4.2. Financiación de exportaciones *factoring*

En numerosas ocasiones, especialmente en pequeñas y medianas empresas cuya estructura de gestión administrativa no tiene capacidad de abarcar la complejidad de los procesos de facturación y cobro internacionales, a la necesidad de satisfacer esta falta de disposición se une a la necesidad de financiar las exportaciones y de cubrir los riesgos. Esta problemática está suficientemente analizada en medios bancarios y cubierta mediante el contrato de *factoring*.

El contrato de *factoring*, acordado entre una entidad financiera y una empresa exportadora, consiste en concertar la financiación de una exportación, su gestión de cobro y la cobertura de los riesgos propios de la operación, en un único **contrato.** En síntesis, el proceso que sigue la contratación de *factoring* consiste en ceder la facturación internacional pendiente de cobro, en su totalidad o en parte, a una entidad mediadora que pasa a ser la titular de la deuda, la cual asume a partir de ese momento:

- La ejecución del proceso administrativo de cobro de las facturas.
- La cobertura de los riesgos de insolvencia.
- La concesión de un anticipo como crédito financiero.

La empresa exportadora recibe el dinero efectivo de la exportación deducidas las comisiones devengadas y el **factor** (banco o empresa especializada en *factoring*) acepta responsabilizarse del cobro con todas sus consecuencias.

Las condiciones que establecer en los contratos de *factoring* se negocian entre la empresa exportadora y el factor igual que la mayoría de productos financieros del mercado; son factores esenciales en la negociación:

- El grado de necesidad de la empresa, en función de la naturaleza, el volumen y la oportunidad de la operación internacional.
- El interés de vincular a un cliente importante por parte del banco o cualquier otro interés legítimo.

Normalmente, los bancos rechazan la aceptación de una parte de la facturación, por ejemplo, la de alto riesgo, y exigen contratar la inclusión de la totalidad de la actividad internacional del exportador o como mínimo de una amplia área geográfica concreta (cláusula de globalidad).

Los servicios de *factoring* disponibles en el mercado que pueden contratarse son los siguientes:

- **Clasificación de los deudores:**

  Ejemplo. El exportador Aceros del Norte, S. L. aporta al BBVA, banco factor, un listado de sus clientes extranjeros en Latinoamérica que desea incluir en el contrato de *factoring*. El banco, a través de sus corresponsales en Colombia y Chile, estudia los posibles riesgos de insolvencia y valida, en caso positivo, la operación, en la que se incluye la cobertura del riesgo.

- **Administración de cuentas:**

  Ejemplo. El contrato de *factoring* entre Aceros del Norte, S. L. y el BBVA incluirá la administración de los documentos, la contabilidad de las cuentas deudoras y estadísticas de seguimiento.

- **Gestión de cobro:**

  Ejemplo. La gestión de cobro trasladada al BBVA por el contrato de *factoring*, alcanza el proceso completo, desde las comunicaciones con los deudores a los sistemas de reembolso, reclamación, etcétera.

- **Anticipos:**

  Ejemplo. En base a la facturación incluida en el contrato de *factoring*, el exportador Aceros del Norte, S. L. puede solicitar un anticipo, en las condiciones ordinarias de descuento comercial.

- **Otros servicios:**

  Ejemplo. En algunas contrataciones de *factoring,* pueden ser incluidos servicios de prospección de mercados, seguros financieros y de *risk management.*

Recuerda

Risk management es el servicio de identificación y evaluación de los riesgos que se relacionan con la actividad exportadora de una empresa. Su finalidad es la de reducir y controlar la probabilidad de que se produzcan situaciones financieras indeseadas y reducir al mínimo su influencia.

Las operaciones de *factoring* son contratadas por empresas exportadoras cuyas características quedan encuadradas entre las siguientes:

- Las que debido a la incertidumbre de los mercados no desean ampliar su estructura administrativa, pero necesitan ejecutar acciones de cobro internacional en períodos de crecimiento y mayor actividad.
- Las que desean contener y controlar los riesgos comerciales propios de la exportación.
- Las que sus clientes son de reconocida solvencia (grandes grupos empresariales, Administraciones públicas).
- Las que cuya facturación es regular y periódica, por ejemplo, gracias a contratos plurianuales de suministro.
- Las que presentan facturación cuyos vencimientos de las facturas son a corto plazo, menos de 180 días.
- Las que exportan a países considerados de riesgo medio o bajo.

Los sujetos participantes en los contratos de *factoring* se identifican como:

- **Factor.** Es el banco o empresa especializada en *factoring*, situado en el país del exportador, con el cual concierta las condiciones contractuales.
- **Cedente.** Es la empresa exportadora cliente del banco, que cede las facturas pendientes de cobro.
- **Comprador o deudor.** El cliente extranjero que adquiere los bienes o servicios exportados se identifica en los contratos como comprador o en ocasiones, como deudor, indistintamente.

Los contratos de *factoring* presentan varias modalidades, relacionadas con la cobertura del riesgo o en relación con la notificación al deudor:

- **En relación con la cobertura del riesgo:**

  Es una opción optativa **no obligatoria,** que debe valorar la empresa cedente en función de su situación particular en los mercados y de las características de las exportaciones que cubrir y considerar las ventajas a las que puede acceder en relación con sus costes.

En los contratos de *factoring* puede optarse por la cobertura de los riesgos sin recurso y con recurso, modalidades ambas que presentan características contrapuestas:

- ***Factoring* sin recurso.** En esta modalidad, el exportador cedente traslada los riesgos de impago de las facturas objeto de la operación al banco y es este quien, en caso de incapacidad financiera o insolvencia del deudor, asume todos los costes que se producen, liberando de los mismos al exportador.

  Este instrumento financiero es útil para el exportador si la incertidumbre de las operaciones así lo aconseja, pero no es procedente su contratación indiscriminada debido a sus altos costes, especialmente si la exportación se dirige a clientes de razonable seguridad, como son empresas con las que se mantiene una participación en capital o bien grandes corporaciones internacionales. Una posibilidad intermedia es la de contratar el *factoring* sin recurso con la cobertura de riesgo limitada, con lo cual puede reducirse significativamente el coste.

  Los bancos e instituciones que actúan como factores con mayor eficacia son aquellos que mantienen contacto permanente con sus corresponsales en los países de destino, de los cuales reciben información primaria acerca de la solvencia de potenciales clientes importadores y de las condiciones mercantiles que rigen en el país.

- ***Factoring* con recurso.** Esta opción, a diferencia del *factoring* sin recurso, no incluye la toma del riesgo por parte del factor, sino que el servicio únicamente se centra en la gestión de cobro y en la financiación. El coste con recurso es notablemente menor que la opción sin recurso, y, por tanto, es que se utiliza con mayor frecuencia en los procesos de financiación de ventas de exportación regulares y periódicas a clientes considerados solventes.

  Si en un contrato de *factoring* con recurso se produce un impago, el exportador, que ha asumido el riesgo, tiene la posibilidad de ordenar al factor la continuación de la gestión de cobro, incluidas acciones legales. Las tarifas bancarias para este tipo de actuaciones reciben el nombre de *re-factoring*.

- **En relación con la notificación al importador:**

  En la contratación *factoring* es posible la elección de notificar o no al importador la cesión de los derechos de cobro que se ha realizado a un factor, presentándose dos opciones:

  - ***Factoring* con notificación.** La empresa exportadora notifica al deudor, en este caso, que se ha cedido el derecho de cobro a un factor y le solicita que el pago lo realice a requerimiento de la entidad financiera corresponsal.

  - ***Factoring* sin notificación.** Si la empresa exportadora no notifica al deudor de la cesión de los derechos de cobro a un factor, el pago se dirigirá por desconocimiento directamente a la empresa, con lo cual será necesario reintegrar el importe del crédito al banco y liquidar las comisiones oportunas.

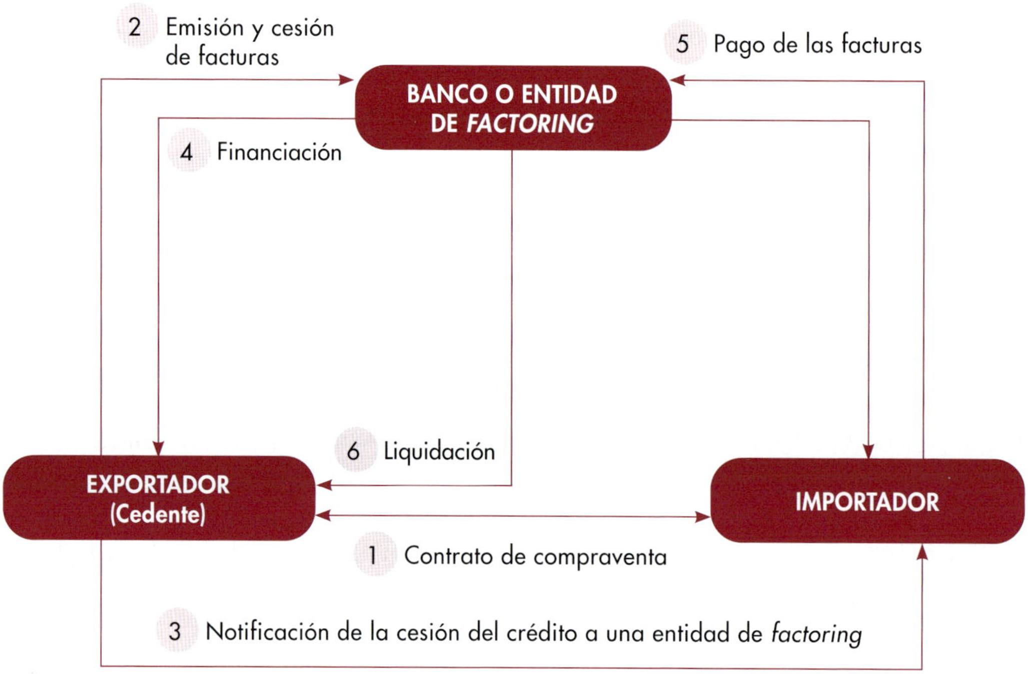

Figura 4.5. Esquema operativo del *factoring*.

La operativa de funcionamiento propia de los contratos de *factoring* es como sigue:

- **Solicitud.** Una vez cerrado un contrato de exportación con un cliente extranjero, la empresa estudia los riesgos de impago posibles, las necesidades de financiación y su propia capacidad de gestión; en el estudio valora los costes y las oportunidades de beneficio que se presentan y, en función de las conclusiones, puede optar por contratar con alguna entidad financiera el servicio integrado de *factoring*.
- **Valoración.** La entidad financiera solicita y recibe amplia información documental sobre las características de las actividades de exportación que realizar, las valora y, en caso de acuerdo, se firma un contrato de *factoring* entre el cedente (empresa exportadora) y el banco (factor).
- **Emisión y cesión de facturas.** En base al acuerdo firmado, el exportador cede al banco la documentación que acredita el derecho al cobro de las facturas objeto de las operaciones, acompañadas de un documento de cesión, con la fecha y firma, en el que queda constancia de la entrega.
- **Notificación.** El exportador comunica por escrito a sus deudores la cesión del derecho de cobro que se ha llevado a cabo, los informa del banco designado y les ruega dirijan sus pagos al mismo. Si este paso no se produce, los pagos se dirigirán al exportador y este deberá reintegrar su importe al banco.

- **Financiación.** Aunque no es estrictamente obligatorio, es normal, en este tipo de contratos, incluir la petición de un anticipo sobre el importe total cedido en *factoring*. La financiación, en estos casos, no alcanza el 100 % de la facturación, sino que suele concederse en base a una horquilla del 70-80 % del importe, constituyendo el resto un margen de reserva para cubrir posibles impagos.
- **Pago.** El banco factor realiza con sus propios medios la gestión de cobro, en colaboración con su corresponsal en el país de destino. En el vencimiento, recibe el pago de los clientes del exportador o, en su caso, abre un litigio para su reclamación judicial.
- **Liquidación.** El banco factor procede a la liquidación de gastos última de la operación, de acuerdo con las condiciones contractuales firmadas.

Los contratos de *factoring* ofrecen al exportador distintas ventajas e inconvenientes:

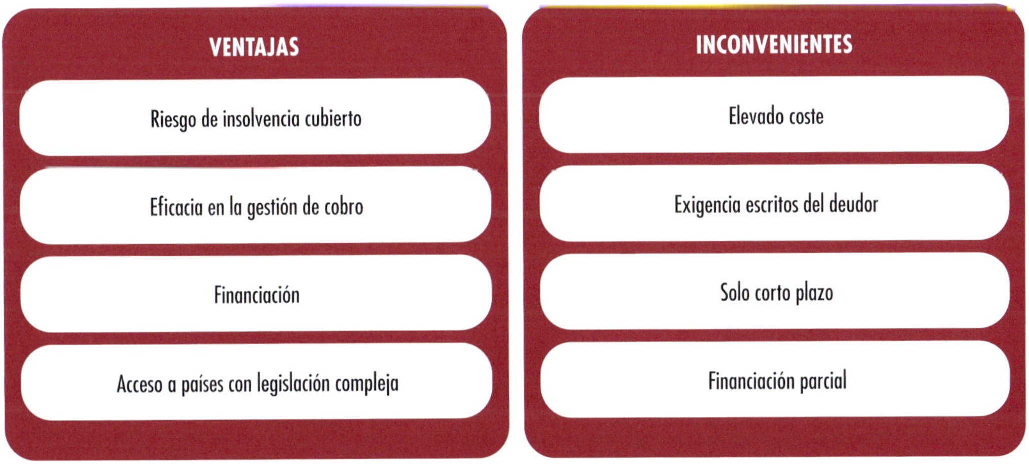

Figura 4.6. Ventajas e inconvenientes del *factoring*.

Deben considerarse **ventajas:**

- En la modalidad sin recurso, queda totalmente cubierto el riesgo de impago por insolvencia, aunque hay que considerar que las disputas de tipo comercial acerca de calidad, precios, etc. no se incluyen en la cobertura.
- En algunos países donde el concepto de descuento comercial ordinario no está regulado, es conveniente contratar la cesión de cobro al banco, puesto que sus corresponsales en el país de destino son expertos en los procesos comerciales y legales vigentes.
- El proceso es simple y sin gran coste administrativo para el exportador, ya que simplemente presenta las facturas al factor y firma el contrato de cesión.

- Las ratios de solvencia del exportador mejoran, en la medida que su tesorería real es mayor y no existen dudas (en la modalidad sin recurso), aspecto importante que tener en cuenta para futuras solicitudes de financiación.

En cuanto a **inconvenientes,** cabe citar:

- Coste elevado, especialmente en la modalidad sin recurso, requiere que la exportación goce de amplio margen de beneficio comercial.
- Cabe la posibilidad de que el banco factor exija un compromiso de pago por escrito por parte de los deudores, algo que puede ser difícil de obtener.
- Restricciones a la financiación, en lo concerniente al importe (70-80 %) y en el plazo, únicamente ofrecido a períodos menores de 180 días.

Los costes de operar con *factoring* de exportación dependen directamente de los servicios que incluir o no, por lo que conviene a la empresa exportadora ajustar la petición a las necesidades reales y a posicionarse ante la negociación frente al banco factor. Este considerará relevantes los siguientes conceptos para concretar los costes que repercutir:

- Calidad de crédito que presenten los deudores. El coste será menor si los deudores son considerados de riesgo bajo o medio.
- Volumen de operaciones cedido en *factoring*. Un fuerte volumen de negocio para el banco es un buen argumento para negociar a la baja los costes financieros.
- Morosidad estadística del país de destino. Los costes pueden ser considerablemente más altos si el país donde se va a exportar muestra estadísticas de alta morosidad.

Las tarifas bancarias de *factoring*, aunque dependen de una entidad a otra, suelen presentar los siguientes tramos:

- **Gastos de estudio y formalización.** Consta de un coste fijo, entre 100 y 250 euros que se cargan inicialmente por cada uno de los deudores presentados a la cesión de cobro y que se cargan de nuevo al renovar el contrato y de un porcentaje sobre el total, que suele oscilar alrededor del 2 % del total.
- **Comisión de cesión.** Recibe distintas denominaciones según la política comercial de cada banco, como comisión de factoraje, de gestión de cobro, de cesión, etc. pero en definitiva es la comisión propia del *factoring*. Es también variable, oscilando entre un 2,75 % y un 5,50 % sobre la cantidad financiada.
- **Tipo de interés.** Siempre que existe anticipo, la entidad cargará un tipo de interés sobre el tiempo, expresado en días, que cubre la financiación. Se aplica el euríbor más un margen negociable, equivalente a cualquier otra operación de descuento comercial.
- **Otros gastos.** Los bancos suelen cargar en cuenta gastos extras, si están así previstos en el contrato, por ejemplo, gastos de correo y comunicaciones.

En la ciudad de: ____________________ a: ____________________

REUNIDOS de una parte: ____________________ y de otra: ____________________
EXPONEN:

Que están interesados en suscribir un contrato de *factoring* consistente en la financiación de las ventas de mercancías que el Cliente efectúe, ateniéndose a las cláusulas que se detallan a continuación:

I. El Factor tendrá el derecho de investigar y comprobar los créditos del Cliente sobre sus compradores y señalar, de acuerdo con su criterio, límites de clasificación para cada uno de ellos, pudiendo rechazar aquellas operaciones que, a su juicio, no reúnan las condiciones o garantías adecuadas.

II. El Cliente detallará sus remesas de pagarés, facturas, recibos o cualesquiera otros documentos representativos de las cuentas cedidas al Factor en impresos que por este le serán facilitados a tal objeto, debiendo acompañar en todos los casos las correspondientes facturas de ventas.

III. Todas las facturas extendidas por el Cliente a cargo de sus compradores deberán tener un endoso indicativo de que las correspondientes cuentas han sido cedidas al Factor y son pagaderas exclusivamente a él. Por virtud de esta cesión, el Factor adquiere, de manera exclusiva, todos los derechos sobre estas cuentas.

IV. Sobre aquellas cuentas aprobadas por el Factor y que le sean cedidas, este efectuará pagos anticipados a su discreción hasta el ________ por ciento de su valor neto. La retención por reserva del ________ por ciento sobre las cuentas entregadas servirá como garantía frente a las contingencias que pudieran surgir en cuanto a quejas, reclamaciones o incidencias en el cobro.

V. Mensualmente el factor practicará una liquidación de la cuenta de reserva que será considerada correcta y aceptada por el Cliente a no ser que el Factor reciba aviso escrito en sentido contrario dentro de los quince días siguientes.

VI. Los anticipos que efectúe el Factor sobre el importe de las ventas del Cliente devengarán un interés del ________ por ciento anual por el intervalo existente entre la fecha de cada anticipo y el vencimiento de la cuenta, más ________ días en concepto de margen de cobro. El Factor entregará al cliente un estado de cuentas mensual para su comprobación.

VII. Por los servicios de investigación y clasificación de los créditos de sus compradores, información y control del riesgo, contabilidad de deudores, y por la gestión de cobro de las cuentas cedidas, el Cliente pagará una comisión del ________ por ciento sobre el importe total de las ventas detalladas en los impresos de remesa, modelo 001.

VIII. Este contrato tendrá una vigencia de un año a partir de la fecha de su firma y será prorrogable por anualidades sucesivas, hasta que alguna de las partes comunique a la otra su voluntad de rescindirlo, por escrito y con noventa días de antelación como mínimo.

El Cliente El Factor

Figura 4.7. Modelo de contrato de *factoring*.

Actividad propuesta 4.7

Material. Herramientas Office.

Contexto. Lingotes Especiales, S. A., importante empresa ubicada en Valladolid, especializada en fabricación de discos de freno para la industria del automóvil, vende sus productos a la mayoría de marcas, fuera y dentro de España. Su acuerdo de suministros con el grupo Audi-Volkswagen supone un programa de facturación de 750 000 euros semanales, que pagar con vencimiento 180 días a partir de la fecha de factura. Dada la solvencia contrastada de los sujetos de las operaciones, se estima que será posible acceder a una financiación anticipada del 90 % del importe.

a) Calcula el coste de disponer del líquido efectivo al contado, de una facturación correspondiente a una semana, en base a la orientación de tarifas propuestas en el texto y un cargo por intereses del 4,5 % anual. (**Nota:** los bancos suelen realizar los cálculos en base a 360 días al año y no 365).

b) Repite el mismo proceso, en base a las tarifas reales de CaixaBank, de BBVA u otro banco.

c) Utiliza la calculadora que facilita www.gedesco.es y compara los resultados obtenidos.

d) Adopta el papel de asesor/a de Lingotes Especiales, S. A. y redacta unas notas razonando la conveniencia o no de contratar una operación de *factoring*.

4.4.3. Financiación de exportaciones *forfaiting*

Las operaciones de financiación *forfaiting* consisten en la **cesión total y sin recurso** de los documentos financieros que justifican el derecho de cobro de una exportación al banco. El banco, de hecho, ***compra*** los efectos financieros. En este supuesto, el exportador cobra al contado la totalidad de la deuda sin esperar al vencimiento y entrega al banco toda la documentación necesaria para que este cobre, a cambio de un tipo de descuento fijo, negociable en cada caso.

Dado que el banco asume la total gestión y riesgo de la operación, admite únicamente para *forfaiting* documentos financieros muy sólidos, soportados con avales reconocidos u otras representaciones de compromisos firmes de pago, como créditos documentarios. En general, se emplea para operaciones de gran volumen, como venta de bienes de inversión con vencimiento a medio y largo plazo (mínimo de seis meses en adelante). No es aplicable, por sus características, a exportaciones de importes reducidos de ventas de mercancías ordinarias.

En un contrato *forfaiting* participan las siguientes personas jurídicas:

- **Librador.** Es la empresa exportadora titular de los documentos financieros recibidos del importador con una fecha de vencimiento futura, normalmente pagarés.

  Ejemplo. Ford España renueva su maquinaria y vende a una empresa rumana la instalación completa de tratamiento de carrocerías de automóvil todavía en buen uso.

Recibe un pagaré con vencimiento a dos años y lo entrega al Banco Santander en *forfaiting*. Ford España es el librador.

- **Cedente.** Sujeto que presenta (cede) los documentos al banco, normalmente el mismo librador, pero puede darse el caso de ser una persona distinta.

  Ejemplo. En el supuesto anterior, si el Banco Santander, a su vez, entregara el pagaré a alguien, por ejemplo, a un grupo inversor, tomaría la figura de cedente, ya que el librador sigue siendo Ford España.

- **Tomador, tenedor o *forfaiter*.** En los contratos de *forfaiting*, son las expresiones que se refieren al banco o entidad que adquiere los derechos de cobro.

  Ejemplo. En el supuesto anterior, el *forfaiter* es el Banco Santander.

- **Librado.** Se trata del importador de las mercancías o servicios objeto de la operación, quien deberá pagar al banco tomador en el vencimiento. De hecho, no participa en el contrato de *forfaiting*, puesto que este se celebra entre librador y tomador, pero sí es un sujeto citado.

  Ejemplo. En el supuesto anterior, el librado es la empresa rumana que importa la maquinaria.

Una operación instrumentada mediante *forfaiting* sigue el siguiente proceso:

- Una vez cerrado un contrato comercial entre un exportador y un importador, el exportador envía las mercancías o presta los servicios acordados.
- El importador, al recibo de las mercancías, envía al exportador un documento financiero (normalmente un pagaré), aceptado y avalado por su banco local.
- Al recibo del pagaré, el exportador lo entrega al banco bajo contrato de *forfaiting*, recibe el efectivo líquido de la operación deducidos los gastos bancarios y, a partir de este momento, ya es el banco el tenedor legítimo y encargado de la gestión de cobro bajo su responsabilidad y asunción de riesgo.
- El exportador comunica a su cliente extranjero que ha cedido en *forfaiting* el pagaré, y que a su vencimiento será el banco quien le reclamará el pago.
- En el vencimiento, el importador paga al banco tenedor o su corresponsal en el país de destino el importe de la deuda. En caso de impago, el banco puede iniciar las gestiones de reclamación oportunas, de las que el exportador queda exonerado.

Para el exportador, son diversas las **ventajas** que ofrece el *forfaiting:*

- La modalidad con cláusula sin recurso ofrece la oportunidad de eliminar completamente el riesgo de impago de una exportación, ventaja que supone un atractivo de primer orden en muchos casos.
- El sistema permite también acceder al 100 % de la financiación de la exportación efectuada, algo que no siempre es posible en otras propuestas alternativas de servicios financieros.

- Los costes de gestión administrativa quedan reducidos en gran parte, puesto que es el banco quien se encarga en su totalidad del proceso de cobro.
- Los trámites de solicitud y contratación son simples y permiten conocer con exactitud los costes, en beneficio de una estimación presupuestaria de las operaciones muy ajustada y fiable.
- No existen riesgos de cambio de divisas ni de tipos de interés que necesiten cubrirse.
- Las ratios de solvencia mejoran, en la medida en que el balance del exportador aumenta la tesorería efectiva y disminuye la cuenta de efectos financieros pendientes de cobro, que teóricamente podrían ser cuestionados por terceros en cualquier evaluación de riesgo.
- Para el importador el *forfaiting* ofrece la oportunidad de acceder, si lo cree oportuno, a la financiación del pago que debe realizar, sin riesgo de tipo de cambio de divisas.
- En contrapartida a este conjunto de beneficios que ofrece el contrato de *forfaiting*, **su coste es muy elevado** en relación con otras alternativas de financiación, por lo que su uso y contratación debe estar supeditado a un estudio pormenorizado previo.

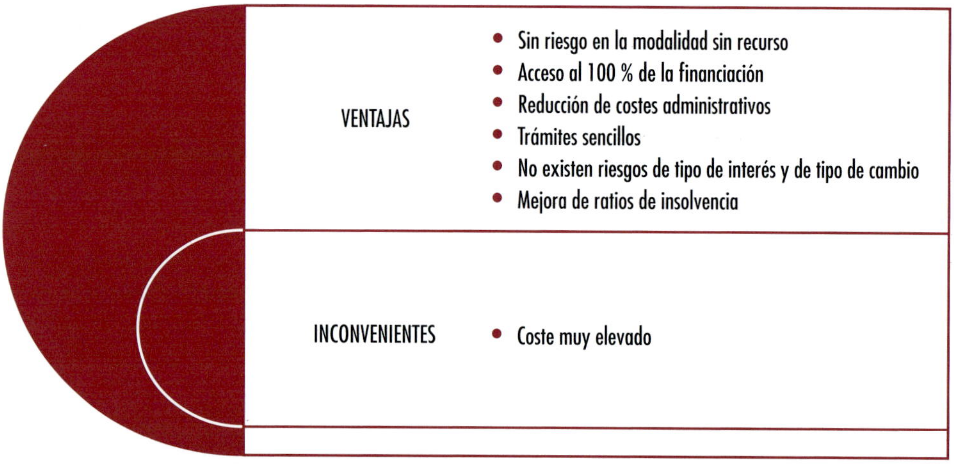

Figura 4.8. Ventajas e inconvenientes del *forfaiting*.

En cuanto a los **costes** que significa el contrato de *forfaiting* para la empresa exportadora, no existen tarifas fijas generales, sino que para cada caso presentado de exportación el banco *forfaiter* ofrece un presupuesto, sujeto a negociación. Consta de dos tramos:

- Comisión *forfaiting*: comisión única para cada operación, puede alcanzar hasta un 5 % del nominal.
- Intereses: en línea de la financiación por descuento comercial ordinario, el tipo de interés aplicable es el de referencia (euríbor o líbor) más un diferencial negociable, que suele oscilar alrededor del 2 %.

Tabla 4.2. Diferencias entre *factoring* y *forfaiting*

	Factoring	***Forfaiting***
Significación	Contrato que permite el acceso al cobro inmediato, sin esperar el vencimiento.	Contrato en el que el banco *compra* los documentos y pasa a ser el titular.
Tipo de facturación	A corto plazo, pequeños importes.	A medio y largo plazo, grandes operaciones.
Tipos de mercancías	Ordinarias.	Bienes de equipo, inversiones.
Tipo de recurso	Puede optarse a la opción con recurso y sin recurso.	Sin recurso en todos los casos.
Avales	No son imprescindibles.	Imprescindibles.

Actividad propuesta 4.8

Material. Herramientas Office.

Contexto. USISA, S. L., empresa ubicada en Isla Cristina (Huelva), se dedica a la salazón y envasado de pescado, vende a clientes de todo el mundo. Su última exportación a Estados Unidos reportó una facturación de 100 000 dólares, con pago diferido a dieciocho meses mediante entrega de pagaré, avalado por Marine Foods, importante grupo financiero estadounidense. Dado que por necesidades de tesorería era conveniente la disposición inmediata del efectivo, se optó por ceder el pagaré al Banco Santander en régimen de *forfaiting*, quien pasó a ser el titular del efecto.

a) Describe el proceso seguido por USISA, S. L. de contratación de *forfaiting*.

b) Explica las razones que justifican la elección del sistema *forfaiting*.

c) Calcula el coste aproximado de la opción *forfaiting*, tomando como referencia el tipo de interés líbor del día más 1,5 puntos y una comisión del 3,5 %.

4.4.4. Financiación de exportaciones *confirming*

El sistema de financiación de operaciones internacionales *confirming* se basa en el aprovechamiento de la fuerte solvencia de las grandes empresas multinacionales para financiar a sus proveedores, generalmente pequeñas y medianas empresas, y, a la vez, canalizar el pago de las transacciones con eficiencia y rapidez. Es, por tanto, un producto financiero combinado de financiación y medio de pago.

El sistema consiste en posibilitar el acceso al crédito de los pequeños y medianos exportadores cuya actividad principal es la de proveer una gran multinacional, sólida y solvente o bien una empresa pública. Una vez realizada una exportación a este tipo de empresa, cuando esta confirma a su banco que tiene previsto el pago para una fecha determinada de las facturas, se produce una oportunidad para el pequeño exportador, ya que la entidad bancaria con la que trabaja, conocedora de la solvencia y prestigio de cliente extranjero, probablemente le facilitará financiación, en forma de anticipo sin recurso, con la gran ventaja de que no necesitará clasificación previa soportada con avales o garantías, ya que el efecto girado sobre la empresa multinacional es por sí mismo suficiente.

En los procedimientos *confirming*, los sujetos participantes son:

- **Emisor o cedente.** Empresa multinacional de gran prestigio y solvencia contrastada que va a pagar a sus proveedores.
- **Gestor de pago.** Es el banco contratado por la multinacional para gestionar el pago de sus proveedores, a lo cuales ofrecerá a su vez la opción de financiación mediante anticipos.
- **Beneficiario.** Es el proveedor de la empresa cedente que espera cobrar sus facturas en el vencimiento acordado y tiene opción, gracias al sistema, de cobrar por anticipado.

Ejemplo 4.4

Las fábricas de Mercedes Benz, en Alemania, se nutren de proveedores de todas partes del mundo, incluida España. Estos proveedores fabrican y suministran piezas para Mercedes bajo sus condiciones específicas y control de calidad supeditada a los estándares de la marca. Mercedes, para el pago eficiente a estos proveedores, puede contratar con Deutsche Bank un sistema *confirming,* mediante el cual todas las facturas aceptadas y confirmadas podrán ser cobradas por sus pequeños proveedores mediante anticipos.

El proceso que siguen las operaciones de *confirming* es el siguiente:

- La empresa importadora cedente, envía con la periodicidad contratada una base de datos digital con el listado de proveedores (**beneficiarios**) a quien hay que pagar, con datos de identificación, descripción, fecha e importe. Dado que este tipo de grandes empresas está conectado digitalmente con su banco, la comunicación es fluida y exacta.
- El banco comunica a los proveedores beneficiarios que ha recibido la orden de pago de la empresa cedente en una fecha futura concreta y les ofrece la opción de anticipar el pago, sin ningún otro trámite que la aceptación.
- El exportador, si así lo cree conveniente, acepta la propuesta y cobrará la factura al contado sin ningún requisito adicional. En este momento, el banco abona el importe de la exportación y descuenta intereses y comisiones.
- Llegada la fecha de vencimiento de las facturas, el banco ejecuta la orden de pago, de la cual deduce todos aquellos anticipos que hayan sido aceptados y carga en cuenta de la multinacional la liquidación final.

En cuanto a ventajas e inconvenientes que presenta el sistema *confirming*:

- El exportador/proveedor tiene la opción de acceso a financiación (anticipo) de la deuda de su cliente extranjero. El proceso es rápido y sencillo, debido a que la garantía la aporta el emisor (comprador/gran empresa).
- El comprador/importador accede a un sistema de pago que le permite favorecer a sus proveedores con la posibilidad de financiación.
- El inconveniente que presenta el sistema es la necesidad de integrar la estructura administrativa con la del banco, además de los costes operativos.

TARIFA APLICADA A CLIENTES Y PROVEEDORES DE *CONFIRMING*

Especificación	Comisión	
	%	Mínimo euros (por cada documento)
1. Comisión por solicitud de estudio, renovación o ampliación.	2,00	150,25 €
2. Comisión gestión de pagos por *confirming* (Nota 3).	0,60 (Nota 1)	18,00 € (Nota 2)
3. Comisión por aplazamiento o financiación.	2,00	150,25 €
4. Comisión por anticipo.	2,00	60,00 €
5. Emisión y manipulación de documentos (por documento).	–	50,00 €

Nota 1. Si la cuenta en la que se ha de debitar la orden de pago estuviese nominada en una divisa distinta a la de la propia orden de pago, se realizará la conversión del importe que satisfacer en concepto de comisión a la divisa de la citada cuenta. Dicha conversación se efectuará en los mismos términos y condiciones que la relativa a la orden de pago.

Nota 2. O su equivalente en la divisa en la que se realice el débito de la orden de pago.

Nota 3. Se percibirá por la gestión y procesamiento de cada orden de pago.

Figura 4.9. Ejemplo de tarifas de *confirming*.

Actividad propuesta 4.9

Material. Herramientas Office.

Contexto. USISA (ver la Actividad propuesta 4.7), cuenta entre sus clientes a la multinacional Fish-Food (Reino Unido), quien utiliza el procedimiento *confirming* para el pago a sus proveedores en España, a través de la oficina BBVA en Mánchester. USISA, S. L. servirá en un futuro próximo el pedido pendiente, por valor de 75 000 euros, en el que se explicita que se debe acordar un vencimiento del pago a 60 días fecha factura.

a) Ver qué comisiones debe pagar FishFood, en el supuesto de que las tarifas BBVA sean las mismas en España y en el Reino Unido.
b) Determinar el coste financiero para USISA, en el supuesto de que decida anticipar el cobro. Considerar un tipo de interés euríbor +2,5 %.

4.4.5. Financiación de exportaciones *Project Finance*

Desde la óptica de la **gestión pública** de los recursos, las inversiones en infraestructuras deben realizarse, en principio, en función de las necesidades de la población, con criterios de redistribución justa de la riqueza; la inversión pública en temas de educación, sanidad, seguridad, etc. debe considerarse como un objetivo de rentabilidad social, y no económica como si de una empresa se tratara.

No obstante, algunas infraestructuras de uso público, por su propia naturaleza, permiten establecer tarifas a los usuarios y generar ingresos directos, liberando justamente de todo o parte de su coste a aquellos contribuyentes que no las utilizan y permitiendo que la inversión sea rentable bajo el punto de vista económico, además del social. Es el caso, entre otros, de las autopistas de peaje, sistemas de transporte de viajeros, puertos, viaductos, canales, aeropuertos, etcétera.

Este tipo de infraestructuras permite al Estado establecer acuerdos de **concesión a empresas públicas o privadas** para su explotación durante un período determinado y otorgar el derecho de cobrar peajes o tarifas a los usuarios que contribuyan a la amortización de las inversiones. Son corrientes plazos de concesión por período de 25-30 años o superiores, siempre a largo plazo, que permitan una rentabilidad atractiva al inversor.

Muchos Estados de países en vías de desarrollo con recursos limitados no incluyen estas grandes inversiones en sus presupuestos anuales, sino que convocan licitaciones abiertas en las que se ofrecen concesiones para un período de varios años, a las que pueden acudir empresas privadas de todo el mundo. Actualmente, este tipo de inversiones en el extranjero por parte de las compañías interesadas en la construcción de infraestructuras se articulan en modelos de financiación *Project Finance.*

Por otra parte, en la financiación de actividades del comercio y también de la inversión de ámbito internacional, está presente siempre la necesidad de aportación por parte de las empresas de todo tipo de avales, garantías financieras, de cobertura de riesgos de tipos interés, de divisas y de todos aquellos documentos que el banco financiador cree necesarios para garantizar la devolución de los capitales y el cobro de los intereses y comisiones, base de su negocio; si se tiene en cuenta que en la construcción de grandes infraestructuras públicas y proyectos de gran envergadura en el extranjero, sobre todo en los sectores de telecomunicaciones, energía, extracción minera y transportes, se requiere una inversión de capital de tal volumen que difícilmente ninguna empresa privada, por importante que sea, puede conseguir financiación externa común, basada en el retorno garantizado del nominal del préstamo y sus intereses, al carecer de garantías suficientes en función de los grandes riesgos que existen, y que por otra parte no puede acometer por sus propios medios. Estas razones son las que han impulsado la aplicación de mecanismos financieros específicos *Project Finance* para hallar la solución al problema.

La financiación *Project Finance* está basada en la aportación de varios inversionistas de capital, conocidos como *sponsors*, a los que un *syndicate* (agrupación sindicada) de bancos u otras instituciones crediticias otorgan **préstamos** a la operación. En general, se trata de préstamos sin recurso garantizados por los activos del proyecto que se prevé sean pagados en su totalidad por el **flujo de efectivo,** en lugar de los activos o de la solvencia crediticia de los *sponsors* del proyecto. Generalmente, se crea una entidad de propósito especial para cada proyecto, que se constituye en la receptora y gestora de la inversión.

Ejemplo 4.5

La colombiana BTG Pactual ofrece acceso a sus clientes al mercado de préstamos bancarios para la financiación de proyectos de infraestructuras en Latinoamérica a través de su área *Project Finance*. En este caso concreto, la sindicatura o agrupación de bancos tiene la estructura de *joint venture* entre las áreas de crédito comercial y la de banca de inversión. En su historial de actuaciones destaca un proyecto de generación de energía verde en Perú y un proyecto de construcción de autopistas en Brasil.

Actividad propuesta 4.10

Material. Acceso a internet
https://www.bbva.com/es/project-finance-la-alternativa-financiacion-grandes-proyectos/

Contexto. Financiación *Project Finance.*

Acceder a la página propuesta como material de trabajo y realizar las siguientes actividades:

a) ¿A qué áreas de servicios públicos se dirige la oferta de financiación y qué características presentan estos servicios que los hace susceptibles del sistema *Project Finance*?

b) Razona por qué no todos los servicios públicos pueden delegar sus funciones al sector privado y propón ejemplos.

c) Prepara en PowerPoint un esquema que muestre las ventajas y las desventajas de la financiación internacional *Project Finance.*

d) Envía el conjunto, respuestas y esquema, al correo electrónico propuesto por el profesor/a para su revisión.

Sabías que

Históricamente, fue la construcción del Canal de Panamá el proyecto en el que se iniciaron sistemas de financiación base del actual *Project Finance.* Más adelante, la financiación de alto riesgo de los proyectos de infraestructuras de los campos petrolíferos del Mar del Norte desarrolló ampliamente la idea.

4.4.6. Financiación mediante empréstitos

Cuando una gran empresa proyecta planes de expansión en el extranjero, la inversión a la que deberá hacer frente es habitualmente millonaria. El sistema de financiación ordinario a través de los bancos suele ser insuficiente dado el volumen monetario que se maneja, siendo por otra parte una operación que las entidades financieras consideran de alto riesgo, aun participando en asociaciones o convenios. Es por ello que las grandes corporaciones empresariales, ante un proyecto de gran inversión internacional, optan por emitir, por su propia cuenta, títulos que son comprados por inversores internacionales, quienes reciben a cambio la rentabilidad establecida en las condiciones de emisión mediante el pago de intereses durante el tiempo acordado, al término del cual, al empresa emisora devolverá el capital recibido.

Estas operaciones son conocidas como emisión de **bonos o empréstitos.** Este tipo de contratos permite también su negociación e intercambio en los mercados financieros, donde pueden ser buscados debido a su alta rentabilidad.

Según las características de la emisión, se presentan diversas opciones:

- **Bonos Corporativos:**
  - Grado de Inversión *(Investment Grade)*: son bonos emitidos por empresas con una buena calificación crediticia, lo que significa que hay una menor probabilidad de que la empresa incumpla con los pagos de intereses y devolución del principal. Estos bonos suelen tener rendimientos más bajos.
  - Bonos Basura *(High-Yield o Junk Bonds)*: emitidos por empresas con calificaciones crediticias más bajas o incluso sin calificación. Tienen un mayor riesgo de incumplimiento y, por tanto, ofrecen rendimientos más altos para compensar ese riesgo.
- **Bonos Convertibles:**

  Estos bonos permiten a los inversores convertirlos en acciones de la empresa emisora en ciertos términos y condiciones predefinidos. Ofrecen a los inversores la oportunidad de beneficiarse del potencial de apreciación del precio de las acciones.
- **Bonos Garantizados:**

  Son bonos respaldados por activos específicos de la empresa emisora, como bienes raíces o equipos. Si la empresa no puede realizar los pagos, los inversores tienen derecho a los activos respaldados.
- **Bonos Sin Garantía *(Unsecured Bonds)*:**

  No están respaldados por activos específicos y dependen únicamente de la capacidad crediticia de la empresa emisora para cumplir con los pagos.
- **Bonos Flotantes *(Floating Rate Bonds)*:**

  Los intereses pagados por estos bonos están vinculados a una tasa de referencia, como la tasa SOFR, y se ajustan periódicamente.

- **Bonos de Tasa Fija *(Fixed Rate Bonds)*:**

  Pagan un interés fijo durante toda la vida del bono. La tasa de interés se establece en el momento de la emisión y permanece constante.

- **Bonos Híbridos:**

  Combinan características de diferentes tipos de bonos, como bonos convertibles con características de bonos flotantes.

  Independientemente de las características generales de la emisión, se conocen como **bonos sénior** aquellos que tienen prioridad de pago sobre otros tipos de deuda emitida por la misma entidad en caso de insolvencia o liquidación. Su posición «sénior» significa que tienen un rango más alto en la jerarquía de pagos. Los bonos sénior pueden estar garantizados o no garantizados.

Ejemplo 4.6

En 20 de abril de 2024, Grifols completó una emisión privada de 1000 millones de euros de bono sénior, con un tipo de interés del 7,5 % y vencimiento a mayo de 2030. Esta emisión iba destinada a amortizar bonos no garantizados, consiguiendo así una mejora en calidad crediticia.

Actividad propuesta 4.11

Material. Artículo publicado en *Cinco Días:* https://cincodias.elpais.com/companias/2023-06-16/grifols-refinanciara-la-deuda-en-2024-tras-vender-su-negocio-chino.html

Contexto. Operaciones de financiación complejas.

a) Desarrolla con tus propias palabras los significados de apalancamiento y de *rating* de apalancamiento.

b) Explica el significado de «ebitda» y el papel de este concepto en el análisis de la posición financiera de una empresa.

c) Averigua el significado de «calificación crediticia» y exponlo en el aula.

d) Describe en qué consiste y los detalles de la operación de emisión de bonos propuesta como material, así como «línea *revolving*».

Conceptos importantes

Clasificación (de deudores): proceso mediante el cual se evalúa la calidad crediticia de los obligados en función de su capacidad para cumplir con sus compromisos financieros.

Confirming: servicio financiero que permite gestionar los pagos de una empresa a sus proveedores. La entidad financiera que ofrece *confirming* adelanta el importe de la factura al proveedor, facilitando cobrar esta factura de manera anticipada, antes del vencimiento.

Factoring: contrato mediante el cual una persona o empresa cede los créditos derivados de su actividad comercial a otra entidad, que se encarga de gestionar su cobro.

Forfaiting: modalidad de financiación utilizada por empresas exportadoras. En el *forfaiting,* la empresa exportadora vende una serie de derechos de cobro, obteniendo a cambio la liquidez por parte de una entidad de crédito. Dicha institución, a su vez, asume el riesgo del crédito.

Instrumentos financieros: contratos o documentos que representan valores monetarios, como acciones, bonos, fondos de inversión, derivados, contratos de futuro y otros.

Posicionarse (una empresa): establecer una posición sólida y estratégica en los mercados internacionales.

Project Finance: mecanismo de financiación utilizado para inversiones de gran envergadura.

Trading: intercambio de instrumentos financieros entre inversores con la idea de maximizar el beneficio en un período de tiempo determinado, generalmente a corto plazo.

Tema de debate

¿Deberían los Gobiernos ofrecer más apoyo financiero a las pymes, o deberían depender más de la iniciativa privada?

Este tema puede generar opiniones encontradas debido a las diferentes perspectivas sobre el papel del Gobierno en la economía y el equilibrio entre la intervención estatal y el libre mercado. Por una parte, dado que las pymes son fundamentales para el crecimiento económico y la creación de empleo, el Gobierno tiene la responsabilidad de proporcionarles un entorno propicio para su desarrollo, teniendo en cuenta que a menudo carecen de acceso a financiamiento debido a su falta de historial crediticio o garantías. Por otra parte, la intervención del Gobierno en la economía puede distorsionar el mercado y crear dependencia de las empresas respecto al financiamiento estatal, lo que podría llevar a una asignación ineficiente de recursos. Profundiza en este tema, aporta algún ejemplo conocido y expón tu opinión en el aula.

Actividades finales

De comprobación

4.1. Exactamente, ¿qué significa financiar una operación internacional?

a) Acceder a la disponibilidad de liquidez en divisas.
b) Acceder a la disponibilidad de liquidez en dólares.
c) Acceder a la disponibilidad de liquidez en moneda extranjera.
d) Acceder a la disponibilidad de liquidez en euros o en divisas.

4.2. La financiación del comercio exterior se obtiene:

a) Del sector público, mediante ayudas y subvenciones.
b) Del sector privado, asumiendo los costes del mercado financiero.
c) Del sector público, del privado o de ambos.
d) De fuentes de financiación exteriores.

4.3. Básicamente, ¿de qué factores dependen las necesidades de financiación?

a) De la distancia geográfica del cliente o proveedor extranjero.
b) Del tipo de bienes, del período que financiar y del financiador.
c) De las circunstancias del mercado financiero.
d) De condiciones sociopolíticas internacionales.

4.4. Por financiación comercial se entiende:

a) El aplazamiento de pago concedido por un exportador a un importador.
b) El aplazamiento de pago concedido por un banco.
c) El aplazamiento de pago medio vigente en el comercio internacional.
d) El aplazamiento de pago reconocido en la Unión Europea.

4.5. ¿Cuál es el período de financiación comercial medio para bienes de inversión?

a) Entre 30 y 60 días.
b) Entre 60 y 90 días.
c) Entre 90 y 120 días.
d) Más de un año.

4.6. ¿Cuál es la función de las fuentes de financiación secundaria?

a) Proporcionar servicios de acceso al crédito.
b) Proporcionar servicios relacionados con la exportación.
c) Proporcionar contactos con clientes y proveedores.
d) Todas las respuestas anteriores son correctas.

4.7. La financiación de importaciones se realiza, generalmente:

a) Para compras programadas en contrato.
b) Para importaciones masivas.
c) Para cada importación concreta.
d) Para importaciones no financiables.

4.8. Los costes de financiar una importación se fijan en:

a) Intereses y comisiones.
b) Solo intereses.
c) Solo comisiones.
d) Ninguna de las respuestas anteriores es correcta.

4.9. ¿Cuándo es adecuada la prefinanciación de exportaciones?

a) Cuando se requiere financiar el proceso de fabricación.
b) Cuando las necesidades de tesorería son altas.
c) Cuando lo exige el contrato de exportación.
d) Cuando no existen otras posibilidades.

4.10. ¿Cuándo es adecuada la posfinanciación de exportaciones?

a) Cuando se requiere financiar el proceso de fabricación.
b) Cuando se requiere financiar al importador.
c) Cuando se desea mantener el nivel de apalancamiento.
d) Cuando se desea invertir en nuevas tecnologías.

4.11. Los contratos de *factoring* se basan en:

a) Ceder la totalidad de los derechos de cobro al banco.
b) Contratar la financiación y la gestión de cobro.
c) Incluir todos los gastos en un solo contrato.
d) Seleccionar las facturas pendientes de cobro.

4.12. ¿Qué es el *risk management*?

a) Un servicio de evaluación de riesgos de exportación.
b) Un servicio de dirección asociada al riesgo.
c) Un servicio de coordinación entre el banco y el exportador.
d) Un servicio de evaluación de riesgos de tipo de interés.

4.13. Los servicios de *factoring* se contratan para efectos con vencimiento:

a) A muy largo plazo, más de dos años.
b) A largo plazo, más de un año.
c) A medio plazo, entre seis meses y un año.
d) A corto plazo, menos de seis meses.

4.14. Los servicios de *factoring* son adecuados para:

a) Exportaciones a países de alto riesgo.
b) Exportaciones a países de medio y bajo riesgo.
c) Exportaciones a países de riesgo indefinido.
d) Exportaciones a países de riesgo imprevisible.

4.15. Si un contrato internacional implica suministros regulares al sector público, entonces:

a) Es adecuado el *renting*.
b) Es adecuado el *factoring*.
c) Es adecuado el *forfaiting*.
d) Es adecuado el *confirming*.

4.16. ¿Quién es el factor en el contrato de *factoring*?

a) El exportador.
b) El importador.
c) El banco del exportador.
d) El banco del importador.

4.17. Y, ¿quién es el cedente?

a) Quien cede el préstamo al cliente.
b) Quien cede las facturas al banco.
c) Quien cede en las negociaciones.
d) Quien cede los locales de negocio.

4.18. En un contrato de *factoring*, ¿debe incluirse la cobertura de riesgo?

a) Es recomendable, además de obligatorio.
b) Sí, está obligado por ley.
c) Es optativo, puede incluirse o no.
d) Es inadecuado e innecesario.

4.19. ¿Qué significa la cláusula *sin recurso*?

a) Que el riesgo lo asume el banco.
b) Que el riesgo lo asume el exportador.
c) Que el riesgo lo asume el importador.
d) Que el riesgo está cubierto aparte.

4.20. Si en una operación con recurso se presenta un impago, ¿qué ocurre?

a) El exportador debe asumir las pérdidas.
b) El banco debe asumir las pérdidas.
c) El exportador puede ordenar la continuación de la gestión de cobro.
d) El importador debe prestar declaración.

4.21. **El *factoring* ofrece ventajas tales como:**

a) Costes contenidos.
b) Acceso a otras opciones de crédito.
c) Ventajas fiscales.
d) Proceso simple.

4.22. **En una operación *forfaiting*:**

a) El banco cede al exportador los derechos de cobro de una exportación.
b) El importador acuerda con el exportador una cesión de derechos.
c) El exportador cede sin recurso efectos financieros a un banco.
d) El exportador cede con recurso efectos financieros a un banco.

4.23. **El *forfaiting* es aplicable en casos de:**

a) Operaciones de pequeño volumen a corto plazo.
b) Operaciones de pequeño volumen a medio y largo plazo.
c) Operaciones de gran volumen a corto plazo.
d) Operaciones de gran volumen a largo plazo.

4.24. **¿El *forfaiting* cubre el riesgo de cambio de divisas?**

a) Cubre el riesgo mediante contrato específico adicional.
b) Cubre el riesgo mediante póliza de seguros.
c) El riesgo lo asume el exportador.
d) No existe riesgo para el exportador.

4.25. **¿A qué se dirige la financiación *Project Finance*?**

a) A la financiación de exportaciones de mercancías.
b) A la financiación de importaciones de mercancías.
c) A la financiación de infraestructuras de uso público.
d) A la financiación de proyectos europeos.

4.26. **La financiación internacional *Project Finance* es adecuada a sectores tales como:**

a) Ganadería, agricultura, pesca.
b) Telecomunicaciones, energía, transporte.
c) Defensa, militar.
d) Cualquiera.

4.27. **El retorno de la financiación *Project Finance* se produce en base a:**

a) Avales y garantías depositadas.
b) Aportaciones del Estado.
c) Peajes y tarifas.
d) Ayudas del Banco Mundial.

4.28. **¿Qué requisitos debe tener un proyecto financiable en la modalidad *Project Finance*?**

a) Que el proyecto tenga capacidad de generar flujos de caja positivos.
b) Que el proyecto no esté financiado por bancos privados.
c) Que el proyecto sea presentado por una empresa sólida y solvente.
d) Que el proyecto se ejecute en países en desarrollo.

De aplicación

4.1. La financiación o crédito comercial, tal como se entiende en España, se refiere al plazo de pago concedido por un exportador a un importador extranjero. Sin embargo, en los países anglosajones, la expresión *commercial credit* tiene un sentido muy distinto:

a) Indaga en páginas web en inglés el sentido de *comercial credit* en esta lengua.
b) Compara ambas acepciones y comenta si contienen o no puntos en común.

4.2. Consulta el Directorio de Empresas Exportadoras e Importadoras de la Cámara de Comercio y selecciona varias empresas próximas a tu domicilio, prioritariamente si ya tienes alguna referencia de ellas, o si te gustaría acceder en un futuro próximo a un puesto de trabajo.

a) Selecciona aquella cuya actividad consista en la importación de mercancías con destino a ser distribuidas en España.

b) A partir de la gama de productos en que trabaja la empresa seleccionada, busca un proveedor extranjero que los fabrique o construya y, por tanto, sea un posible proveedor real.

c) Define una supuesta operación de importación con los datos seleccionados y un importe proporcionado.

d) Elige un banco cercano a la empresa, con el cual es probable que opere en realidad y comprueba, en su web, que ofrece financiación primaria a las importaciones.

e) Consulta el tipo de interés euríbor vigente en este momento y añádele un porcentaje como diferencial a favor del banco, que debe ser, en lo posible, el más aproximado a la realidad. Consulta a tu banco en caso necesario.

f) Con el conjunto de datos obtenido, construye el enunciado de un caso práctico realista.

g) Plantea la tabla de amortización del préstamo, por el sistema francés. Calcula el coste financiero de la operación, en un supuesto de pago a 180 días, excluyendo comisiones u otros gastos.

4.3. La compañía almeriense Piquersa Maquinaria, S. A., experta en la construcción de *dumpers,* hormigoneras, carretillas y otros equipos para la limpieza urbana, exporta regularmente a Oriente Medio, especialmente a Kuwait, donde la empresa concesionaria del servicio público equipa a sus empleados con los productos españoles. El último pedido de varias hormigoneras, fechado en 30 de junio de 2020, ascendió a 850 000 $, con el condicionante de que debían ser fabricadas y expedidas en un plazo de seis meses. Se convino, además, un aplazamiento en el pago de nueve meses a partir de la fecha de entrega de los equipos de limpieza.

a) En base a los datos anteriores, prepara un ejemplo de prefinanciación y de financiación de exportaciones, tomando como referencia el tipo de interés euríbor +3 % y las comisiones bancarias que correspondan según la tarifa del banco elegido.

b) Una vez terminada la actividad, intercámbiala con un compañero/a y valora el trabajo recibido, en sus aspectos de presentación, proximidad a la realidad, corrección de cálculos, etcétera.

4.4. Piquersa Maquinaria, S. A. suministra regularmente las piezas de recambio que se estiman necesarias para el mantenimiento de los equipos de limpieza adquiridos por sus clientes internacionales. Dada su presencia en más de veinte países, los pequeños pedidos de materiales y suministros son frecuentes, por lo que valora como muy útil el sistema de *factoring* como medio para cobrar con eficacia, además de mantener una ratio de liquidez aceptable, gracias a la financiación que ofrece el sistema. En el año 2019 dio respuesta a 135 pedidos que resultaron a una media de 10 000 € de facturación cada uno. De ellos, 95 fueron a Latinoamérica, donde concede un crédito comercial a sus clientes de 90 días y 40 a Oriente Medio, donde el plazo medio de pago es de 60 días. En base a la estimación de riesgos que realiza el banco, recibió anticipos de cada una de las ventas del 60 % de la facturación a Latinoamérica y de un 80 % de la de Oriente Medio.

a) Calcula el coste total de la financiación recibida, en base a las tarifas reales de un banco español que debes consultar en línea, y un tipo de interés basado en el euríbor del día, +3 %.

b) Calcula el coste medio por zonas geográficas de la financiación recibida en las condiciones indicadas.

4.5. En su última exportación a Oriente Medio, Piquersa recibió un pedido, valorado en 250 000 $, sobre un *dumper* que ya había sido construido para una exposición y, por tanto, no existía necesidad de financiar el proceso productivo. Se sabe que los gastos de venta, en conjunto, ascendieron a 15 000 $ y el equipo había costado, según un eficaz sistema de cálculo analítico, 15 000 €. En este caso, recibió un pagaré con vencimiento a 120 días y, dado que el cliente era desconocido hasta el momento, se optó para su cobro por la opción de *forfaiting*.

a) ¿Fue correcta la decisión de Piquersa? Explica el porqué.

b) Determina si esta operación generó beneficios o pérdidas, y cuál fue su valor, aplicando un tipo de interés del 5 % y un descuento de un 10 % sobre el valor nominal del pagaré. El tipo de cambio aplicable es de USA/EUR = 0,85.

4.6. Construye un cuadro comparativo de las tarifas *confirming* de los bancos BBVA, Sabadell y Novo Banco.

a) Diferencia las tarifas aplicables al cedente de las tarifas aplicables al beneficiario.

b) Compara las tarifas entre sí, diferenciando el porcentaje aplicable de los importes fijos mínimos.

c) Para cada uno de los bancos, calcula cuál es el importe mínimo que puede gestionarse eficientemente, sin incurrir en mayores costes debidos a las tarifas fijas.

d) Novo Banco admite un *confirming* de una multinacional holandesa, de cinco facturas de proveedores españoles, por valor cada una de ellas de 10 000 euros y vencimiento a 60 días. Tres de los proveedores se acogen a la posibilidad de anticipar el cobro, según euríbor +3 %. ¿Cuál es el beneficio bruto obtenido por el banco en conjunto?

4.7. **Material.** https://www.cajamar.es/es/comun/te-ayudamos/simuladores/simulador-confirming

Contexto. *Confirming* de operaciones internacionales.

Actividades.

La empresa en la que realizas las prácticas ha formalizado tres exportaciones de cítricos a un cliente del Reino Unido, por valor de 100 000, 150 000 y 180 000 libras esterlinas respectivamente, que se prevé van a realizarse próximamente, a razón de una expedición mensual, a partir del próximo mes, el día 15 de cada mes. Por razones de conveniencia, se ha convenido que el vencimiento de las tres facturas será el 31 de diciembre del próximo año.

a) Consulta el tipo de interés vigente en fecha de hoy aplicable a este tipo de operaciones, así como si existe un margen o diferencial que añadir por el banco.

b) Consulta qué comisiones aplica CaixaBank, Banco Santander y BBVA para operaciones de *confirming* de exportaciones y calcula la media.

c) Anota si existe comisión mínima en los tres casos y guarda el dato.

d) ¿Considera aceptable que los bancos cobren en concepto de «gastos de correo», 20 € por operación?

e) Calcula el importe líquido que podrías disponer si contrataras estas operaciones con el banco más competitivo y calcula el coste en euros y en porcentaje.

f) Repite las operaciones sustituyendo los importes por 5000, 10 000 y 15 000 francos suizos. Calcula el coste en euros y en porcentaje, comparando con el supuesto anterior.

Para reflexionar

4.1. La financiación internacional ciertamente va dirigida a las empresas exportadoras e importadoras, así como aquellas que ejecutan proyectos de inversión en el extranjero. ¿Se te ocurre algún caso en el que el objetivo del financiador sea en beneficio de la sociedad considerada globalmente? Comprueba, en cualquier caso, los objetivos del Banco Europeo de Inversiones.

4.2. Según tu punto de vista, ¿en qué situaciones o contextos de trabajo no es necesario financiar las operaciones de exportación o importación, en base a préstamos o anticipos? Aporta ejemplos prácticos, preferiblemente extraídos de la realidad.

4.3. En el año 2009, en plena crisis financiera, el Centro de Comercio Internacional (ITC), con sede en Ginebra, publicó el siguiente texto:

Algunos bancos han conseguido mantener e incluso incrementar sus carteras de PYME adoptando enfoques diferenciados para los distintos tipos de prestatarios, sin apartarse de las buenas prácticas en la concesión de créditos. En muchos casos, el acceso de las PYME a capital tiene que ir unido al fomento de capacidad, a través de impartir capacitación al personal directivo, la planificación empresarial y estratégica, la comercialización, la obligación de rendir cuentas y la introducción de mejoras tecnológicas. El enfoque que adoptan los bancos en la concesión de préstamos a las PYME es muy diferente de los servicios bancarios que tradicionalmente destinan a las grandes empresas, y en el caso de numerosas instituciones financieras supone un cambio drástico.

a) ¿Qué medidas recomienda el ITC a las pequeñas y medianas empresas para acceder a la financiación internacional?

b) Desarrolla las ideas contenidas en el texto y explícalas en voz alta con detalle.

4.4. Las entidades bancarias han desarrollado y presentado productos financieros como *factoring*, *forfaiting* y *confirming* con la finalidad de adaptarse a las necesidades de sus clientes exportadores e importadores:

a) ¿Puedes definir en una sola frase cada uno de estos productos financieros? Explica en síntesis qué son a todos tus compañeros/as.

b) ¿Las oportunidades que ofrecen estos servicios son iguales para todos los tipos de empresa? Si no es así, explica en qué casos son adecuados cada uno de ellos.

4.5. Algunas empresas españolas participan en concursos de construcción de infraestructuras en los que se prevé una financiación tipo *Project Finance,* en la que los prestamistas esperan obtener una rentabilidad a partir de la explotación pública de las infraestructuras; en los dos primeros párrafos del Apartado 4.4.5 se desarrolla esta cuestión.

a) Debate en el aula, ordenadamente, qué infraestructuras públicas deberían ser financiadas exclusivamente por el Estado, y cuáles podrían ser explotadas a partir de una financiación *Project Finance.*

b) Contextualiza el debate diferenciando países desarrollados de países en vías de desarrollo.

c) En tu opinión, ¿todos los Gobiernos ven con buenos ojos esta opción de financiamiento, o bien crees que no siempre es así?

GESTIÓN DEL CRÉDITO CON APOYO OFICIAL A LA EXPORTACIÓN

Unidad 5

Contenidos

5.1. Marco legal: Consenso OCDE
5.2. Fuentes de financiación de las exportaciones con apoyo oficial
5.3. Organismos que intervienen: ICO, CESCE y otros
5.4. Crédito suministrador-exportador nacional. Operativa
5.5. Crédito al comprador extranjero: crédito individual o línea de crédito. Operativa
5.6. Requisitos y condiciones básicas del crédito con apoyo oficial
5.7. Convenio de Ajuste Recíproco de Intereses (CARI). Procedimiento de cálculo
5.8. Fondos de ayuda al desarrollo

Objetivos

- Interpretar la normativa que regula los créditos oficiales a la exportación.
- Evaluar las distintas modalidades de crédito oficial a la exportación.
- Utilizar la aplicación informática adecuada para el cálculo de los costes de financiación.
- Elaborar la documentación que se requiere para la solicitud de un crédito oficial.
- Usar la hoja de cálculo para determinar lo establecido en el convenio CARI.
- Diferenciar los distintos tipos de fondos de ayuda a la exportación.

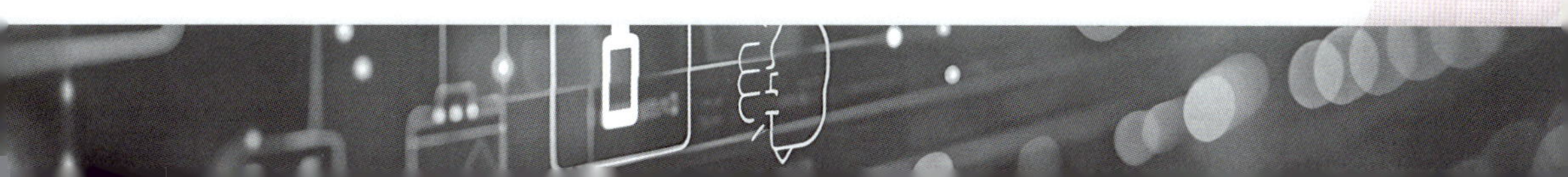

INTRODUCCIÓN

Todos los Gobiernos, de un sentido político u otro, destacan la conveniencia de contar con mecanismos que impulsen la internacionalización de las empresas. En la actualidad, las políticas de apoyo financiero a la internacionalización se canalizan a través de las acciones del Ministerio de Industria y Turismo, contando también el Ministerio de Asuntos Exteriores, Unión Europea y Cooperación de España con un fondo específico de ayuda al desarrollo, todo ello en el marco de la normativa internacional europea, especialmente de la OCDE.

5.1. Marco legal: Consenso OCDE

El Consenso OCDE, oficialmente *Arrangement on Officially Supported Export,* es un acuerdo firmado entre los países de la OCDE (Organización para la Cooperación y Desarrollo Económicos) con el objetivo de proporcionar un marco para el uso ordenado de los créditos de exportación con apoyo oficial. Entró en vigor en 1978 y se ha actualizado periódicamente, siendo la última versión la de enero de 2023.

El acuerdo busca fomentar la igualdad de condiciones para el apoyo oficial, a fin de fomentar la competencia entre los exportadores en función de la calidad y el precio de los bienes y servicios exportados, y no tanto el regular los términos y las condiciones financieras susceptibles de apoyo por parte de los Estados. No tiene un carácter de ley, sino que se considera un *arrangement is a gentlemen's agreement among the participants*, es decir, un **pacto entre caballeros.**

Está participado únicamente por la Unión Europea, Estados Unidos, Canadá, Australia, Japón, Nueva Zelanda, Suiza y Noruega; sin embargo, existe el compromiso entre los participantes de compartir la información relacionada acerca del apoyo oficial con aquellos países no participantes y establecer un diálogo entre la OCDE y los países no miembros de todo el mundo.

El consenso es de aplicación a cualquier tipo de apoyo oficial proporcionado por un Gobierno o en su nombre, para la exportación de bienes o servicios, incluidos los arrendamientos financieros que tengan un plazo de amortización de dos años o más, en forma de garantía de crédito a la exportación o seguro (cobertura pura) o mediante créditos directos, refinanciación y bajos tipos de interés.

El acuerdo **impone limitaciones** a los términos y condiciones de los créditos a la exportación respaldados oficialmente (por ejemplo, tasas de interés mínimas, tarifas de riesgo y plazos máximos de reembolso) y la provisión de ayuda condicionada. Incluye procedimientos de notificación previa, consulta, intercambio de información y revisión de ofertas de crédito a la exportación que son excepciones o derogaciones de las reglas, así como ofertas de ayuda vinculadas.

El Consenso OCDE es reconocido en todo el mundo como «pacto entre caballeros», y su aplicación en España tiene a todos los efectos rango de ley.

Actividad propuesta 5.1

Material. Texto de apoyo, herramientas Office.

Contexto. Consenso OCDE.

a) El marco legal Consenso OCDE tiene carácter de pacto entre caballeros. ¿Es, en este caso, de obligado cumplimiento en España? Justifica la respuesta.

b) Aceites Millas, S. L. necesita renovar parte de su línea de envasado. Está estudiando una oferta de financiación mediante *leasing* a 12 meses que le propone el suministrador alemán. ¿Esta operación podría estar amparada por el Consenso OCDE?

Actividad propuesta 5.2

Material. Acceso a internet.

Contexto. Economía mundial.

a) Dado que algunos países cuyas economías de importancia vital en el comercio internacional, como son Rusia, China o Brasil, no participan del Consenso OCDE, investiga qué actitud ofrece este organismo a este hecho objetivo, y qué propuestas aporta.

b) Redacta, en un mínimo de cuatro líneas, el resultado obtenido. Coméntalo en el aula, en voz alta.

5.2. Fuentes de financiación de las exportaciones con apoyo oficial

Son **fuentes de financiación** de las exportaciones con apoyo oficial todas aquellas posibilidades de financiación propuestas o gestionadas por organismos estatales o autonómicos, a las que puede acceder una empresa cuya actividad se dirija exclusivamente o en parte a la exportación de bienes o servicios.

En el proceso de internacionalización empresarial, imprescindible para el crecimiento de las empresas, la Administración pública española y de los Gobiernos autonómicos participan instrumentando diversas medidas, todas ellas encaminadas a apoyar y facilitar la financiación de la exportación española, que van desde el préstamo directo concedido por el **banco público** a facilitar opciones de acceso a la financiación en condiciones óptimas u ofrecer garantías. Especialmente a partir de la crisis económica global vivida en 2008, el empeño de los sucesivos Gobiernos en impulsar las exportaciones españolas se explica por la importancia del impacto positivo sobre la economía, pero también por la disminución de la oferta del sector bancario en materia de financiación en sectores de riesgo. En este sentido, en

2009 se tomaron diversas iniciativas dirigidas a mantener la competitividad de las empresas mediante la creación de instrumentos de apoyo a la internacionalización y de ayuda al desarrollo y se sustituyó el obsoleto FAD por dos nuevos fondos: el **FIEM,** o Fondo para la Internacionalización de la Empresa, y el **FONPRODE,** o Fondo de Promoción del Desarrollo. Posteriormente, se incorporó a las posibilidades de financiación para el comercio exterior el Contrato de Ajuste Recíproco de Intereses (**CARI**), con sus especiales características.

Los préstamos directos o a través de mediación concedidos por el Estado y los instrumentos financieros que significan fuentes de financiación a los exportadores están gestionados por el **ICO, Instituto de Crédito Oficial.** El Instituto de Crédito Oficial es una entidad pública empresarial (EPE) adscrita al Ministerio de Economía, Comercio y Empresa a través de la Secretaría de Estado de Economía, Real Decreto Ley 12/1995, de 28 de diciembre, con la naturaleza de entidad de crédito, es decir, el ICO es un banco público.

El sistema español de apoyo financiero oficial a la exportación cuenta, asimismo, con la participación de **COFIDES, S. A.,** como empresa estatal capaz de contribuir, con su participación, en aquellos vehículos que contribuyan a la internacionalización de la economía española, y de **CESCE**, como gestora de seguros. Además de los organismos citados y su oferta de instrumentos de apoyo a la internacionalización, dentro del sector público participan los Gobiernos autonómicos, en los que destaca la actividad del Finantzen Euskal Institutua, en el País Vasco, quien dispone de líneas específicas de financiación para la exportación de la pequeña y mediana empresa, y del Institut Català de Finances, en Cataluña.

Actividad propuesta 5.3

Material. Acceso a internet, herramientas Office.

Contexto. Fuentes oficiales de apoyo a la exportación.

a) Localiza información acerca de qué leyes están vigentes en relación con el proceso de internacionalización de las empresas españolas.

b) Construye una base de datos en la que figure el rango de la disposición, el número, la descripción del motivo y el enlace a su acceso para su consulta en internet.

c) Mediante el uso de un enlace creado, consulta y toma nota de qué conceptos se consideran, según la ley, de interés para la internacionalización de las empresas españolas.

5.3. Organismos que intervienen: ICO, CESCE y otros

Los organismos y empresas de capital público que prestan servicios relacionados con la financiación de las exportaciones de mayor significado son el ICO (banco), ICEX (asistencia) y COFIDES (financiación).

Por su parte, el organismo CESCE ofrece distintas opciones de seguros relacionados con el riesgo de exportación.

5.3.1. Instituto de Crédito Oficial (ICO)

El Instituto de Crédito Oficial (ICO) es un **banco público** cuya función general es la de promover el impulso de la actividad económica de las empresas españolas para contribuir de esta forma al crecimiento y el desarrollo del país, así como a la mejora de la distribución de la riqueza. Su actuación se dirige, por tanto, a todos los agentes económicos, desde el pequeño trabajador autónomo a las grandes empresas multinacionales.

Dispone de naturaleza jurídica de entidad de crédito y de la estructura funcional propia de un banco, así como de la autonomía de gestión necesaria para el cumplimiento de las finalidades para las que fue creado. Está adscrito al Ministerio de Economía, Comercio y Empresa, aunque su personalidad jurídica, patrimonio y tesorería son independientes. Las deudas frente a terceros del ICO están protegidas por la garantía directa del Estado. La normativa que lo regula se promulgó por Real Decreto Ley, en 1995.

El ICO, por lo que respecta al comercio internacional, trabaja en tres vertientes de actuación distintas:

- **Concesión de préstamos** para financiar operaciones de inversión dentro y fuera del país, así como operaciones de financiación del circulante dirigidas a mantener la liquidez de las empresas, bien sea en la línea de financiación directa entre el ICO y la empresa, bien en la línea de mediación con bancos.
  - **Financiación directa:** préstamos de elevados importes (mínimo de 12,5 millones de euros) y largos plazos de amortización que se instrumentan hacia empresas involucradas en grandes proyectos de inversión productiva.
  - **Líneas de mediación:** en colaboración con otras entidades financieras. El ICO determina las condiciones contractuales acerca de la finalidad de los préstamos, los tipos de interés, los plazos y las garantías, y los bancos deciden sobre la concesión, asumiendo los riesgos. Las líneas de mediación se ofrecen en tres alternativas distintas, en función de las necesidades y de las características del solicitante:
    - » ICO Internacional, que se divide en dos tramos:
      - ✓ Tramo I: destinado a la creación de empresas en el extranjero, inversión y liquidez.
      - ✓ Tramo II: destinado a ventas de exportación, con posibilidad de financiar al vendedor o al comprador.
    - » ICO Exportadores, para financiar pedidos (prefinanciación) y para anticipos de ventas.
    - » ICO Canal Internacional, destinado a exportaciones de «interés español».
- **Gestión de los instrumentos de financiación oficial.** Esta línea de actuación asume las responsabilidades propias y directas del Estado referentes a la financiación, contenidas en los presupuestos generales de cada año:
  - Los **fondos presupuestados** para el desarrollo de la actividad internacional y el fomento de las exportaciones (FIEM, CARI, FONPRODE).

  - La ayuda financiera prestada a la población afectada en caso de **desastres naturales** (incendios, inundaciones, huracanes, etcétera).

- **Acuerdos con organismos multilaterales.** Financiación en condiciones ventajosas destinada a autónomos, pymes y empresas de mediana capitalización, gestionada por las líneas de mediación establecidas, de fuentes europeas (Banco Europeo de Inversiones, Banco de Desarrollo del Consejo de Europa).

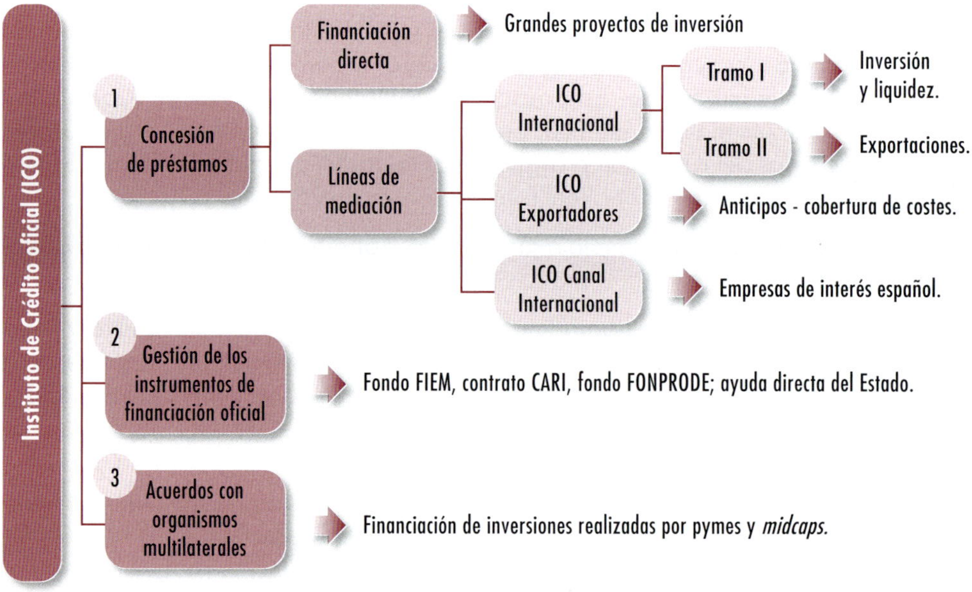

Figura 5.1. Financiación con apoyo oficial del Instituto de Crédito Oficial (ICO).

Actividad propuesta 5.4

Material. Acceso a internet, herramientas Office.

Contexto. Financiación ICO.

En los siguientes supuestos, ¿a qué líneas de financiación ICO podría acceder la empresa?

a) Un pequeño productor de vinos de Rueda, exporta regularmente a Escocia donde el vino verdejo está muy valorado. Su cliente principal le paga las expediciones a los 180 días. Para reinvertir en el negocio, desea anticipar el cobro de varias facturas por un importe global de 1,5 M. de euros. ¿Cuál sería el posible plazo de amortización?

b) Un fabricante español de patinetes, para conseguir la última tecnología para fabricar los elementos eléctricos que necesita, proyecta participar en el accionariado de una empresa china e invertir en ella. Las diferentes opciones que estudia implican una inversión mínima de 20 millones de euros.

c) Una pequeña empresa especializada en motores, realiza operaciones más modestas. Desea invertir, con el mismo objetivo, tres millones de euros, que necesitará financiar.

d) Ferrovial, constructora cotizada en el IBEX 35, requiere financiación específica para ejecutar un proyecto de construcción de un pantano, en Costa Rica, por más de 500 millones de euros.

e) Fundiciones de Estaño, S. A., empresa ubicada en Salamanca, recibe un encargo de un cliente en Argelia estimado en 500 000 euros, para fabricar una pieza especial. Según el contrato firmado, la empresa argelina adelanta un 30 % del pedido. Los costes de producción necesarios deberán ser financiados de alguna manera, ya que el exportador español no dispone de fondo de maniobra suficiente.

5.3.2. ICEX España Exportación e Inversiones

Es una entidad pública dependiente de la Secretaría de Estado de Comercio que tiene como misión promocionar la internacionalización de las empresas españolas. A través de la Dirección de Asesoramiento Financiero, el ICEX ofrece **asistencia** a las pequeñas y medianas empresas (pymes) que tengan proyectado invertir en el exterior o bien exportar sus productos. Esta asistencia se concreta en dos líneas de servicios:

- Promoción de **jornadas didácticas**, talleres y seminarios especializados en temas relativos a la exportación, itinerantes por todo el Estado. Este tipo de actividades se realiza en salones de actos previa inscripción, de forma gratuita para los asistentes.
- Servicio de **consultas**, ofrecido por la Dirección de Asesoramiento Financiero de ICEX, mediante un teléfono destinado a esta finalidad o bien mediante correo electrónico.

Actividad propuesta 5.5

Material. Acceso a internet;
www.icex.es/es/quienes-somos/contacto/formulario-de-contacto/particular

Contexto. ICEX, Secretaria de Estado de Comercio.

a) Busca qué posibilidades de asistir a un seminario o conferencia sobre temas de financiación de las exportaciones existen en tu comunidad autónoma. ¿Quién o quiénes lo convocan? ¿De qué trata? ¿En qué fecha se lleva a cabo?

b) Selecciona un país que posea una oficina exterior del ICEX. Escribe un correo electrónico **en inglés** solicitando ampliar la información sobre el mercado local que aparece en el apartado «Noticias».

c) Sobre los resultados obtenidos en las actividades a) y b) construye un ejemplo hipotético que muestre una empresa de tamaño medio dedicada al comercio internacional que desea abrir mercados y necesita financiación. Describe el sector de la actividad económica, el mercado de destino, el volumen de negocio, las perspectivas, etcétera.

d) ¿Qué opciones dispondría la empresa propuesta para financiar sus exportaciones en el país de destino escogido?

5.3.3. COFIDES (Compañía Española de Financiación del Desarrollo)

Es una sociedad anónima mercantil estatal, creada bajo la regulación de la Ley 40/2015. La participación en su capital social es de carácter mixto público (son accionistas el ICEX y el ICO) y privado (BBVA, Banco Santander, Banco Sabadell).

El objeto social de COFIDES es el de realizar actividades de apoyo financiero a empresas en vías de internacionalización en cuyo plan estratégico de desarrollo figure la **inversión** en el extranjero, por ejemplo, mediante la adquisición de empresas en funcionamiento en el país de destino, con la idea de fabricar con mejores costes, asegurarse el suministro de materias primas y superar las barreras arancelarias.

Estas actividades de apoyo pueden consistir en la **financiación directa** de proyectos mediante préstamos o bien en la **participación** con carácter minoritario de COFIDES en el capital social de las empresas que se constituyan en el exterior, de forma transitoria, hasta que la nueva empresa quede consolidada.

Actividad propuesta 5.6

Material. Acceso a internet.

Contexto. La empresa Opticalia Global Holding S. A., dedicada a la compra, venta, comercialización y distribución de artículos de óptica, obtuvo financiación de COFIDES para ampliar su proyecto en el extranjero.

Analiza en este caso el proceso de financiación internacional de Opticalia y responde a las siguientes preguntas:

a) ¿A qué país de destino fue destinada la financiación?
b) ¿A cuánto ascendió la financiación?
c) De las varias líneas de financiación propuestas por COFIDES, ¿cuál fue la elegida por Opticalia?
d) ¿Qué necesidad de Opticalia cubrió la financiación recibida?
e) ¿Cómo repercute la financiación recibida en la economía española, según declaraciones del presidente de COFIDES?

5.4. Crédito suministrador-exportador nacional. Operativa

El crédito oficial ICO, en su vertiente de ayuda crediticia de líneas de mediación con entidades bancarias, ofrece la opción financiera suministrador-exportador abierta a cualquier tipo de empresa, incluso empresarios individuales autónomos, que deseen financiar exportaciones, dentro de la línea ICO Internacional, Tramo II. A estos efectos, se define como exportación la venta en firme de bienes y servicios fuera del territorio nacional, y por **crédito**

al suministrador se entiende que es la empresa española exportadora quien recibe la financiación.

La condición de exportador se acredita mediante contratos y facturas proforma justificativas, pero también es posible solicitar financiación oficial al ICO en base a un documento que justifique que una empresa exterior se ha comprometido a la compra de bienes de una empresa ubicada en territorio español.

La financiación ICO a suministrador-exportador nacional se dirige a satisfacer dos necesidades propias de las empresas productoras en proceso de internacionalización:

- **Anticipos de facturas:** una vez efectuada una venta de exportación, es posible anticipar el cobro solicitando un crédito al ICO en base a la factura emitida, en las condiciones contractuales vigentes. Esta opción no contempla anticipos superiores a los 180 días, fecha factura.
- **Liquidez de tesorería:** suficiente para pagos a proveedores suministradores de materias primas, materiales y otros gastos de fabricación (prefinanciación). Esta opción se justifica con un contrato y una factura proforma.

Ejemplo 5.1

La empresa española SmartGyro, especializada en la fabricación y venta de *hoverboards*, *scooters* y bicicletas eléctricas, consigue un importante pedido de un distribuidor ruso de patinetes eléctricos sin manillar, valorado en 250 000 €. Una vez entregada la mercancía, SmartGyro recibe un documento financiero con un vencimiento a 120 días. Se trata de una exportación ordinaria en la que es posible solicitar al ICO el adelanto del dinero, en las condiciones oficiales favorables establecidas (anticipo de facturas).

El cliente ruso manifiesta su satisfacción por los equipos *hoverboards* recibidos y manifiesta su interés en repetir el pedido. Se firma entre ambas empresas un contrato en el que se estipulan cantidades, calidades, servicios de recambios, etc., y se acuerda una nueva fecha de entrega futura. SmartGyro emite una factura proforma para documentar la operación. Sobre la base de estos documentos, es posible también solicitar al ICO financiación específica para ser destinada a la compra de materias primas y a los gastos de fabricación de los equipos (liquidez de tesorería).

5.4.1. Operativa del crédito suministrador

La operativa general de una exportación susceptible de ser financiada sigue este **esquema:**

1. Una vez cerrado el contrato y de acuerdo con las condiciones con apoyo oficial, el exportador envía las mercancías y la factura comercial en divisas. A partir de este momento, podrá obtener financiación, según la modalidad apropiada.
2. El banco español recibe el anticipo que ha cobrado el exportador.
3. El anticipo es abonado en cuenta por su contravalor en euros.
4. Llegado el momento del vencimiento, el importador paga al banco de su país el importe de la factura.

5. El banco del país extranjero ordena al banco español el pago al exportador.
6. El banco español recibe las divisas y las convierte a euros en el mercado.
7. El contravalor en euros es abonado en cuenta, menos intereses y comisiones.

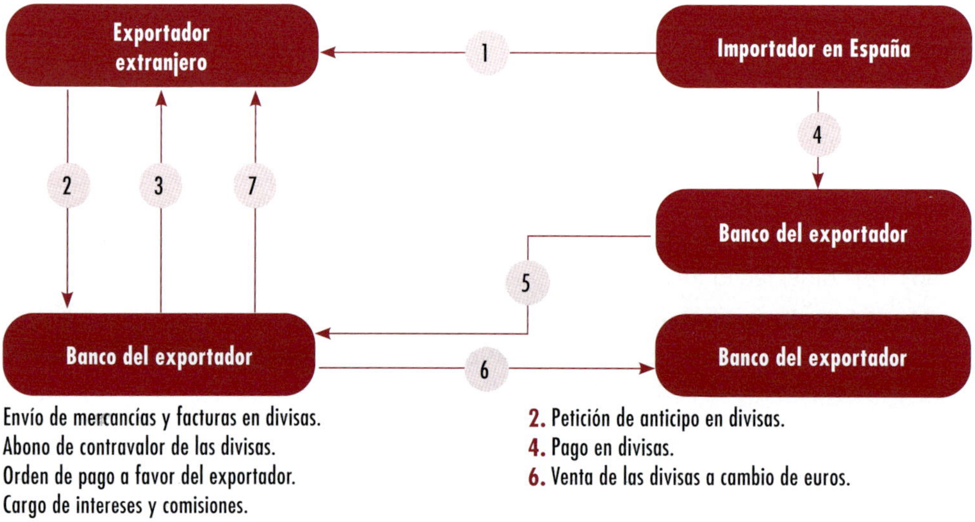

Figura 5.2. Operativa del crédito suministrador.

Ante una exportación tipo como la descrita, el funcionamiento del crédito suministrador del ICO contempla tres **posibilidades**, adecuándose de esta forma a las necesidades de las empresas:

- **Créditos a la exportación:** se utilizan en aquellos casos en los que el exportador no dispone de documentos financieros (pagarés) que pueda aportar para ser descontados, ya que el medio de pago elegido es la entrega de un cheque o una transferencia al vencimiento de la factura.

  Ejemplo. Etxe Tar, S. A., empresa guipuzcoana especializada en sistemas de mecanizado, exporta cigüeñales y otros materiales para la industria a México, a través de su filial participada en aquel país. Este tipo de contratos le permite una gran fiabilidad en el cobro de las exportaciones, instrumentalizado en cheque a 90 días, según contrato. Sobre la base de la fiabilidad de este tipo de contratos con filiales en el extranjero, puede solicitar un crédito a la exportación al ICO, a fin de avanzar la disponibilidad de tesorería.

- **Descuento de efectos:** procedimiento que se utiliza en aquellos casos en los que el comprador extranjero se compromete, según contrato, a aportar un efecto financiero (pagaré), debidamente aceptado y avalado por un banco del país de destino. En este caso, el exportador podrá obtener crédito oficial ICO una vez entregada la mercancía y recibir el pagaré, que podrá ser descontado. En este tipo de operaciones, se exige que el cliente haya pagado, como mínimo, un anticipo del 15 % del total. Otra característica del proceso de financiación internacional mediante descuento de efectos financiado por el ICO es que se instrumenta un convenio CARI con el banco operador (ver el Apartado 5.7).

Ejemplo. Etxe Tar, S. A., exporta los cigüeñales, en esta ocasión, a Dina Camiones, S. A., empresa mexicana constructora de vehículos de transporte. En seguimiento de las condiciones contractuales acordadas, Dina paga anticipadamente un 15 % de la operación y entrega un pagaré por el 85 % restante al recibir la mercancía adquirida. Etxe Tar, S. A. entrega el pagaré recibido al BBVA, que es el banco donde opera normalmente, y este descuenta (abona en cuenta) el documento, cargando los intereses y las comisiones según las tarifas. BBVA, una vez abonado en cuenta el importe del pagaré, ejecuta el convenio CARI con el ICO (ver el Apartado 5.7). Llegada la fecha de vencimiento, el pagaré es presentado por BBVA a Dina Camiones, S. A., y esta realiza el pago. Finalmente, BBVA procede a la liquidación definitiva de gastos e intereses.

- ***Forfaiting*****:** es la modalidad de crédito empleada en operaciones con países con inestabilidad política o económica, considerados de riesgo elevado, para exportaciones de bienes de equipo u otras de alto valor en las que el importador necesita financiación específica para alcanzar la capacidad de pago. El procedimiento se basa en la adquisición «sin recurso» por parte del banco de los efectos financieros que posee el exportador, entregados por el cliente importador (la expresión «sin recurso» significa que es el banco quien asume el riesgo de la insolvencia del deudor).

  Ejemplo. Etxe Tar, S. A. recibe un importante pedido de una empresa de nueva creación, sin antecedentes comerciales, ubicada en Hanói (Vietnam). Dado que esta empresa necesita financiación, se acuerda instrumentar la operación en la modalidad de *forfaiting,* a conveniencia de ambas partes. Una vez entregada la mercancía y recibido un pagaré, Etxe Tar, S. A. lo entregará a la entidad financiera, quien a partir de este momento será el tenedor legítimo de la deuda, recibiendo a cambio el importe de la transacción menos los gastos y las comisiones que se devenguen. El importador vietnamita pagará a su vencimiento la deuda o podrá, si lo desea, negociar con la entidad bancaria un aplazamiento del pago u otra alternativa de financiación.

Actividad propuesta 5.7

Material. Herramientas Office.

Contexto. Modalidad de financiación ICO crédito suministrador.

a) Selecciona una empresa de importancia domiciliada en tu comunidad autónoma, preferentemente de un sector industrial.

b) Accede a su página web y comprueba si exporta o no. Escoger una empresa exportadora.

c) A partir de los ejemplos del texto de la empresa EtxeTar, S. A. prepara tres casos, citando mercancías, precios y cantidades razonables, de solicitud y obtención de financiación mediante crédito a la exportación, descuento de efectos y *forfaiting*.

d) Explica en voz alta al resto de compañeros/as del aula el desarrollo completo de la operativa que seguir.

5.5. Crédito al comprador extranjero: crédito individual o línea de crédito. Operativa

La financiación ICO de crédito al comprador está dirigida a **compradores extranjeros** y se halla disponible en el Tramo II Exportadores a Medio y Largo Plazo, en la línea ICO Internacional y en la línea ICO Canal Internacional.

Un **comprador extranjero,** en los términos descritos por el ICO, es aquella empresa cuyo domicilio social se halla situado fuera de España y que:

- Realiza adquisiciones de bienes o servicios a empresas con domicilio social en España, o bien...
- ...realiza adquisiciones de bienes o servicios a empresas de «interés español» domiciliadas fuera de España.

A estos efectos, se consideran empresas fuera de España de **interés español** si:

- La participación de la empresa española en el capital del prestatario es de, al menos, un 30 % de su capital, sea una participación directa o indirecta.
- Los suministros, obras o servicios aportados por empresas españolas alcanzan al menos el 30 % de la inversión total del proyecto.

La modalidad de crédito al comprador extranjero se basa en la idea de que el banco (prestamista) concede el crédito al importador (prestatario), y una vez que este ha pagado el 15 % de la factura establecido como norma, el banco abona el importe del crédito al suministrador nacional, en su totalidad o por entregas parciales. Con este procedimiento, el suministrador cobra al contado, aunque la venta se ha efectuado con pago aplazado. El comprador, por su parte, devolverá el crédito más los intereses al banco, normalmente a través de la entidad bancaria en el país de destino.

5.5.1. Operativa del crédito al comprador

Los acuerdos acerca de las características de la operación que se va a llevar a cabo (cantidades, precios, calidad, condiciones de pago) se concretan en un contrato comercial.

Sobre la base de lo establecido en el contrato comercial, se firma otro contrato, en este caso de crédito con apoyo oficial, en el que intervienen el banco del exportador en España (financiador), el banco importador en el país de destino (mediador) y la empresa importadora, que va a ser la destinataria del crédito.

- El banco financiador presenta los contratos al ICO y pacta un convenio CARI de ajuste de intereses.
- Una vez firmados todos los contratos, el exportador ya puede enviar la mercancía o, en su caso, prestar el servicio que se le haya solicitado.
- El importador recibe la mercancía, y después de pagar un 15 % como anticipo, el exportador entrega a su banco (financiador) la documentación completa de la venta de exportación.

- El banco financiador abona en cuenta el importe de la operación, al que se le ha deducido el 15 % ya cobrado, y envía la documentación completa al banco del importador en el país de destino, quien le comunica a su cliente el reconocimiento de la deuda con el banco español (financiador).
- Entre el banco financiador y el ICO se ejecuta el convenio CARI de ajuste de intereses.
- En la fecha o fechas de vencimiento, el importador paga a su banco la deuda adquirida, en las condiciones acordadas.
- El banco del importador, en el país de destino, transfiere al banco español los importes cobrados del deudor extranjero.

Ejemplo 5.2

Etxe Tar, S. A. ha exportado los cigüeñales a Dina Camiones, S. A., empresa mexicana constructora de vehículos de transporte, y, en este caso, se ha acordado instrumentalizar el proceso mediante un crédito al comprador con apoyo oficial del ICO. Etxe Tar, S. A. inicia el proceso solicitando a BBVA un contrato de crédito ICO, sobre la base de la documentación comercial previa. BBVA, el importador y Banco Azteca del cual es cliente, firman un contrato de apoyo oficial ICO. BBVA y el ICO acuerdan un convenio CARI de ajuste de intereses. Etxe Tar, S. A. envía los cigüeñales, recibe un anticipo del 15 % de la operación por parte de Dina y aporta la documentación completa a BBVA, quien concede el crédito a Dina Camiones y abona el importe a Etxe Tar, S. A., deduciendo el 15 % anticipado. Banco Azteca recibe la notificación y lo comunica a Dina Camiones, reconociendo la deuda. BBVA y el ICO ejecutan el convenio CARI. En las fechas acordadas de vencimiento, Dina, a través de Banco Azteca, pagará las cuotas del préstamo. Banco Azteca reintegrará los importes a BBVA.

5.6. Requisitos y condiciones básicas del crédito con apoyo oficial

El apoyo oficial a la internacionalización de las empresas españolas, gestionado por el ICO, contempla prácticamente toda la cobertura de las necesidades de las empresas, en función del destino al cual se desea aplicar la financiación. Para cubrir esta amplia cobertura, el ICO ha desarrollado distintas líneas crediticias, cada una de ellas con sus requisitos y condiciones de acceso propias, en colaboración con las entidades financieras (líneas de mediación).

5.6.1. ICO Internacional

Esta línea de financiación contempla dos conceptos que pueden financiarse, englobados en dos tramos:

- **Tramo I. Inversión y liquidez:** se dirige a todo tipo de empresas, públicas y privadas, de cualquier naturaleza jurídica, que deseen **realizar inversiones** fuera del territorio nacional.

Ejemplo. Dyz Tostadores, S. L., empresa cántabra dedicada a la fabricación de café, decide garantizar el suministro de materias primas procedentes de Colombia. Con este objetivo, invierte en una gran extensión de terreno productivo en este país, con la ayuda oficial del ICO, por valor de 2 000 000 de euros, de los cuales un 75 % se destinará a la inversión y el 25 % restante a mantener un estado de tesorería equilibrado.

- **Tramo II. Exportadores medio y largo plazo:** se dirige a exportadores con domicilio social en España de bienes o servicios a empresas con domicilio social fuera de España.

  Ejemplo. ENCE, empresa líder en fabricación de celulosa, renueva parte de sus equipos de producción en España. Dado que los equipos actuales todavía mantienen un 50 % de vida útil, decide continuar su utilización y, para ello, los vende, en condición de usados, a su filial ENCE Portugal. Para facilitar el pago que ha de efectuar la filial, esta puede suscribir un préstamo con el ICO, en la línea ICO Internacional, Tramo II, b) Crédito comprador.

Las **condiciones** básicas del crédito con apoyo oficial en las líneas ICO Internacional son las siguientes:

- **Requisitos:**
  - Las empresas beneficiarias deben estar necesariamente domiciliadas en España o bien domiciliadas en el extranjero a condición de que estén participadas como mínimo en un 30 % por una empresa española.
  - Pueden acceder todo tipo de empresas y organizaciones públicas y privadas.
- **Destino:**
  - Tramo I: necesidades de circulante (liquidez) o bien inversiones productivas fuera del territorio nacional.
  - Tramo II: crédito suministrador a la exportación o comprador a empresas que adquieran productos o servicios a empresas españolas.
- **Condiciones:**
  - El importe máximo financiable es de 12,5 millones de euros para el Tramo I y hasta 25 millones de euros para el Tramo II, bien sea en una sola operación o en varias operaciones.
  - Las inversiones deben ser en activos fijos productivos, nuevos o no, o inversiones en la adquisición de empresas.
  - Los vehículos de turismo no pueden superar los 30 000 euros más IVA.
  - La financiación a la liquidez está limitada al 50 % de la financiación destinada a inversión.
  - El plazo de amortización puede alcanzar hasta cuatro años con uno de carencia (liquidez) y hasta 20 años con dos de carencia (inversión).

- Comisiones, garantías y tipos de interés son conceptos que hay que tratar con la entidad bancaria, pero en conjunto la TAE no puede superar los siguientes límites:
  - » Para préstamos a un año, tipo fijo o variable más un diferencial de hasta un 2,3 %.
  - » Para préstamos de dos, tres o cuatro años, tipo fijo o variable más un diferencial de hasta un 4 %.
  - » Para préstamos a cinco años o más de plazo, tipo fijo o variable más un diferencial de hasta un 4,3 %.

5.6.2. ICO Exportadores

Está disponible para empresas domiciliadas en España que necesiten mantener la **liquidez** de tesorería en base al **anticipo** del cobro de las exportaciones, o bien para **financiar la producción.**

Ejemplo 5.3

Alvinesa, empresa manchega productora de derivados de la uva, exporta regularmente alcoholes a Rusia y Ucrania, como materias primas para la fabricación de aguardientes y vodka. Solicita financiación a ICO Exportadores, ya que, de acuerdo con los contratos, cobra las exportaciones a 180 días y necesita mantener la capacidad de acometer nuevas producciones.

Específicamente, la línea de financiación ICO Exportadores requiere de las siguientes **condiciones:**

- **Requisitos:** las empresas solicitantes deben tener el domicilio social en España, o bien fuera de España con el compromiso de adquirir bienes o servicios a empresas españolas.
- **Destino:** el destino de la financiación debe ser anticipar facturas con un vencimiento no superior a los 180 días, o bien para cubrir los costes de producción de un pedido (prefinanciación).
- **Condiciones:**
  - El importe máximo está limitado a 12,5 millones de euros, en una o varias operaciones.
  - Puede financiarse hasta el 100 % de la operación.

Sabías que

En 2023, el ICO movilizó más de 12 960 millones de euros en financiación hacia autónomos, pymes y empresas para impulsar su crecimiento y proyectos. Esto representa un incremento del 102 % en comparación con el volumen registrado en 2022.

5.6.3. ICO Canal Internacional

Línea diseñada para la financiación de empresas públicas y privadas, de cualquier constitución, domiciliadas en España, o bien domiciliadas en el extranjero que estén consideradas de «interés español».

Recuerda

Se consideran de «interés español» a efectos de los beneficios de la financiación concedida por el ICO las inversiones fuera de España en los casos en que la participación directa o indirecta de la compañía española en el capital de la empresa prestataria es de como mínimo el 30 % de su capital, o bien el coste total del proyecto si está asumido por una empresa española.

En la opción ICO Canal Internacional, las **condiciones** son las siguientes:

- **Requisitos:** las empresas deben estar domiciliadas en España, o bien en el extranjero si son consideradas de «interés español».
- **Destino:**
  - El destino de la financiación puede ser al suministrador o al comprador, siempre bajo la calificación de operación de «interés español».
  - Financiación de liquidez.
  - Inversiones productivas fuera de España.
  - Exportaciones a medio y largo plazo.
- **Condiciones:**
  - Para opciones de financiación de liquidez existe un máximo de 12,5 millones de euros.
  - Para proyectos de inversión en el extranjero o financiación de exportaciones a medio y largo plazo, no existe ningún límite.
  - Las condiciones operativas de la operación deben negociarse y concretarse en cada caso con la entidad bancaria gestora.

Ejemplo 5.4

Grupo OHL participó en la construcción de la central hidroeléctrica El Quimbo, de 400 MW de potencia. Dado que el coste de las obras y los servicios ejecutados por OHL fueron superiores al 30 % del proyecto, este fue considerado de «interés español» a efectos de la financiación con ayuda oficial prevista en la línea ICO Canal Internacional.

Actividad propuesta 5.8

Material. https://indcresa.com; hoja de cálculo Excel.

Contexto. Indcresa exporta cacao en polvo a más de 40 países, a clientes con los que mantiene una relación estratégica a largo plazo. Para mejorar la competitividad, proyecta participar en el 40 % del capital de su cliente en Australia en el proyecto de ampliación de una nave industrial en Melbourne, con un presupuesto de 2 millones de dólares australianos, que cuenta conseguir mediante un préstamo con ayuda oficial ICO.

a) Calcula el capital necesario, expresado en euros, al cambio actual.

b) Identifica qué línea de crédito ICO es adecuada. Justifica la respuesta.

c) Busca cuál es el tipo de interés euríbor a seis meses, al tipo actual.

d) Determina el tipo de interés aplicable a la operación.

e) Escoge un plazo de amortización y de carencia de entre los posibles que facilita el ICO, siguiendo el método francés, mediante el uso de las funciones PAGOPRIN, PAGOINT y PAGO de la hoja de cálculo.

f) Construye un cuadro de amortización de capital y pago de intereses, año a año.

g) Calcula el coste financiero total de la inversión.

Actividad propuesta 5.9

Material. Acceso a internet; web https://empresaexterior.com.

Contexto. El ICO participó (mayo 2018) en la financiación de la carretera Transversal del Sisga en Colombia. El proyecto obtuvo una financiación de 575 200› millones de pesos colombianos (alrededor de 166,7 millones de euros), de los que el ICO aportó 90 000 millones (alrededor de 26,1 millones de euros).

a) ¿Qué línea o líneas de financiación del ICO son adecuadas para un proyecto como el descrito? Justifica la respuesta.

b) Argumenta en breves líneas por qué razones un proyecto en Colombia puede recibir ayudas públicas de la Administración española.

Recuerda

El ICO, además de banco público, representa un instrumento financiero de política económica. En el ámbito nacional, el ICO colabora con ministerios, comunidades autónomas, corporaciones locales y sus organismos dependientes para canalizar fondos hacia proyectos empresariales españoles.

5.7. Convenio de Ajuste Recíproco de Intereses (CARI). Procedimiento de cálculo

En un plan estratégico de empresa a medio y largo plazo, existen algunas previsiones cuyo fundamento carece de la necesaria exactitud, puesto que su construcción se ha basado en especulaciones no objetivas, por no disponer de otras fuentes de información. Siempre que sea posible, es necesario que los contenidos de un plan de empresa se ajusten a previsiones sobre bases sólidas, para mitigar, en lo posible, los excesos en las desviaciones. Por lo que respecta al plan financiero en el que se incluyen préstamos a medio y largo plazo, se presenta la alternativa de contratar tipos de interés **fijos** o tipos de interés **variables,** siendo plausibles ambas opciones dependiendo de las expectativas de crecimiento de la empresa, de su estructura de balance y de los factores de mercado, y de la competencia. Un plan financiero sólido debe optar por aquellas opciones más seguras, basadas en contratos de préstamo a un tipo de **interés fijo;** de esta forma se garantiza una previsión de pagos de tesorería muy exacta y el equilibrio financiero necesario para obtener la rentabilidad prevista.

Por otra parte, las entidades de crédito obtienen en el mercado interbancario gran parte de los fondos que prestan a las empresas, mercado que se caracteriza por su variabilidad constante. Sin la intervención del Estado para favorecer la financiación de la actividad exportadora, las entidades de crédito encontrarían en las operaciones a largo plazo un **riesgo de tipo de interés,** ya que por una parte cobrarían unos intereses a tipo fijo y por otra deberían pagar por los fondos obtenidos en el mercado interbancario un tipo de interés variable.

Para solucionar este problema y garantizar a las empresas exportadoras y a las entidades de crédito un tipo fijo en el que operar con fiabilidad, existen los convenios de ajuste recíproco de intereses (CARI) que se acuerdan entre las entidades de crédito emisoras de préstamos a la exportación y el Instituto de Crédito Oficial (ICO), en virtud de los cuales queda cubierta para los bancos la diferencia entre el coste de captación de fondos en el mercado interbancario y los ingresos que generan de los préstamos concedidos a la exportación.

Para la realización del CARI (ajuste recíproco de intereses), se comparan semestralmente las siguientes magnitudes:

- El rendimiento real que obtiene la entidad financiera por el crédito concedido en la operación.
- El coste de financiación para la entidad financiera en el mercado interbancario (euríbor o líbor), más un margen de gestión en favor de la entidad que reconoce el convenio.

Si la diferencia calculada es superior a cero el ICO asume el coste y abona el importe resultante al banco que ha financiado la exportación. Es caso de que el CARI sea inferior a cero, el banco es quien debe pagar la diferencia al ICO.

$$\textbf{ARI} = \frac{(\text{Capital vivo} \times \text{Tiempo} \times \text{Tipo de referencia} + \text{Margen})}{360} - \frac{(\text{Capital} \times \text{Días} \times \text{Tipo de consenso})}{360}$$

Donde:

- **Capital vivo:** es el capital pendiente de pago en un momento determinado.
- **Tiempo:** período temporal, expresado en días, en el que se calcula el ajuste.
- **Tipo de referencia:** tipo de interés aplicado, que puede ser el euríbor o el líbor, según las circunstancias.
- **Margen:** es el porcentaje de beneficio en favor de la entidad de crédito.
- **Tipo de consenso:** es el tipo de interés asegurado entre el ICO y el banco.

Actividad propuesta 5.10

Material. https://comercio.gob.es/Financiacion_para_internacionalizacion/CARI/Paginas/default.aspx

Contexto. Elecnor, S. A. asume la construcción de una central eléctrica en Angola, por valor de 150 millones de euros, el 50 % de los cuales son financiados por el Banco Santander al tipo de interés del 2,5 % más 3 puntos porcentuales de margen. Se establece un plazo de pago de 20 años, con dos de carencia y un sistema de amortización por cuota fija (francés). Dado que el espacio de tiempo es muy amplio, es muy probable que el Banco Central Europeo modifique los tipos de interés al alza. Para cubrir los riesgos de tal eventualidad, el Banco Santander y el ICO contratan un CARI válido para los primeros cinco años y revisable posteriormente, en virtud del cual el Banco Santander se asegura adquirir los fondos en el mercado bancario ajustados al 2,5 %.

a) Proyecta en una hoja de cálculo el plan de amortización de capital y el pago de intereses de la totalidad del período, suponiendo pagos anuales.

b) Calcula el ARI en las siguientes hipótesis:

1. Tipo de interés euríbor en el primer año: sin variación.
2. Tipo de interés euríbor en el segundo año: incremento 0,10 %.
3. Tipo de interés euríbor en el tercer año: disminución 0,20 %.
4. Tipo de interés euríbor en el cuarto año: incremento; 0,30 %.
5. Tipo de interés euríbor en el quinto año: sin variación.

5.8. Fondos de ayuda al desarrollo

El Fondo de Ayuda al Desarrollo (FAD) era un fondo dotado en el presupuesto del Estado de cada año destinado a otorgar ayudas financieras a países en vías de desarrollo o a sus empresas o instituciones públicas.

De acuerdo con la Ley 11/2010, con fecha 29 de junio de 2010, se procedió a realizar el cierre contable de este organismo y a efectuar la transferencia de activos y pasivos al nuevo fondo FIEM, quien inició sus prestaciones a partir del 2011.

El FIEM es un fondo proporcionado por la Secretaría de Estado de Comercio, que provee de crédito a medio y largo plazo en tres **líneas de actuación:**

- Concesión de **créditos a compradores,** con la condición explícita de que sean destinados a la importación de productos españoles.
- Financiación de **proyectos** en la modalidad *Project Finance* llevados a cabo por empresas españolas en el extranjero.
- Soporte financiero a la **inversión en el extranjero** de empresas españolas.

Recuerda

A diferencia de otros mecanismos de financiación, la financiación en la modalidad ***Project Finance*** se basa en la capacidad del proyecto de generar flujos de caja positivos y no tanto en la solvencia o solidez financiera de la empresa solicitante. Es decir, el proyecto debe demostrar su capacidad de pagar la deuda por sí mismo, sin considerar el valor de los activos que podrían suponer una garantía.

El fondo FIEM no está destinado a otorgar subvenciones, sino que su misión es la de **conceder créditos** que deben ser devueltos en las condiciones que sean acordadas. Su objetivo es el de financiar grandes operaciones a medio y largo plazo en cualquier sector económico (excepto en el militar) en cualquier país del mundo y en cualquier moneda de las admitidas a cotización por el Banco Central Europeo. En los presupuestos generales del Estado para 2017, se dotó en 500 millones de euros como cantidad máxima.

Entre las características básicas del FIEM destaca la condición de que los beneficiarios, que pueden ser entidades públicas o privadas, deben ser necesariamente **no residentes** en España.

El beneficiario puede solicitar financiación del contrato de exportación hasta un 85 % de su valor, tratándose de créditos de carácter comercial. En cuanto al plazo de amortización, se prevé un período de 8,5 años para países avanzados y 10 años para otros países. En casos especiales autorizados por la OCDE pueden otorgarse plazos más amplios.

En los supuestos de **financiación concesional** (aquella cuyas condiciones son más favorables que la media ofrecida en el mercado), los beneficiarios del crédito son países de renta media y baja, elegibles dentro de las orientaciones que publica el FIEM. La financiación concesional puede alcanzar el 100 % del proyecto.

El FIEM se dirige también a proyectos de inversión relacionada directamente con la producción en otro país. Cuenta con varias modalidades de financiación, adaptadas cada una de ellas a distintas **necesidades o situaciones** en las que se encuentra la empresa o el proyecto demandante:

- Financiación reembolsable en condiciones comerciales para **operaciones de exportación** de bienes y servicios. Esta modalidad se dirige a empresas españolas en el extranjero, para complementar otras fuentes de financiación distintas al FIEM hacia proyectos internacionales de cierta envergadura.
- Financiación reembolsable en condiciones comerciales para **proyectos de inversión.** Esta financiación está dirigida a filiales extranjeras de empresas españolas con la finalidad de ayudar a su implantación en nuevos mercados.
- Financiación ligada reembolsable en **condiciones concesionales.** Se concede únicamente a países de renta media-baja según el Banco Mundial, con la garantía soberana del país beneficiario.

Recuerda

Los **créditos concesionales** son aquellos préstamos que un Estado concede a otro Estado (o bien a bancos gubernamentales) con la finalidad de cooperación bilateral entre ambos. Los plazos de amortización suelen ser muy largos, y otras condiciones, como el tipo de interés aplicado o el período de carencia, son también muy ventajosos. Aunque son empresas privadas quienes generalmente inician los trámites de solicitud, en ningún caso pueden ser beneficiarias directas.

En términos generales, se entiende que un préstamo o transferencia de dinero es concesional cuando incluye por lo menos un 25 % de elemento de donación o gratuidad.

El FIEM cuenta, además, con líneas de crédito destinadas a complementar la financiación de las empresas recibidas de otras fuentes:

- **Línea FIEM – Facilidades UE:** esta línea de crédito está prevista para ser destinada a aquellos proyectos que ya cuentan con alguna clase de financiación o ayuda de la Unión Europea, con el fin de complementarla.
- **Línea EVATIC:** está destinada a financiar estudios previos a un proyecto, tales como trabajos de ingeniería, de agrimensura, de geología y otros justificantes de la viabilidad.
- **Línea país pymes:** su objetivo es el de conceder financiación a pequeñas y medianas empresas situadas en el país destinatario.
- **Línea pequeños proyectos:** se trata de financiación para proyectos valorados hasta un máximo de tres millones de euros, válida para cualquier tipo de sociedad y dimensión.

5.8.1. Normativa reguladora

La normativa reguladora del FIEM se encuentra en:

- La Ley 11/2010, de 28 de junio, de Reforma del Sistema de Apoyo Financiero a la Internacionalización, que crea el FIEM y extingue el FAD. Esta ley está refundida con la Ley 14/2013, de 27 de septiembre, de Apoyo a los Emprendedores y su Internacionalización.

- El Real Decreto 1797/2010, en vigor desde el 20 de enero de 2011, que establece el reglamento del FIEM.

Las condiciones de acceso a la financiación otorgada por el FIEM están contempladas en el consenso de la OCDE sobre crédito a la exportación con apoyo oficial, en las vertientes comerciales y concesionales.

5.8.2. Financiación en términos concesionales

La financiación en términos concesionales se refiere a préstamos o ayuda financiera que se otorgan en condiciones favorables, como tasas de interés más bajas que las del mercado, plazos de pago más largos y períodos de gracia extendidos. Este tipo de financiación suele ser ofrecida por organismos multilaterales como el Banco Mundial, el Fondo Monetario Internacional (FMI) o bancos de desarrollo regionales, así como por Gobiernos de países desarrollados o emergentes.

El propósito de la financiación concesional es apoyar proyectos de desarrollo en países en vías de desarrollo o en situaciones económicas difíciles, proporcionando recursos financieros a tasas de interés más bajas y con condiciones de pago más flexibles que las que se encuentran en el mercado. Esto ayuda a los países receptores a financiar proyectos que de otro modo podrían ser difíciles de llevar a cabo debido a las limitaciones financieras.

Estos préstamos concesionales pueden ser utilizados para una variedad de propósitos, como infraestructura, educación, salud y desarrollo rural, entre otros, y están diseñados para promover el desarrollo económico y social en los países beneficiarios.

Los países susceptibles de ser receptores de las inversiones o de las exportaciones deben ser de los declarados por la OCDE, bajo los criterios establecidos por el Banco Mundial basados en el nivel de renta. Sin embargo, es posible la concesión a países de medio o alto nivel de renta, puesto que la reglamentación prevé la posibilidad de un análisis, caso por caso, que atienda las particulares características de la operación y las circunstancias del país de destino.

5.8.3. Financiación en términos comerciales

Los créditos FIEM se conceden al tipo de interés fijo CIRR (*Comercial Interest Reference Rates*), que establece la OCDE mensualmente, más una prima de riesgo.

El plazo de amortización se establece en un máximo de 8,5 años, o hasta 10 años, dependiendo del país beneficiario. En determinados sectores estratégicos, como los relacionados con el cambio climático o el transporte marítimo y el aéreo, se permiten plazos mayores.

Se establece como condición que al menos el 15 % del contrato sea financiado por fondos sin apoyo oficial.

MINISTERIO
DE ECONOMÍA, INDUSTRIA
Y COMPETITIVIDAD

SECRETARÍA DE ESTADO DE
COMERCIO

DIRECCIÓN GENERAL DE COMERCIO
INTERNACIONAL E INVERSIONES

Cuadro 1. Operaciones FIEM aprobadas por Consejo de Ministros en el año 2022

Modalidad de financiación	País	Operación	Divisa	Empresa	Deudor/ garante	Importe FIEM EUR (TC cada año)	Importe CONTRATO EUR (TC cada año)	Fecha de aprobación
Comercial - Exportación	COLOMBIA	Suministro, instalación y cualificación de una sala limpia con HVAC para una nueva planta de producción y esterilización de ropa y material médico de un solo uso.	EURO	COMSA INSTALACIONES Y SISTEMAS INDUSTRIALES, S.A.U.	MAINCO HEALTH CARE, S.A.S.	3000000	4895853	21/06/2022
Comercial - Exportación	HONDURAS	Suministro, instalación y puesta en marcha línea de cocción, enfriado y congelado de camarón.	EURO	PALINOX INGENIERÍA Y PROYECTOS, S.L.	MARISCOS CANALES S.R.L.	453776	567220	21/06/2022
Comercial - Exportación	CAMERÚN	Suministro de estructuras metálicas para dos plantas industriales.	EURO	EGAVIC SERVEIS D'ENGINYERIA, S.L.	SOCAPURSEL, S.A.	5635200	7044000	21/06/2022
Comercial - Exportación	TAILANDIA	Suministro de maquinaria y tecnología para tuberías PPVC.	EURO	Molecor Tecnología S.L.	TESCO ENGINEERS CO. LTD	2422575	3460823	21/07/2022
Comercial - Exportación	SENEGAL	Digitalización del turismo y las operaciones aeroportuarias de Senegal.	EURO	Indra Soluciones Aéroport International Blaise Diagne	Société Anonyme Aéroport International Blaise Diagne	138750733	129907121	21/08/2022
Comercial - Exportación	MALAWI	Equipamiento avícola para 20 naves.	EURO	Zucami Poultry Equipment	Speedy's Food Industries	3403103	4003651	23/08/2022
Comercial - Exportación						**153665387**	**149958568**	-
Concesional	EGIPTO	Suministro de 7 trenescama.	EURO	PATENTES TALGO, S.L.U. (TALGO)	Egyptian National Railways (ENR)	200000000	200000000	20/12/2022
Concesional						**200000000**	**200000000**	-
Línea Comercial Exportación/ Inversión	LÍNEA MULTIPAÍS	Ampliación Línea PYME y Pequeños Proyectos de Exportación e Inversión de FIEM	EURO	Línea Multipaís	N.A.	100000000	N/A	20/12/2022
Línea Comercial Exportación/Inversión						**100000000**	**N/A**	-
TOTAL APROBACIONES POR CONSEJO DE MINISTROS EN 2022						**453665387**	-	-

Tipo de Cambio utilizado, de fecha 31/12/2022: 1 EUR = 1,0666 USD.
Fuente: Subdirección General de Fomento Financiero de la Internacionalización.

Figura 5.3. Operaciones del FIEM aprobadas en Consejo de Ministros en el año 2022.

Actividad propuesta 5.11

Material. https://comercio.gob.es/Financiacion_para_internacionalizacion/FIEM/Documents/Memoria_FIEM-2021.pdf.

Apalancamiento de recursos financieros. En la financiación comercial, el FIEM se estructura como una fuente de financiación adicional a los proyectos. Así, la financiación comercial exige que el promotor o deudor asuma parte de la financiación de la operación sin apoyo oficial. En algunos casos, como grandes operaciones y proyectos tipo *Project Finance,* es preferible que otras entidades financieras acompañen en la financiación de la operación. En términos de apalancamiento de recursos financieros complementarios, el FIEM ha logrado, durante su período de actividad, su objetivo de incorporar recursos procedentes de otras fuentes de financiación. En el período acumulado entre el año 2011 y el 2021, se han aprobado por Consejo de Ministros créditos aproximadamente por valor de 2770 millones de euros ligados a contratos por valor próximo a 5000 millones de euros, lo que supone la movilización de financiación adicional con un notable efecto palanca de casi 2,5 euros por cada euro financiado.

La Figura 5.4 muestra el papel catalizador del FIEM y su efecto palanca para el período acumulado 2011-2021.

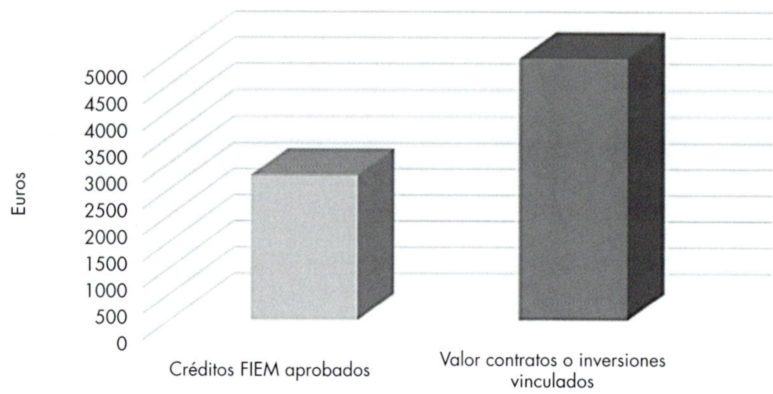

Tipo de cambio vigente al 31 de diciembre del año de aprobación de cada operación.
Fuente: Subdirección General de Fomento Financiero de la Internacionalización.

Figura 5.4. Apalancamiento de recursos financieros en el período 2011-2021.

Contexto. Financiación pública.

Lee el contenido del texto propuesto como material, y explica en voz alta a tus compañeros/as qué significan los siguientes conceptos en el contexto descrito:

a) Financiación comercial.

b) *Project Finance.*

c) Apalancamiento financiero.

Conceptos importantes

Crédito comprador: línea de crédito con apoyo oficial destinada a facilitar las compras a clientes extranjeros de productos españoles.

Crédito suministrador: línea de crédito con apoyo oficial ICO destinada a facilitar la exportación de las empresas españolas.

Créditos concesionales: son aquellos que un Estado concede a otro Estado.

Interés español: calificación que se otorga a empresas fuera de España susceptibles de recibir financiación oficial, para facilitar sus compras.

Mediación: acción de interceder o intervenir para que dos o más partes alcancen un acuerdo para la financiación de las empresas.

Organismos multilaterales: instituciones internacionales promovidas por el sector público, cuya misión es la de potenciar el desarrollo económico de otros países.

Pacto entre caballeros (*gentlemen's agreement*): acuerdo internacional que no tiene rango de ley.

Plausible: se refiere a algo que es creíble, razonable o verosímil en función de la evidencia o la lógica disponible.

Actividades finales

De comprobación

5.1. ¿Cuál es el objetivo principal del Consenso OCDE?

a) El uso democrático del crédito a la exportación.

b) El uso europeo del crédito a la exportación.

c) El uso ordenado del crédito a la exportación.

d) El uso intensivo del crédito a la exportación.

5.2. ¿Qué es prioritario para el Consenso OCDE?

a) Impulsar el consumo para favorecer el comercio internacional.

b) Luchar contra la inflación.

c) Conseguir condiciones financieras óptimas para exportadores e importadores.

d) Fomentar la competencia entre los exportadores en función de la calidad.

5.3. Desde el punto de vista legal, ¿qué carácter tiene el Consenso OCDE?

a) Es una ley de ámbito europeo.

b) Es un acuerdo entre los miembros de la OCDE.

c) Es un decreto ley de ámbito europeo.

d) Es una orden del Parlamento de Bruselas.

5.4. ¿Qué contenidos alcanza el Consenso OCDE?

a) Condiciones de los créditos a la exportación.

b) Impuestos, tasas y contribuciones en la Unión Europea.

c) Logística y transporte del comercio internacional.

d) Aranceles fuera de la Unión Europea.

5.5. Las fuentes de financiación de las exportaciones con apoyo oficial son...

a) ...empréstitos a largo plazo avalados por el Estado.

b) ...financiación a las empresas concedida por el Gobierno.

c) ...préstamos hipotecarios destinados a financiar el comercio.

d) ...diversas opciones de financiación propuestas por organismos públicos.

5.6. ¿Qué es el Instituto de Crédito Oficial?

a) Un organismo del Estado que ofrece formación de grado superior.

b) Un banco público.

c) Un centro de estudios oficial sobre préstamos y créditos.

d) Una caja de ahorros oficial.

5.7. Además de conceder préstamos a los exportadores, ¿qué más gestiona el ICO?

a) Los fondos de las pensiones públicas.

b) Los fondos del Estado destinados a la financiación.

c) Los fondos para la ayuda a los bancos en dificultades.

d) Los fondos depositados por los bancos privados.

5.8. Un trabajador autónomo, ¿puede acceder a la financiación oficial directa?

a) Sí, si posee una empresa con una plantilla de más de 50 empleados.

b) Sí, si su facturación supera los 5 millones de euros anuales.

c) Sí, si está al corriente del pago de la Seguridad Social y del IRPF.

d) No, la financiación directa es para grandes empresas.

5.9. El Instituto de Crédito Oficial (ICO) articula sus actividades colaborando con los bancos y...

a) ...determinando las condiciones de los préstamos.
b) ...seleccionando qué exportaciones son receptoras.
c) ...indicando la posible insolvencia del exportador.
d) ...aportando garantías y avales.

5.10. ¿Quién lleva los acuerdos con el Banco Europeo de Inversiones?

a) FONPRODE.
b) ICO.
c) CARI.
d) FIEM.

5.11. ¿Qué servicios ofrece CESCE a los exportadores?

a) Mediación entre el Estado y los exportadores.
b) Asesoramiento en materia de comercio internacional.
c) Financiación mediante contratos de *renting*.
d) Seguros de la exportación y financiación Fondo de Apoyo.

5.12. ¿Qué ofrece ICEX España Exportación e Inversiones a los exportadores?

a) Seguros comerciales.
b) Financiación.
c) Asesoría y consultas.
d) Subvenciones.

5.13. ¿Cuál es la finalidad básica de COFIDES?

a) Financiar el fondo de maniobra de las empresas exportadoras.
b) Financiar proyectos de inversión en el extranjero.
c) Financiar las exportaciones fuera de la Unión Europea.
d) Financiar las compras de materias primas.

5.14. ¿Qué opciones de financiación ofrece COFIDES?

a) Financiación directa o bien la participación de proyectos en el extranjero.
b) Financiación mediante *forfaiting*.
c) Financiación mediante descuento de pagarés.
d) Financiación mediante anticipos sobre exportaciones.

5.15. El crédito suministrador-exportador del ICO va dirigido a...

a) ...pequeñas y medianas empresas exportadoras.
b) ...sociedades anónimas y limitadas, exportadoras.
c) ...empresarios autónomos y cooperativas.
d) ...cualquier empresa exportadora.

5.16. ¿Qué contempla la operativa del crédito suministrador?

a) Créditos, descuentos y avales.
b) Créditos, préstamos y descuentos.
c) Créditos, descuentos y *forfaiting*.
d) Créditos, descuentos y *renting*.

5.17. ¿A quién va dirigido el crédito ICO comprador extranjero?

a) A la gran empresa inversora en el extranjero.
b) A la pequeña y mediana empresa compradora.
c) A la empresa exportadora al efectuar compras.
d) A los clientes extranjeros de las empresas exportadoras.

5.18. ACS aporta un 20 % de la construcción de un viaducto en Perú. ¿Puede recibir ayuda oficial?

a) Sí, es un proyecto de interés español.
b) No, no es un proyecto de interés español.
c) Sí, porque es una empresa española.
d) Depende de diversos factores.

5.19. Grifols, S. A. posee el 100 % de su filial en Estados Unidos, Grifols Diagnostic Solutions, entonces...

a) ...no puede acceder al crédito oficial porque está en Estados Unidos.

b) ...puede acceder al crédito oficial porque es una empresa española.

c) ...no puede acceder al crédito oficial porque está fuera de la Unión Europea.

d) ...puede acceder al crédito oficial porque está participada en más de un 30 % por Grifols, S. A.

5.20. Fluidra, S. A. exporta piscinas a los Emiratos Árabes Unidos, por lo que puede acceder a la línea ICO Internacional...

a) ...hasta 1 millón de euros.

b) ...hasta 7,5 millones de euros.

c) ...hasta 12,5 millones de euros.

d) ...hasta 15 millones de euros.

5.21. ¿Puede un autónomo acceder a los préstamos ICO para la internacionalización?

a) No, están reservados para grandes empresas.

b) No, van dirigidos a sociedades.

c) No, son para empresas del IBEX 35.

d) Sí, en el primer tramo de la línea ICO Internacional.

5.22. ¿Para qué sirve el CARI?

a) Para evitar pérdidas a los bancos debidas a variaciones de tipos.

b) Para evitar pérdidas a los exportadores debidas a variaciones de tipos.

c) Para evitar pérdidas a los importadores debidas a variaciones de tipos.

d) Para evitar pérdidas a los inversores debidas a variaciones de tipos.

De aplicación

5.1. Descubre y trabaja sobre la clasificación acerca de la capacidad financiera de los países que publica anualmente el Banco Mundial y que está aceptada por el Consenso OCDE. Para ello:

a) Descarga y visualiza el Consenso OCDE en versión original en inglés, a partir del enlace que proporciona la página web del Ministerio de Industria y Turismo que se refiere a la cobertura por cuenta del Estado de los riesgos de la internacionalización de la economía española.

b) Lee el párrafo *Classification of countries for maximum repayment terms* y extrae las palabras clave necesarias para acceder a la clasificación de países publicada por el Banco Mundial.

c) Visualiza la página *World Bank Country and Lending Group* y descarga la clasificación de riesgo por países, aceptada por el Consenso OCDE *(Current classification by income in XLS format)*.

d) Bajo la dirección docente y utilizando los filtros de la hoja de cálculo, realiza diversas consultas. Comenta qué resultados te sorprenden y qué resultados ya esperabas.

e) ¿Cuántos grupos de países existen, según el nivel de ingresos (*income group*)?

5.2. Esquematiza el contenido conceptual del Apartado 5.2 del texto mediante el uso de la herramienta SmartArt de Microsoft Office:

a) Distingue una cabecera para cada concepto y un breve texto explicativo.

b) El modelo de gráfico que elegir es libre, aunque se recomienda el uso de las opciones de lista.

c) El trabajo debe contener cuatro bloques, uno para cada párrafo del texto.

5.3. Accede a la página web del Instituto de Crédito Oficial (ICO) y:

a) Comprueba y toma nota de cuál es el agente colaborador en tu comunidad autónoma más cercano a tu población.

b) Dirígete a ese agente colaborador y toma nota de la oferta en materia de comercio internacional que ofrece, especialmente en financiación de exportaciones de una mediana empresa de tu comunidad autónoma. Si no existe una descripción clara acerca de las posibilidades de financiación de exportaciones, ponte en contacto con el agente (normalmente, mediante un formulario donde deben incluirse datos personales) y pregunta de qué opciones dispones y qué pasos deberías ejecutar.

5.4. Accede a la página web de ICEX España Exportación e Inversiones y:

a) Selecciona un sector del mercado internacional en la pestaña **Contacto,** adecuado a una empresa modelo que hayas escogido previamente que esté domiciliada en tu comunidad autónoma.

b) A través del buscador de sectores accede directamente a la información de mercados internacionales propia para el sector que hayas seleccionado.

c) Interésate por la formación complementaria a que puedes acceder y añade notas a tu carpeta de apuntes.

5.5. Examina el esquema gráfico de esta unidad referente a la ayuda oficial prestada por el Instituto de Crédito Oficial (ICO). Se trata de desarrollar la financiación que se instrumenta en las líneas de mediación.

a) Basándote en la información del texto ofrecida en los Apartados 5.3, 5.4 y 5.5 y, si es necesario, en la información complementaria de la página web del ICO, realiza un cuadro sinóptico con la ayuda de las herramientas Office, en el cual se distinga con claridad lo siguiente para cada una de las líneas de crédito ICO:

- Filas: líneas de crédito internacional del ICO: Tramo I, Tramo II, Exportadores, Canal Internacional.
- Columnas: beneficiarios, importe máximo, conceptos financiables, tipos de interés, comisiones y gastos, plazos, tasa anual equivalente de interés.

b) Contrasta el trabajo realizado con otras versiones presentadas en el aula y añade o elimina conceptos si es necesario, hasta llegar a un cuadro sinóptico de corrección consensuada.

c) Imprime en papel el cuadro realizado y añádelo como anexo al libro o a los apuntes.

5.6. RIA Menorca S. L., empresa fabricante de la típica abarca menorquina, recibe un importante pedido, consistente en 25 000 pares de abarcas y valorado en 500 000 €, procedente de Chile. Dado que es una empresa de pequeña capitalización, no dispone de la capacidad financiera para la compra de las materias primas y otros gastos de fabricación, pero la gerencia entiende que no puede perder esta oportunidad de negocio, y decide buscar ayuda oficial para financiar la operación. CaixaBank, como entidad mediadora del ICO, le ofrece la posibilidad de financiar con ayuda oficial un capital de 300 000 € a cuatro años, con una comisión de apertura del 1 %.

a) ¿A qué línea de financiación ICO podría acceder, y por qué razón?
b) ¿Cuál sería el tipo de interés nominal aplicable, tomando como referencia el euríbor de hoy? [1].
c) ¿A cuánto ascenderían las cuotas mensuales de devolución del préstamo?
d) ¿Cuál sería el coste financiero total?

5.7. En el texto se publica la memoria de las operaciones FIEM aprobadas en 2017. Investiga si han sido publicadas las de años posteriores y:

a) Compara los distintos presupuestos y su evolución en términos absolutos y relativos.
b) Compara los distintos países donde se ha aprobado la inversión. ¿Son los mismos países o cambian?
c) Compara las distintas empresas beneficiarias. ¿Son las mismas empresas? ¿Alguna pertenece al IBEX 35?
d) Selecciona empresas beneficiarias de FIEM y estudia qué actividades desarrollan, qué dimensión tienen y otros datos que creas oportunos.
e) Redacta un trabajo final, como resumen de las actividades.

Para reflexionar

5.1. ¿Tiene sentido hablar de «pacto entre caballeros» en medios financieros internacionales, donde se mueven miles de millones de euros en comercio e inversiones? Aporta tu punto de vista en un debate en el aula sobre el tema, justificando la explicación con razones fundamentadas.

5.2. En el siguiente párrafo se contextualiza el concepto de capital de trabajo:

> «Financiar capital de trabajo para la exportación es, generalmente, una gestión para el corto plazo que permite a los exportadores comprar los bienes y servicios necesarios para poder realizar sus ventas de exportación. También pueden utilizar los fondos para financiar los saldos por cobrar de las ventas de exportación o de las cartas de crédito *stand by* utilizadas como garantías de cumplimiento o garantías de pago a compradores de otros países». (*Fuente:* **www.circulante.com**).

a) ¿A qué se refiere el capital de trabajo, en este contexto?
b) ¿De qué contenidos se compone?
c) ¿Qué otra denominación recibe en el mundo empresarial?

[1] Si es necesario calcular el TAE, puede ser adecuado el uso de una calculadora especializada, de las disponibles libremente en la red. Por ejemplo: **https://ambito-financiero.com/wp-content/uploads/2013/03/Calculadora-TAE-Excel.xlsx**.

5.3. Explica las grandes razones por las cuales los sucesivos Gobiernos han tomado medidas para impulsar la financiación de empresas en vías de internacionalización en los últimos años, especialmente a partir de la crisis vivida en 2008.

5.4. En tu opinión, las líneas de crédito oficial dirigidas a empresas implicadas en el comercio internacional:

a) ¿Constituyen una competencia directa de los bancos comerciales y, de alguna forma, los perjudican?

b) ¿Son estrictamente necesarias en una economía abierta y liberal?

c) ¿Debieran ser las únicas, por ser las más asequibles para la empresa?

Aporta tu punto de vista en un debate abierto sobre estas cuestiones planteadas.

5.5. Algunas líneas de crédito oficial ICO van dirigidas a potenciar la capacidad adquisitiva de compradores extranjeros, en beneficio de la exportación española, bajo unas determinadas condiciones.

a) Revisa los condicionantes impuestos para este tipo de créditos y comenta si, a tu criterio, son apropiados.

b) Asume por unos momentos un rol político y realiza una propuesta de modificación de las condiciones de acceso a este tipo de crédito, explicando qué beneficios para el exportador intentas conseguir con tu aportación.

Tema de debate

Fusiones bancarias mediante OPA

En mayo de 2024, el BBVA y el Banco de Sabadell mantuvieron contactos sobre la posibilidad de fusión de ambas entidades. Entre las diversas hipótesis que se barajaron se mantuvo como una de las más factibles la fusión mediante OPA.

Las fusiones bancarias a través de Ofertas Públicas de Adquisición (OPA) han sido y siguen siendo un tema candente en el mundo de las finanzas. Algunos sostienen que estas fusiones son una forma eficiente de consolidar el sector bancario, promover la estabilidad financiera y mejorar los resultados, mientras que otros argumentan que pueden tener efectos negativos significativos, como la reducción de la competencia, el aumento del riesgo sistémico y la pérdida de diversidad en el mercado.

¿Qué opinión te merece este tipo de operaciones y sus posibles consecuencias para la actividad empresarial, especialmente la exportadora?

ELABORACIÓN DE LA DOCUMENTACIÓN NECESARIA PARA PARTICIPAR EN LICITACIONES Y CONCURSOS INTERNACIONALES

Unidad 6

Contenidos

Objetivos

- Interpretar las normas y reglamentos de organismos de financiación internacionales.
- Conocer los organismos e instituciones convocantes de proyectos.
- Seguir el procedimiento de adjudicación de proyectos, analizando los requisitos.
- Reconocer las fianzas, avales y garantías que se exigen para participar en una licitación.
- Identificar los organismos que facilitan financiación para acudir a un concurso internacional.
- Cumplimentar el formulario de oferta y preparar la documentación técnica.

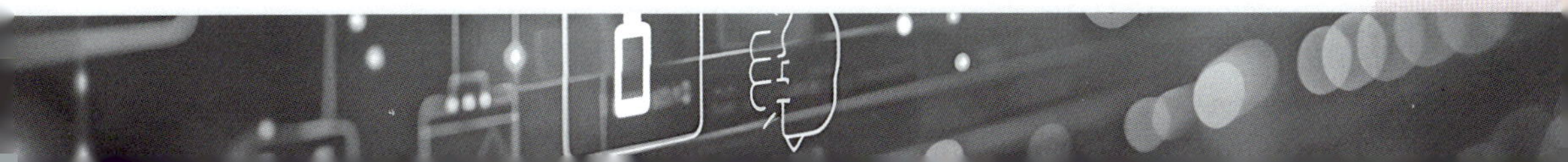

INTRODUCCIÓN

En el mundo actual, cada vez más tendente a la presentación de problemas económicos y sociales a escala mundial, fenómeno que se ha convenido en calificar de **globalización,** no es posible plantear las posibles soluciones de forma eficiente desde la perspectiva de cada nación o Estado, sino que se plantea cada vez con más claridad la conveniencia de trabajar en conjunto, es decir, en equipo.

Así pues, las naciones o Estados se unen en organismos supranacionales con el objetivo de afrontar y aportar soluciones a problemas comunes. Estos organismos se denominan **organismos multilaterales.** Un organismo multilateral es aquel que está formado por varias naciones o Estados, con un mínimo de tres, y ha sido creado con la misión de tratar los problemas políticos, económicos y sociales que afectan al conjunto de sus miembros. Los organismos multilaterales de mayor relevancia mundial en la actualidad son la OCDE (Organización para la Cooperación y el Desarrollo Económicos), Naciones Unidas, el Fondo Monetario Internacional, el Banco Mundial y la Organización Mundial del Comercio, organismos todos ellos que tienen un carácter global. Otros organismos multilaterales encuentran su área de actuación en regiones del planeta con una problemática específica, como África, o con elementos culturales e históricos comunes, como Asia o Latinoamérica. Cada uno de estos organismos constituye un referente mundial en el ámbito de sus competencias, bien sean políticas, sociales, económicas, financieras, comerciales, de fomento del desarrollo, etcétera.

Es en este marco de ámbito mundial donde las empresas con ánimo de internacionalización encuentran los referentes financieros y jurídicos donde desarrollar sus negocios mediante procesos de licitación.

6.1. Normas y reglamentos de licitación del Banco Mundial y otros organismos internacionales que la regulan

Licitar significa ofrecer por algo un determinado precio en una subasta. Por extensión del concepto, una licitación es un proceso administrativo concursal entre diversos proveedores, con la finalidad de adjudicarse la adquisición de un bien o la contratación de un servicio que pueda ser requerido por una organización o institución de carácter internacional, de las que participan en las áreas de cooperación y ayuda a las naciones.

Las **licitaciones públicas internacionales** consisten en un procedimiento que define cómo deben actuar formalmente las empresas participantes para suministrar un bien, invertir en infraestructuras o prestar un servicio a un ente público del país contratante cuyas necesidades haya publicado con tal fin.

Las normas y los reglamentos de licitación propuestos por el Banco Mundial y por otros organismos con capacidad regulatoria atienden en primer lugar la naturaleza jurídica de la operación, ya que las licitaciones pueden ser **públicas** o **privadas,** en función de las características de publicidad y alcance que las definan.

La licitación privada se distingue de la pública en el nivel de competencia existente entre los proveedores. Así, en el caso del **concurso público** la competencia es total, puesto que el procedimiento está abierto a cualquier empresa suministradora del bien o servicio, mientras que en el caso del **concurso privado** únicamente pueden acceder aquellos proveedores que hayan sido convocados previamente mediante invitación previa, a partir de una selección en una base de datos o bien porque hayan mostrado interés previo en el concurso.

La licitación internacional restringida mediante concurso privado se utiliza en alguno de los siguientes casos:

- La necesidad es urgente y se considera inapropiada cualquier demora por causas administrativas.
- La disponibilidad de los recursos implicados es limitada por su propia naturaleza.

Las licitaciones internacionales se caracterizan por estar totalmente abiertas a todas aquellas ofertas que se ajusten a las bases del concurso (ToR, *Terms of Reference*), y constituyen la fórmula más corriente para grandes proyectos de realización de obras o bien de adquisición continuada de bienes. Se considera apropiado el concurso internacional cuando el importe objeto del concurso supera la cifra de 200 000 euros.

En un procedimiento de licitación internacional se denomina **prestatario** el país en el que se va a desarrollar el proyecto objeto de la licitación. El país prestatario es el responsable de la ejecución del proyecto o proyectos aprobados. El organismo internacional encargado de velar por la correcta ejecución del proyecto de acuerdo con las reglas establecidas en el procedimiento se denomina **prestamista.**

En los procesos de licitación pública internacional es condición indispensable que los productos, materias primas y suministros objeto del procedimiento cumplan con alguno de los **requisitos** siguientes:

- Ser originarios del país prestatario.
- Ser originarios de alguno o algunos de los países miembros del organismo multilateral que convoca el procedimiento de licitación.

Las **licitaciones locales** se establecen para contratos de bienes y servicios de menor cuantía, o bien cuando por motivos diversos no es posible atraer la competencia de carácter internacional. En estos casos, el acceso a las licitaciones se restringe únicamente a las empresas de la misma nacionalidad, hecho que distingue este procedimiento de la licitación internacional. Para acceder a las licitaciones locales o nacionales, las grandes empresas que trabajan en cualquier parte del mundo crean filiales en los países donde desean actuar o bien llegan a acuerdos con socios locales.

Otros tipos de licitaciones propuestas por las organizaciones multilaterales son aquellas fundamentadas en la modalidad de **contrato marco.** Este tipo de procedimiento es adecuado para determinados servicios de asistencia técnica o trabajos similares demandados con una cierta recurrencia, puesto que se evitan los costes administrativos derivados del proceso de licitación ordinario. El procedimiento de contrato marco se basa en la agrupación de los servicios en bloques temáticos comunes, de forma que la licitación y adjudicación sigue un proceso simplificado y eficiente.

La contratación **directa,** es decir, no abierta a la licitación que supone competencia abierta y general, únicamente es posible en los **supuestos** siguientes:

- En casos de urgencia justificada, por ejemplo, después de una catástrofe de origen natural.
- En casos en que a causa de la naturaleza del bien o servicio únicamente existe un solo proveedor.
- En el caso en que se desea la continuidad del mismo proveedor, al término de un contrato ejecutado con éxito.

Si en lugar de una contratación de servicios se trata de una compra de bienes de pequeño importe, el procedimiento permite la compra directa a un determinado proveedor, bajo dos **condiciones:**

- El proveedor debe estar homologado previamente.
- La selección de la mejor compra debe ir precedida de tres ofertas distintas, de diferentes proveedores homologados por la institución.

Actividad propuesta 6.1

Material. Herramientas Office.

Contexto. Estudio de los procesos de licitación internacional.

a) Crea una hipótesis o supuesto como ejemplo de una empresa que desea acceder a una licitación internacional en el sector de la ingeniería civil.

b) Crea una hipótesis o supuesto como ejemplo de posible contratación directa.

6.2. Instituciones y organismos convocantes de proyectos. Objetivos

El proceso de internacionalización, iniciado con base en la comunicación comercial entre empresas de la misma naturaleza, encuentra dentro de las notables posibilidades de la licitación internacional un reto de distinta naturaleza al conocido en las primeras fases, que es trato adecuado con que puede denominarse de forma genérica **cliente público.** Este reto implica el conocimiento detallado de las características procedimentales de los procesos de licitación, lo que va a representar un esfuerzo adicional, pero supondrá, en cambio, la apertura de un mercado de un potencial significativo.

La licitación internacional supone un cambio de paradigma en las fórmulas de trabajo. El cliente pasa a ser de una empresa de funcionamiento y filosofía comparables a la propia en cuanto a sus objetivos y procedimientos, a un cliente, el Organismo Multilateral, con objetivos económicos, políticos y sociales diferenciados y específicos que van a determinar la metodología de contratación y ejecución de los proyectos.

En consecuencia, el primer paso que debe dar la empresa que desee internacionalizar sus actividades, en base a la entrada competitiva en la licitación internacional, es la de incorporar a su visión y a sus valores una nueva mentalidad adaptada al cliente público, sus procedimientos y su problemática.

Una vez que está preparada en cuanto a la visión de sus objetivos y a la incorporación de nuevos valores compatibles con el reto al que va a enfrentarse, la empresa ya puede disponerse a iniciar las actividades de exploración y detección de posibles opciones donde iniciar su proyección empresarial dentro del mundo de la licitación internacional. Las tareas de exploración de posibles opciones deben ser abiertas a diferentes estrategias, no centrándose únicamente en el rastreo sistemático de la red, que, no obstante, constituye la herramienta núcleo principal de la investigación.

Las **alternativas metodológicas** que debe considerar toda empresa que se plantee un esquema expansivo en el ámbito de la licitación internacional son las siguientes:

- Páginas web de los propios organismos multilaterales.
- Información obtenida de organismos públicos y patronales españoles:

  https://www.icex.es

  https://www.camaras.es
- Información obtenida de organismos públicos internacionales:

  https://devbusiness.un.org

  https://www.dgmarket.com
- Contratación de servicios privados de información, especializados en identificar convocatorias de licitaciones internacionales:

  https://www.gestboes.com

  https://www.concursospúblicos.com

  https://www.licitaciones.es

  https://subastasyconcursos.com
- Asesores y consultores:

  https://www.assortis.com
- Contacto directo con funcionarios de organismos multilaterales.

La fuente de información primaria más importante y a la que la empresa debe dirigir su exploración en primera instancia es la publicada directamente, en su propia página web, por cualquiera de los organismos multilaterales. En la Tabla 6.1 se muestran las páginas web de los organismos multilaterales de mayor significación en el lanzamiento de iniciativas y proyectos susceptibles de licitación internacional.

Tabla 6.1. Organismos multilaterales de mayor significación mundial

Web	Organismo multilateral
www.worldbank.org	Banco Mundial.
www.adb.org	Banco Asiático de Desarrollo.
www.afdb.org	Banco Africano de Desarrollo.
www.iadb.org	Banco Interamericano de Desarrollo.
www.ebrd.com	Banco Europeo de Reconstrucción y Desarrollo.
www.eib.org	Banco Europeo de Inversiones.
www.caf.com	Corporación Andina de Fomento.
www.bcie.org	Banco Centroamericano de Integración Económica.
www.un.org	Organización de Naciones Unidas.
www.europa.eu	Unión Europea.

Cada una de estas páginas web ofrece periódicamente información directa acerca de las licitaciones internacionales que convoca el organismo multilateral.

Figura 6.1. Los organismos multilaterales presentan información primaria en sus respectivas webs.

Una opción compatible con el rastreo de las páginas web de los organismos financieros multilaterales es la de consultar las páginas oficiales en España de apoyo a la empresa, públicas o patronales. Las páginas más importantes son las siguientes:

- **ICEX España Exportación e Inversiones** (www.icex.es) es la página web del Ministerio de Economía, Comercio y Empresa español que ofrece una muy amplia información de apoyo a la exportación. Dispone de un apartado específico denominado

«Financiación multilateral», donde se encuentra la información sobre el comercio exterior, que enlaza directamente con programas de cooperación de la Unión Europea, del Servicio de Oportunidades de Negocio (OpNeg), planes de apoyo al acceso a los mercados multilaterales, etcétera.

- **Cámaras de Comercio** (www.camaras.es), que constituyen una fuente de información natural de las empresas. Ofrecen todo tipo de apoyo a la internacionalización, en el apartado específico para esta orientación empresarial, y accesos directos al Banco Mundial, Naciones Unidas y bancos de desarrollo. Desde la misma página general www.camaras.es se puede acceder a las Cámaras de Comercio autonómicas, que proporcionan información adicional específica para el desarrollo empresarial de las empresas de cada comunidad.

En referencia a los contratos de bienes y servicios, la principal fuente de información para la búsqueda de licitaciones internacionales es la revista ***Development Business* (DB)**, de Naciones Unidas. Se define como la publicación oficial de consultoría, contratación y oportunidades de exportación en todo el mundo. El organismo encargado de su publicación y gestión es el Departamento de Información Pública de las Naciones Unidas. Su consulta resulta imprescindible en cuanto a que proporciona información genérica de alcance global, ya que comprende la totalidad de ofertas vigentes en materia de contratos de bienes y servicios financiados por Naciones Unidas y los principales bancos de desarrollo en un momento dado de ámbito mundial (Banco Mundial, Banco Interamericano de Desarrollo, Banco Africano de Desarrollo, Banco Asiático de Desarrollo, etc.). La consulta de *Development Business* está reservada exclusivamente a empresas suscriptoras del servicio.

Otra fuente de localización de proyectos interesante es Assortis (www.assortis.com). Esta página ofrece al público usuario tres tipos de servicios, algunos de ellos de carácter exclusivo:

- **Alertas mediante correo electrónico:**
  - Las ofertas nuevas que van apareciendo, en las que se incluyen las descripciones de proyectos financiados por más de 60 organismos distintos.
  - Datos de las compañías que han sido preseleccionadas o contratadas recientemente.
- **Bases de datos de licitaciones:**
  - Detalle de las ofertas de adquisición por países, sectores y organismos financiadores que se publican recientemente.
  - Base de datos histórica de licitaciones publicadas desde el año 2000.
- **Base de datos de empresas:**
  - Datos de contacto completos de las empresas que han sido contratadas en cualquier parte del mundo, con el detalle específico de los proyectos que han sido adjudicados y los finalistas.

Otra posibilidad que hay que tener en cuenta es la información contenida en **dgMarket,** ya que incluye centenares de contratos internacionales en todas las partes del mundo, en una página bien estructurada y de fácil acceso y navegación. Se ofrece en múltiples idiomas. Su buscador permite refinar la búsqueda de licitaciones internacionales acotando el país donde se desea actuar, el organismo financiador, la fecha de emisión, el estado del aviso, el tipo de anuncio y el idioma. Es necesaria la suscripción a la página. El servicio más elemental es gratuito, a partir del cual existe un escalado de servicios con su correspondiente coste, con los niveles básico, completo y corporativo. Una función muy interesante que ofrece esta página de pago es la de avisar mediante correo electrónico automático de la publicación de novedades ajustadas a un determinado perfil, definido por la empresa.

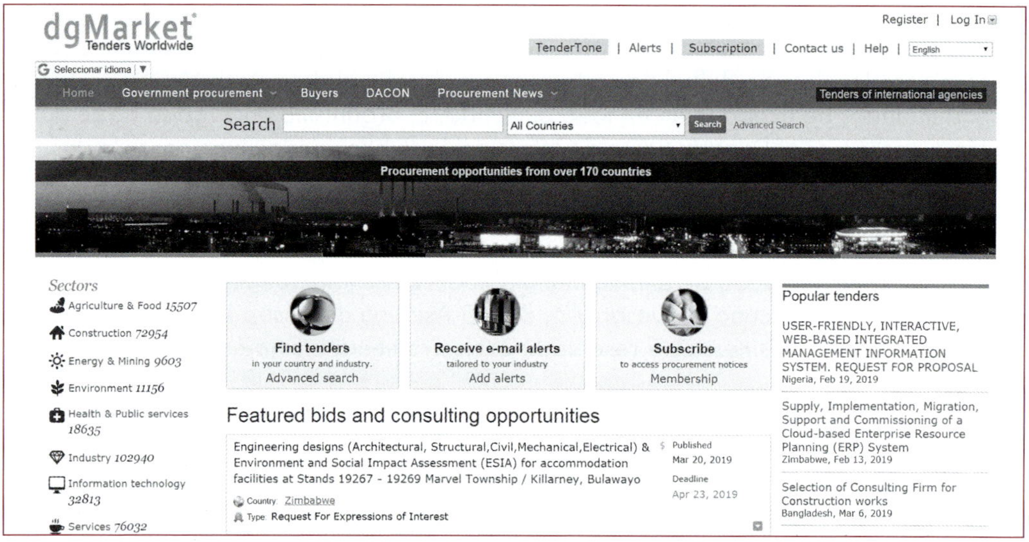

Figura 6.2. dgMarket es una importante opción para localizar licitaciones internacionales.

Actividad propuesta 6.2

Material. Herramientas Office.

Contexto. Estudio de los procesos de licitación internacional.

a) Añade enlaces directos de acceso a varios de los organismos multilaterales citados en el texto en tu *smartphone* o tableta y configúralos para su lectura en castellano.

b) Consulta varias de las páginas web de los organismos multilaterales citados, toma nota de la misión principal a la que se dedican y realiza un listado.

c) A través de la red social LinkedIn, descubre perfiles de empresas o personas especializadas en licitaciones internacionales. Haz una breve exposición en el aula de los resultados obtenidos.

6.3. Procedimiento de adjudicación de proyectos. Fases del proceso

En esencia, un proceso administrativo de licitación o concurso consiste en el anuncio de una necesidad operativa, bien sea de compra de bienes o de servicios, que se ofrece públicamente a quienes deseen ejecutarla en las condiciones y precio establecidos en las bases. Los proveedores, de acuerdo con esas bases, presentarán sus ofertas. El proceso se cerrará adjudicando la operación objeto del concurso al proveedor que mejor se ajuste a las condiciones requeridas.

El procedimiento establecido para cada licitación o conjunto de acciones que realizar debe garantizar a las empresas participantes la igualdad de formas de concurrencia, en todos y cada uno de los pasos que efectuar, documentos, registros o cualquier otro trámite. Es por esta razón que existen tres principios fundamentales establecidos para garantizar la igualdad de los participantes.

6.3.1. Principios que fundamentan la licitación

El proceso de la licitación pública internacional se fundamenta en **principios** o valores generales que constituyen la esencia de la confianza que este tipo de actuaciones internacionales requiere para su correcto funcionamiento.

- El principio de **publicidad** garantiza la información suficiente, amplia y abierta a las empresas interesadas en el procedimiento de licitación, garantizando así la igualdad en las condiciones de acceso. En este sentido, la divulgación del concurso objeto de la licitación se debe hacer de forma lo más extensa posible.
- Este principio garantiza la **equidad** entre los participantes, puesto que institucionaliza la igualdad de oportunidades entre las empresas que compiten por los contratos.
- El principio de **transparencia** garantiza una máxima difusión de las comunicaciones y actos en materia de licitaciones públicas, y su fácil y correcta recepción por parte de los candidatos.

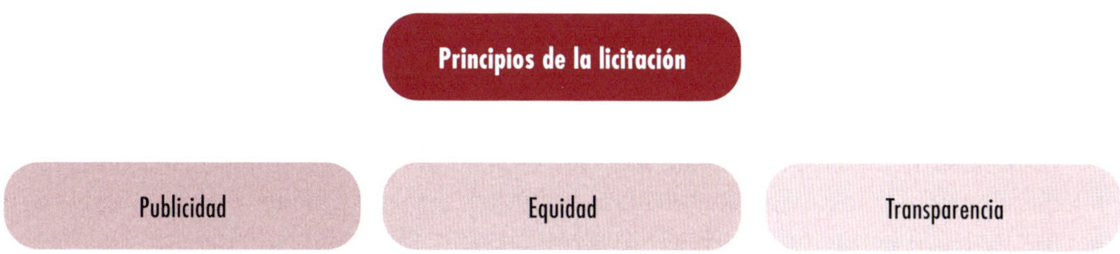

Figura 6.3. Principios que fundamentan la licitación pública.

Actividad propuesta 6.3

Material. Herramientas Office.

Contexto. Estudio de los procesos de licitación internacional.

a) Consulta en el diccionario en línea de la Real Academia Española el significado de las palabras «publicidad», «equidad» y «transparencia», y anota en un documento de Word las acepciones que correspondan a los procesos de licitación internacional.

b) Completa el vocabulario anterior añadiendo unos sinónimos adecuados.

6.3.2. Fases del proceso

Los procedimientos de las licitaciones internacionales distinguen aquellos que son abiertos a cualquier tipo de empresa que reúna las condiciones establecidas (*open procedures*), de aquellos que se publican de forma restringida (*restricted procedures*).

Sin perjuicio de las reglas específicas para cada sector, existen algunas reglas generales sobre la formación del proceso de contratación en una licitación internacional que implican algunos o todos los pasos siguientes:

- **Aviso de información previa:** en un apartado de información general, se publica la noticia de la próxima apertura de un proceso de licitación, con el objetivo de alertar a las empresas que siguen estos procesos.
- **Aviso de contrato:** a partir del momento en que el expediente de licitación está disponible, como mínimo 30 días después del aviso de información previa, se publica la *Contract Notice* o aviso de contrato. En este documento queda determinado el tipo de contrato, su alcance, el presupuesto máximo disponible y si se trata de un procedimiento abierto o restringido. Es imprescindible atender a las fechas límite para la presentación de solicitudes (procedimiento restringido) o la presentación de ofertas (procedimiento abierto). En este último caso, el expediente de licitación se pone a disposición de los licitadores al mismo tiempo que se publica el anuncio.
- ***Shortlist*:** en los casos de procedimientos de licitación restringidos, se elabora una lista corta de candidatos seleccionados a partir de la evaluación basada en los criterios de selección. A partir de este momento, solo las empresas incluidas en la *shortlist* pueden participar.
- **Invitación:** en los procedimientos restringidos el expediente de licitación se envía directamente a las empresas preseleccionadas; para el procedimiento abierto, el expediente de licitación queda disponible a partir de la publicación del anuncio del contrato. En ambos casos, el expediente contiene las instrucciones para los licitadores, consistentes en cómo y cuándo presentar las ofertas, los términos de referencia (qué debe incluirse en la oferta) y los criterios de adjudicación (cómo se evaluarán las ofertas). La invitación se completa con los distintos formularios que deben utilizarse.

- **Evaluación y adjudicación:** un comité de evaluación, compuesto por un número impar de miembros, evalúa las ofertas que han sido presentadas y admitidas. Este comité recomienda a la autoridad contratante el licitador que cree que debe ser seleccionado; no obstante, la decisión última de adjudicar el contrato o bien de cancelar el procedimiento corresponde a la autoridad contratante.
- **Período de suspensión:** el contrato con el licitador seleccionado solo se firma después de un período de suspensión establecido en 10 días si se utilizan medios electrónicos o de 15 días para otros medios de comunicación. Esta obligación de establecer un período de suspensión se aplica a licitaciones a partir de 300 000 euros para contratos de servicios y suministros, y a licitaciones de 5 000 000 de euros para contratos de obras.
- **Firma y publicación:** transcurrido el período de suspensión, se notifican los resultados a los participantes, se firma el contrato con el ganador y se publica el anuncio de su adjudicación.

Actividad propuesta 6.4

Material. Herramientas Office.

Contexto. Estudio de los procesos de licitación internacional.

a) Mediante el uso de la aplicación PowerPoint y de la herramienta SmartArt, opción **Proceso curvo repetitivo,** representa las fases del proceso de licitaciones internacionales.

b) Experimenta con diversas de las opciones que ofrece la herramienta SmartArt y presenta una alternativa a tu entender más clara que la propuesta.

6.4. Documentación que hay que presentar en un concurso o licitación

El organismo ejecutor del contrato invita a licitar a los potenciales proveedores por medios publicitarios o bien los invita a partir de un listado de posibles proveedores preseleccionados en función de su historial; también puede contratar consultores para que preparen una lista de posibles candidatos.

Una vez publicado el aviso de contrato y llegado al conocimiento de la empresa que desea participar en licitaciones internacionales, esta presenta el documento *Expression of Interest.*

El documento *Expression of Interest*, o solicitud de participación, es una presentación realizada por un posible licitador en respuesta a un anuncio (aviso de contrato) para el suministro de bienes o servicios. En este documento queda explícito el precio ofertado por el suministro de bienes y servicios objeto de la licitación, junto con propuestas detalladas de carácter técnico acerca de cómo cumplirá con los requisitos del concurso. No tiene un formato predefinido y, por tanto, su presentación debe ser impecable y original. En cuanto al contenido, se hace constar en la portada el título *Expression of Interest* y, a continuación, el número y la descripción del proyecto, los datos de la empresa licitante y el logotipo. En el trabajo se ofrece, después de una breve introducción, una descripción de la empresa (o consorcio, en su caso), la experiencia internacional y en el sector, un análisis del proyecto mostrando la capacidad de ejecución y referencias a colaboradores locales.

En síntesis, y de forma ordenada, el documento ***Expression of Interest*** contiene:

- **Datos de identificación:** información completa de nombre y domicilio de la empresa, identificación fiscal, datos de contacto.
- **Descripción de la empresa:** detalle de la misión, la visión y los valores de la empresa, acompañado de una copia del informe de gestión anual presentado a los accionistas.
- **Cuentas anuales:** debe incluirse el balance, la cuenta de pérdidas y ganancias, la memoria, el estado de cambios en el patrimonio neto y el de flujos de efectivo, todo ello debidamente acompañado de un informe de auditoría. Si procede, se acompaña también del informe de autocartera (movimientos realizados sobre acciones propias).
- **Experiencia:** se informa de la experiencia relevante en el sector de la actividad económica que es objeto de licitación (contratos ya ejecutados o en vías de ejecución, detallados por países).
- **Capacidad técnica:** debe justificarse la capacidad técnica de la empresa para ejecutar el contrato, de forma detallada y documentada.
- **Experiencia del personal:** se hará referencia a la experiencia de los equipos humanos en los trabajos de ejecución de los contratos llevados a cabo con anterioridad.
- **Disponibilidad:** se presenta el detalle de la disponibilidad en términos de espacio y tiempo para ejecutar el contrato objeto de licitación, citando las limitaciones que pudiera haber.
- **Referencias de terceros:** incluye publicaciones o informes realizados por terceros sobre la experiencia, la capacidad técnica, la fiabilidad y la solvencia de la empresa.

Figura 6.4. En los concursos y licitaciones, los candidatos deben justificar los valores aportados.

Actividad propuesta 6.5

Material. Herramientas Office.

Contexto. Estudio de los procesos de licitación internacional.

Descarga el documento «Elaboración de expresiones de interés. Guía Práctica para empresas españolas» que pone a disposición el Ministerio de Industria y Turismo a través de ICEX.

a) Localiza los pasos que deben ejecutarse para presentar el documento «Expresión de Interés» en los procesos formales de licitación y cómo debe presentarse.

b) Mediante PowerPoint o aplicación análoga confecciona un gráfico en el que se muestren las ocho etapas de que se compone la elaboración del documento «Expresión de Interés».

c) Propón ejemplos de contenido de alguna de las fases más significativas, aplicable en lo posible a la empresa en la que realizas la formación en el centro de trabajo.

Además del importante documento EoI *(Expression of Interest)*, existen otros documentos estandarizados que forman parte de los procesos de licitación internacional:

- **RFI *(Request for Information).*** Se trata de un documento que se exige en muchos casos para comparar las capacidades de los distintos proveedores. Su formato es el adecuado para la comparación de los datos aportados.
- **RFQ *(Request for Quotations).*** Documento que se usa para establecer un rango o baremo de los precios de los productos, mercancías o servicios que vayan a contratarse.
- **RFQs *(Request for Qualifications).*** En este documento la empresa debe especificar detalladamente las capacidades técnicas para ejecutar una obra o presentar un producto. El conjunto de estos documentos permite al adjudicador construir un listado de posibles proveedores.
- **RFP *(Request for Proposals).*** Es el documento que se usa para presentar propuestas concretas en aquellas convocatorias en las cuales la capacidad técnica y financiera es determinante.

Esquemáticamente, en documento RFP se estructura de la siguiente manera:

- *Introducción y contexto:*
  - *Breve descripción del proyecto o servicio requerido.*
  - *Información sobre la entidad licitante y su objetivo.*
- *Objetivos y alcance:*
  - *Detalles claros sobre los objetivos del proyecto o servicio.*
  - *Alcance específico de lo que se espera lograr.*
- *Requisitos técnicos:*
  - *Especificaciones técnicas detalladas.*

   - *Normas y estándares aplicables.*
   - *Requisitos de calidad y rendimiento.*
- *Requisitos financieros:*
   - *Presupuesto disponible.*
   - *Detalles sobre cómo se evaluarán las propuestas financieras.*
- *Criterios de evaluación:*
   - *Ponderación de los diferentes aspectos (técnico, financiero, experiencia, etcétera).*
   - *Cómo se calificarán las propuestas.*
- *Plazos y entregables:*
   - *Fechas límite para presentar la propuesta.*
   - *Cronograma del proyecto o servicio.*
- *Experiencia y referencias:*
   - *Información sobre la experiencia previa relevante.*
   - *Referencias de proyectos similares.*
- *Formato de la propuesta:*
   - *Instrucciones sobre cómo estructurar y presentar la propuesta.*
   - *Documentos requeridos (carta de presentación, CV, etcétera).*
- *Anexos:*
   - *Formularios, contratos, términos y condiciones, etcétera.*

6.5. Fianzas y garantías

Todo proceso de licitación internacional está cuantificado en las bases concursales con un determinado importe presupuestado; pero además de ello, está presente un conjunto de conceptos intangibles cuyo papel es determinante en igual o mayor medida que el importe monetario. Se citan como ejemplo las responsabilidades y los **compromisos políticos** asumidos por la parte contratante y la **imagen corporativa** de empresa que entra en juego por parte de las empresas licitantes. La importancia de estos valores intangibles, unida al importe monetario de las operaciones, es de tal grado que exige a los actores el compromiso ineludible de cumplir con las obligaciones contractuales firmadas. En este sentido, la formulación de garantías está siempre presente en esta clase de contratos internacionales.

6.5.1. Garantías exigidas en los procesos de licitación y ejecución de los proyectos

Una garantía, en sentido financiero, es un producto ofrecido por las entidades bancarias, enmarcado dentro del conjunto de sus actividades y relacionado directamente con las operaciones de financiación. Su objetivo es el de asegurar a las empresas clientes que sus compromisos adquiridos en el ámbito internacional en base a una relación contractual producto de una licitación se concretarán positivamente, de acuerdo con las expectativas y programaciones, y que el proyecto se llevará a cabo con éxito.

Puede decirse, para definir el concepto de garantía, que es el **compromiso** que ofrece el garante (la entidad financiera) de pagar al beneficiario (la parte contratante) una determinada cantidad o compensación de alguna clase en caso de que su cliente no cumpla con las obligaciones contractuales objeto de la licitación. En la comunicación financiera de carácter ordinario se suelen confundir los términos de aval y garantía como equivalentes, aunque propiamente el concepto garantía es más genérico y de más amplio alcance, puesto que el aval se refiere a una garantía concreta sobre un documento mercantil.

En el caso del Estado español, el Programa ICO-Garantías Internacionales que ofrece el Instituto de Crédito Oficial, dependiente del Ministerio de Economía, Comercio y Empresa, prevé el otorgamiento de garantías a empresas que deseen participar en procesos de licitación internacional para que puedan formalizar la adjudicación del contrato obtenido, en el cual se exige habitualmente determinadas garantías.

Estas garantías se ofrecen a medianas y grandes empresas, puesto que se exige que la facturación sea superior a los 50 millones de euros y posean un activo total superior a los 43 millones de euros. Además, el importe mínimo de las operaciones que pueden acogerse al Programa es de 10 millones de euros, cifra que excluye por sí misma a la pequeña empresa.

6.5.2. Tipos de garantías

En función de las necesidades exigidas por el contrato objeto de la licitación, se distinguen cuatro tipos de garantías:

- **Garantía de cumplimiento (*performance bond*):** es la garantía principal que suele exigirse en los procesos de licitación internacional, puesto que cubre la satisfacción total de la ejecución de un proyecto obtenido en relación con las obligaciones que se han asumido en el momento de la firma del contrato. De esta forma, queda asegurada la finalización del proyecto incluso en el caso de insolvencia o quiebra de la empresa ejecutora. Se utiliza en una gran variedad de situaciones, ya que puede implementarse tanto en supuestos de suministros como de prestaciones de servicios, de puesta en marcha de instalaciones, etcétera.

  Las garantías de cumplimiento *performance bond,* emitidas por compañías de seguros o un banco para garantizar la finalización satisfactoria de un proyecto por parte de un contratista, pueden denominarse también *contract bond* o *surety bond.*

- **Garantía de licitación (*bid bond*):** este tipo de garantía cubre el cumplimiento de las obligaciones adquiridas por una empresa que haya resultado ganadora de un proceso de licitación internacional, bien sea por adjudicación directa, o bien en modalidad de contratación internacional, de mantener fijas las condiciones ofertadas hasta la firma del contrato.

- **Garantía de pago anticipado (*advance payment/progress payment*):** esta modalidad de garantía cubre la devolución del pago anticipado por parte del beneficiario en caso de que las obligaciones asumidas en el contrato no sean ejecutadas correctamente hasta su aceptación final.
- **Garantía de los defectos o de mantenimiento (*warranty guarantee*):** en caso de detectarse defectos de alguna clase en la ejecución del proyecto o bien en el caso de incumplimiento de las obligaciones acordadas en relación con el mantenimiento técnico de las instalaciones u obras, se ejecutará esta garantía. Es habitual que se mantenga vigente hasta que el equipo, la instalación o la obra se acepte de forma definitiva por parte del comprador y se dé por terminado el período de mantenimiento.

Actividad propuesta 6.6

Material. Herramientas Office.

Contexto. Estudio de los procesos de licitación internacional.

a) Analiza cada una de las opciones descritas de garantías internacionales y haz propuestas de empresas reales, de las cotizadas en bolsa, que por sus características de trabajo y actividades sean susceptibles de contratar garantías en sus exportaciones o en sus inversiones en el exterior.

b) Cita el tipo de garantía seleccionada y explica por qué se adecúa al perfil de la empresa propuesta como ejemplo.

6.6. Participación de las empresas españolas en proyectos internacionales

Participar en un proyecto internacional presenta diversas **oportunidades** a las empresas que buscan crecer y expandir sus ventas en nuevos mercados, las cuales deben ser siempre valoradas. Las más destacadas que tener en cuenta son las siguientes:

- Las ofertas que se presentan garantizan su ejecución, ya que el organismo que gestiona el proyecto ya tiene estudiado, reservado y aprobado el presupuesto.
- Desde el punto de vista más operativo, no es necesario atenerse a las peculiares normas de contratación de cada país, algo que conllevaría arduo trabajo de estudio, conocimiento, adaptación, homologación, etc. con los consiguientes costes y retrasos en la ejecución, sino que al utilizarse los procedimientos generales de licitación del organismo multilateral y no los del país de destino, el esquema operativo es siempre el mismo, con el consiguiente ahorro. En este sentido, existen numerosos elementos comunes en los proyectos, a pesar de que vayan destinados a distintos países, lo cual beneficia la eficiencia de la presentación.

- Desde el punto de vista financiero, los pagos se realizan en distintos espacios de tiempo de acuerdo con una planificación, lo cual permite una buena programación financiera y ahorro en costes. En cuanto a los cobros la empresa licitadora está totalmente protegida, ya que se arbitran los procedimientos de seguridad desde la misma entidad financiadora.
- El hecho de haber participado ya en proyectos internacionales proporciona a la empresa un interesante «currículum» y prestigio dentro de su sector, lo cual le beneficia en la progresión de sus ventas en el interior.

Ante la perspectiva de participar en un proceso de licitación internacional, la empresa debe disponer con todo detalle las etapas que deberá recorrer, tomar las medidas oportunas, realizar las contrataciones necesarias y, en general, ha de programar la estrategia que ha de seguir en la preparación de la propuesta, cuya correcta ejecución supone la clave del éxito.

Punto de partida

El punto de partida para la preparación de una propuesta para ser dirigida a una licitación internacional debe ser el reconocimiento de la magnitud, en términos de calidad y de cantidad, de la propia **capacidad** interna, de forma que exista una coherente correlación entre ella y el proyecto que elegir.

La empresa licitante debe ser consciente del alcance de sus posibilidades técnicas, logísticas, administrativas y financieras, como garantía de, en caso de obtener la adjudicación, ejecutar con la calidad exigida los compromisos adquiridos, base de la consolidación futura de la presencia internacional que se desea.

Selección del mercado

A la vista de las diferentes posibilidades detectadas en el proceso previo de exploración de páginas web y consultas a organismos públicos o empresas privadas especializadas, es necesaria una primera selección de objetivos, fase que se iniciará en la selección del mercado. En este sentido, la experiencia previa de la empresa, si existe, en la participación en licitaciones internacionales indicará la conveniencia de centrarse en un área geográfica determinada.

En el caso de tratarse de una primera experiencia en licitaciones internacionales, la empresa deberá centrarse en un único país y en un único proyecto como destino, a fin de concentrar al máximo los esfuerzos disponibles en términos de inversión. Una posible diversificación de esfuerzos y, por tanto, de riesgos, basándose en teóricas economías de escala, no es aconsejable en una primera experiencia.

Selección del producto o servicio

Simultáneamente a la selección del mercado geográfico donde la empresa piensa dirigir sus esfuerzos, es necesario comprobar, con el nivel de detalle técnico suficiente, si el producto o servicio que será objeto de la licitación es adecuado al potencial de la empresa y a su disponibilidad, dentro de una programación consolidada y firme.

Las mayores posibilidades de éxito en el proyecto que emprender, desde el punto de vista del producto o servicio que ofrecer, se derivan del grado de **especialización** técnica de la empresa, puesto que disminuye significativamente la competencia y ofrece al contratista una imagen de fortaleza y alta competitividad. Un grado superior de especialización puede ser la clave definitiva del éxito en la licitación.

Formación interna

Una vez seleccionado el objetivo, la empresa debe generar las **competencias internas** necesarias para afrontar y ejecutar con éxito el proyecto elegido, especialmente en la formación adecuada de los recursos humanos de los que va a disponer. En este sentido, el personal dedicado a la preparación de licitaciones internacionales, que debe ser un mínimo de una o dos personas con dedicación exclusiva, deberá poseer en lo posible las capacidades ejecutivas en la gestión a la que se va a dirigir, requisito de difícil consecución tratándose de las primeras experiencias internacionales de la empresa. Se requerirá, por tanto, del apoyo de consultores externos especializados, hasta que la progresiva formación del propio personal sea suficiente. En este sentido, es muy posible y razonable que los costes iniciales de preparación interna de la empresa para competir en una licitación internacional consuman gran parte del beneficio esperado, o incluso lo superen; se trata, en cierta forma, de una inversión intangible en conocimiento, que la empresa recuperará en proyectos de éxito posteriores.

Dentro de las competencias internas que la empresa deberá desarrollar, es necesaria una atención especial a la problemática derivada del **uso del idioma,** en la medida que va relacionado directamente con la cultura y las costumbres del país cliente.

En primer lugar, si bien el inglés está considerado internacionalmente como una lengua prioritaria en el intercambio comercial, hay que tener en cuenta que en importantes áreas geográficas, especialmente en países en vías de desarrollo y como consecuencia histórica de un pasado colonial, son, además del inglés, otras lenguas como el francés y el alemán las que son consideradas lenguas de comunicación ordinaria, y, por tanto, va a ser imprescindible su conocimiento, en cada caso concreto aplicable, para una garantía de éxito del programa que emprender.

Para un nivel excelente de competencia, el dominio del idioma específico del país donde se desarrollará el proyecto debe alcanzar un objetivo de mayor alcance que la simple comunicación, como ofrece el idioma chino. El uso correcto de los **modismos** propios de cada lengua aporta un potencial de reconocimiento por parte de las autoridades locales que va a ser de gran valor para conseguir la consecución con éxito del proyecto.

Actividad propuesta 6.7

Material. Herramientas Office.

Contexto. Estudio de los procesos de licitación internacional.

a) Toma como referencia una empresa de tamaño medio próxima a tu domicilio y sitúala frente a la posibilidad de acceder a una licitación internacional de importancia real, cuya convocatoria deberás localizar. La actividad principal de la empresa debe ser coherente con el contenido del proyecto objeto de la licitación.

b) Analiza qué acciones debería emprender, siguiendo las notas contenidas en el Apartado 6.6.

Asociación con otras empresas

Además de la formación interna del propio personal en la gestión de las licitaciones internacionales, su solicitud y su seguimiento, y de la obtención de la competencia específica en materia de idiomas, hay que considerar la importancia decisiva que puede suponer la **alianza** con otras empresas para un proyecto concreto, factor que puede resultar muy apreciado específicamente, en opinión de los expertos, por los organismos multilaterales convocantes de las licitaciones.

La clave que da sentido a la necesidad de alianzas es la **complementariedad** que supone en el ámbito técnico el hecho de trabajar, en unión competencial, dos empresas en un mismo proyecto. Además de los aspectos técnicos objeto de la licitación, otros servicios como los jurídicos, fiscales y administrativos en general pueden suponer una importante fuente de sinergias.

Las alianzas pueden establecerse con empresas del mismo sector con el fin de procurar una mejora en las competencias propias, o bien suplir una determinada carencia tecnológica, bien sea con empresas del propio país o de otros. En opinión de los mejores expertos en la gestión de las licitaciones internacionales, las alianzas establecidas entre empresas de **distintos países** aportan mayor valor y son mejor consideradas por los organismos multilaterales, en la medida que se entiende que pueden aportar mayor variedad de experiencias y valores. Específicamente, son muy apreciadas las alianzas con **socios locales** de los países destinatarios de los proyectos. Este razonamiento está basado en que el objetivo último de los proyectos multilaterales, además de la ejecución de la obra concreta o del suministro objeto del contrato, es la transferencia de conocimiento al país cliente, que le permita autogestionarse en el futuro.

Algunos concursos públicos establecen en sus bases de convocatoria criterios relativos a la obligatoriedad de firmar alianzas con socios locales, a modo de cuotas participativas. En otros casos, esta obligatoriedad no existe o bien no está regulada. Si existe una regulación acerca de las alianzas, es notoriamente interesante contar con un socio de carácter internacional, puesto que esta posición inicial supone en la mayoría de los casos, y de acuerdo con las normas concursales, un aumento de las posibilidades de adjudicación.

En otras situaciones, especialmente los concursos generados desde el Banco Mundial, se prima la participación de empresas pertenecientes a países de economías emergentes, por lo que resultará especialmente interesante la alianza con alguna de estas empresas, las cuales deberán además asumir el liderazgo de la asociación que se haya establecido.

Para llegar a acuerdos asociativos con otras empresas existen distintas opciones, cuya elección bajo criterios de viabilidad es evaluada en cada caso. Algunas de las posibilidades son las siguientes:

- Unión Temporal de Empresas (UTE).
- Asociación Europea de Interés Económico (AEIE).
- *Joint venture.*
- Consorcios público-privados (PPP).
- Alianzas público-privadas para el desarrollo (APPD).

Actividad propuesta 6.8

Material. Herramientas Office.

Contexto. Estudio de los procesos de licitación internacional.

a) Identifica en algunos concursos internacionales en los que han participado empresas españolas, por ejemplo, la reforma del Canal de Panamá o la construcción del AVE a La Meca, el tipo de alianza que han seguido, con qué otras empresas y de qué países.

b) Elige un país latinoamericano y localiza invitaciones públicas a licitaciones de obras, construcciones o servicios. ¿Qué características debería tener una empresa española para participar?

Conceptos importantes

Concurso público: proceso mediante el cual una institución u organismo internacional publica una necesidad que desea cubrir, solicita ofertas y selecciona una de ellas según las condiciones establecidas.

Equidad: en un concurso público, imparcialidad que reconoce el derecho de cada licitador.

Expresión de interés: documento que presenta la empresa licitante en un concurso público mediante el cual solicita participar.

Garante: el que ofrece garantía que protege contra algún riesgo o necesidad.

Globalización: proceso producido a escala mundial tendente a la progresiva unión de mercados, sociedades y culturas.

Licitar: participar activamente en una subasta, ofreciendo un precio o cantidad.

Prestamista: en un concurso público, es el organismo internacional encargado de velar por la correcta ejecución del proyecto.

Prestatario: en un concurso público, país en el que se va a desarrollar el proyecto objeto de la licitación.

Actividades finales

De comprobación

6.1. Los organismos multilaterales están formados por un mínimo de...

a) ...dos países.
b) ...tres países.
c) ...cuatro países.
d) Un país es suficiente.

6.2. ¿Qué significa licitar?

a) Participar en litigios internacionales.
b) Aceptar un contrato para importar algo.
c) Ofrecer por algo un determinado precio en una subasta.
d) Suspender los litigios pendientes.

6.3. ¿En qué se diferencia la licitación privada de la pública?

a) Existe competencia entre los proveedores.
b) Está dirigida exclusivamente a empresas privadas.
c) No intervienen organismos públicos.
d) Es de libre acceso a todas las empresas.

6.4. La modalidad de licitación contrato marco se aplica a...

a) ...obras y construcciones.
b) ...suministros continuados.
c) ...asistencia técnica.
d) ...medioambiente.

6.5. ¿Qué es la revista *Development Business?*

a) La publicación oficial en materia de comercio internacional.
b) La publicación oficial del Banco Mundial.
c) La publicación oficial del FMI.
d) La publicación oficial de la Unión Europea.

6.6. ¿Cómo se inicia un proceso de licitación?

a) Mediante publicación de convocatorias.
b) Mediante anuncio de convocatorias.
c) Mediante admisión de convocatorias.
d) Mediante aprobación de convocatorias.

6.7. ¿En qué principios se fundamentan las licitaciones?

a) En igualdad, publicidad y equidad.
b) En equidad, libertad y publicidad.
c) En publicidad, equidad y transparencia.
d) En equidad, libertad e igualdad.

6.8. ¿En qué documento se publica el presupuesto disponible en la licitación?

a) En el aviso de información previa.
b) En el *Contract Notice*.
c) En el *Expression of Interest*.
d) En la *shortlist*.

6.9. ¿Qué es una *shortlist*?

a) Una lista de participantes.
b) Una lista de rechazados.
c) Una lista de admitidos.
d) Una lista de seleccionados.

6.10. ¿Qué contiene el documento *Expression of Interest?*

a) Los intereses del ejecutor de un concurso.
b) La lista de requisitos para participar en un concurso.
c) Una solicitud de participación en un concurso.
d) La expresión de renuncia a un concurso.

6.11. **¿Dónde se explica la capacidad técnica del licitante?**

a) En el aviso de información previa.

b) En el *Contract Notice*.

c) En el *Expression of Interest*.

d) En la *shortlist*.

6.12. **La capacidad financiera del licitante se justifica con…**

a) …avales bancarios.

b) …cuentas anuales auditadas.

c) …informes independientes de auditoría.

d) …dictámenes oficiales.

6.13. **¿Qué es una garantía en un concurso internacional?**

a) El compromiso que ofrece el garante.

b) El compromiso que ofrece el licitador.

c) El compromiso que ofrece el ejecutor.

d) El compromiso que ofrece el proveedor.

6.14. **¿Cómo se denomina la garantía que cubre la ejecución total del proyecto?**

a) Garantía *performance bond*.

b) Garantía *bid bond*.

c) Garantía *advance payment*.

d) Garantía *warranty guarantee*.

6.15. **¿Cómo se llama la garantía que cubre el mantenimiento de las condiciones?**

a) Garantía *performance bond*.

b) Garantía *bid bond*.

c) Garantía *advance payment*.

d) Garantía *warranty guarantee*.

6.16. **¿Cuál es la mejor estrategia de participación en licitaciones?**

a) Ofrecer una gran calidad de servicios.

b) Acumular experiencia en participación.

c) Presentar una marca de prestigio internacional.

d) Asociarse con empresas locales.

De aplicación

6.1. Sin consultar libros, apuntes o información digital:

a) Explica a tus compañeros y compañeras qué es una licitación internacional.

b) Comenta qué tipos de licitaciones internacionales existen y haz una pequeña descripción de cada uno de ellos.

6.2. Ante la posibilidad de que tu empresa se presente como licitante en un concurso internacional, te encargan que selecciones una empresa consultora que te apoye.

a) Navega por la red, consulta las diversas opciones que se presentan como asesores y consultores especialistas en licitaciones internacionales y decide cuál es la más apropiada, sin tener en cuenta los costes.

b) Redacta un informe dirigido a la gerencia de tu empresa, en el cual recomiendas la contratación de un especialista u otro en materia de licitaciones internacionales y destacas los motivos de tu elección.

6.3. Consulta alguno de los servicios de información sobre licitaciones internacionales, como, por ejemplo, **www.dgmarket.com**, y localiza cinco anuncios de concursos de obras y construcciones en cada una de las cinco partes del mundo.

a) Explica en voz alta, y preferiblemente en inglés, en qué consisten.

b) Toma nota de las palabras clave en inglés que aparecen repetidas varias veces en las bases concursales y crea tu propio vocabulario.

6.4. Consulta la página web del ICEX del Ministerio de Industria y Turismo y:

a) Localiza la sección «Oportunidades de negocio».

b) ¿Cuántas oportunidades hay abiertas en este momento? ¿Cuántos organismos multilaterales están ofreciendo en este momento oportunidades de negocios internacionales?

c) Selecciona un concurso en inglés, tradúcelo al castellano y explica a tus compañeros y compañeras en qué consiste.

6.5. Basándote en los principios que fundamentan las licitaciones internacionales:

a) Diseña una diapositiva en PowerPoint muy completa, incluyendo imágenes o grafismos que indiquen metafóricamente el mensaje que deseas transmitir.

b) Toma el papel de profesor o profesora y explica a toda la clase en qué consisten los principios y qué finalidad tienen.

c) Coordina un debate en el aula sobre el porqué de estos principios y no otros.

6.6. Accede a la base de datos sobre licitaciones que ofrece el ICEX y haz lo siguiente:

a) Pide a un compañero o compañera que te indique un sector de la actividad económica internacional, susceptible de que sea convocado un concurso para adjudicar un proyecto.

b) Otro compañero o compañera te indicará un país.

c) Informa a los demás que han colaborado en la actividad los resultados obtenidos.

d) Comenta a toda la clase en qué consisten algunas ofertas.

6.7. Recupera el documento «Elaboración de expresiones de interés. Guía Práctica para empresas españolas» trabajado en la Actividad propuesta 6.5 del texto.

a) Redacta una Expresión de Interés con contenidos imaginarios pero coherentes, tomando como sujeto una empresa real de tu comunidad autónoma, en la que se supone que esta empresa desea acceder a un concurso internacional de alguno de los identificados en la Actividad de aplicación 6.3.

b) Intercambia con otro compañero o compañera el trabajo realizado y analiza el recibido, comprobando si se ajusta o no a las directrices propuestas en el texto. Otórgale tu puntuación.

Para reflexionar

6.1. Un cliente interior de la empresa, de características corrientes, nos contrata, nos realiza pedidos, le facturamos y nos paga. Por su parte, un organismo multilateral convocante de un concurso también contrata y paga la deuda contraída. Entonces, ¿existen algunas diferencias? Descríbelas.

6.2. Como gerente de tu empresa, de tamaño medio, estás empezando a planificar la internacionalización, con vistas a mejorar las ventas y los márgenes comerciales gracias a la exportación. ¿Es recomendable iniciar los primeros pasos en el proceso modificando la estructura de la organización con la idea de adecuarla a la participación en concursos internacionales? Argumenta la respuesta y cita excepciones si es necesario.

6.3. Algunos países cuyo régimen de Gobierno se basa en un sistema dictatorial, convocan concursos internacionales donde este aspecto parece que no se tiene en cuenta. Tampoco los principios que fundamentan la licitación recogen valores relacionados con la estructura social y política de los países. ¿Existe colisión entre los legítimos intereses de las empresas y los de los ciudadanos? Reflexiona sobre esta cuestión y participa en un debate abierto en el aula con tus aportaciones.

6.4. Compara el contenido de los documentos *Expression of Interest* que presentan las empresas a los concursos internacionales con un currículum laboral preparado para ser presentado a un departamento de recursos humanos. ¿Qué diferencias existen? ¿Qué puntos en común son apreciables?

6.5. La alianza con otras empresas, especialmente locales, es un factor decisivo de éxito en la participación en convocatorias de licitación internacional. Explica qué elementos justifican esta tendencia y por qué razones políticas o económicas existen.

Tema de debate

Aspectos controvertidos de las licitaciones internacionales

¿Deberían las empresas extranjeras tener acceso igualitario a las licitaciones y concursos en todos los países, o deberían aplicarse restricciones para proteger los intereses locales?

Los principios que fundamentan las licitaciones internacionales, ¿son justos o bien podrían interpretarse de otro modo? ¿Cabría la posibilidad de añadir algún principio más en beneficio de la calidad el comercio internacional?

Tema de debate

Responsabilidad Social Corporativa en la participación española en proyectos internacionales

Material de apoyo:

A lo largo de los años, se han formulado varias definiciones de gran relevancia para este término, entre las que se destacan las siguientes:

- La Comisión Europea definió la **RSC** en su Libro Verde en 2001 como *un concepto a través del cual la empresa integra de forma voluntaria las dimensiones social y ambiental en sus operaciones de negocio y en sus relaciones con los grupos de interés.*
- La ISO 26000, guía de responsabilidad social, define la RSC como *la responsabilidad de una organización respecto de los impactos de sus decisiones y actividades en la sociedad y el medioambiente, por medio de un comportamiento transparente y ético que: contribuya al desarrollo sostenible, la salud y el bienestar general de la sociedad; tome en consideración las expectativas de sus partes interesadas,* stakeholders; *esté en cumplimiento con la legislación aplicable y sea consistente con normas internacionales de comportamiento; y esté integrada a través de toda la organización y practicada en sus relaciones.*
- La Organización de las Naciones Unidas (ONU) formula la definición de RSC como *la responsabilidad social corporativa es una forma de gestión que busca lograr un equilibrio entre el crecimiento económico, el bienestar social y el cuidado del medioambiente. Para lograrlo, las empresas deben tomar decisiones basadas en principios éticos, considerando el impacto de sus actividades en todas las partes interesadas, como los empleados, los clientes, los proveedores, las comunidades locales y la sociedad en general.*

Fuente: www.inforges.es

Sugerencias de debate:

La inclusión de cláusulas con referencia a la responsabilidad social corporativa en los proyectos internacionales, ¿es una tendencia irrevocable o una moda pasajera? ¿Qué ventajas u oportunidades ofrece a las empresas exportadoras? ¿Es una opción válida para el comercio internacional en todas partes del mundo o solo parcialmente?

SELECCIÓN DE LA COBERTURA ADECUADA DE LOS POSIBLES RIESGOS EN LAS OPERACIONES DE VENTA

Unidad 7

Contenidos

7.1. Riesgos en las operaciones de comercio internacional
7.2. Contrato de seguro de crédito a la exportación
7.3. Compañía Española de Seguros de Crédito a la Exportación (CESCE)
7.4. Modalidades de pólizas para ventas-exportaciones a corto plazo
7.5. Tipos de pólizas para ventas internacionales a medio y largo plazo
7.6. Proceso de contratación del seguro de crédito
7.7. Procedimiento de declaración de siniestros e indemnización por daños

Objetivos

- Identificar los riesgos más habituales en las operaciones de comercio internacional.
- Reconocer los principales mecanismos para la cobertura de riesgos.
- Caracterizar el contrato de seguro de crédito a la exportación.
- Describir las funciones y competencias de CESCE.
- Evaluar las distintas modalidades de pólizas de seguro de crédito a la exportación.
- Preparar la documentación que se requiere para contratar una póliza CESCE.
- Establecer el procedimiento de actuación en caso de siniestro.

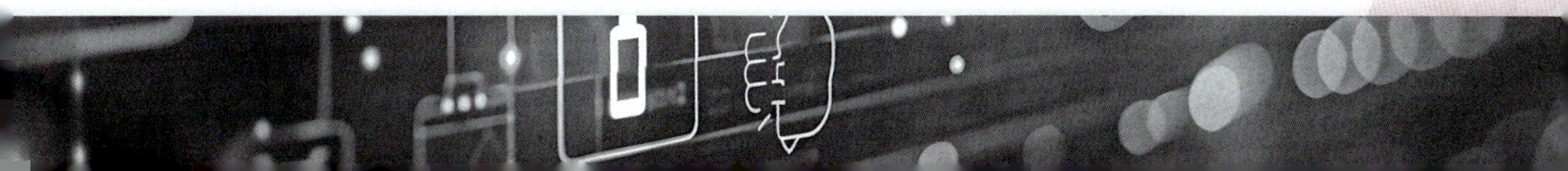

INTRODUCCIÓN

Riesgo, en términos generales, es el grado de exposición a una contingencia negativa que pueda producir daños de cualquier naturaleza. Las personas, a lo largo de su vida, están expuestas constantemente a un cierto nivel de riesgo frente a los distintos avatares que se presentan: salud, robos, daños, etc., riesgos que pueden prevenirse y asegurar en su mayor parte de forma voluntaria y discrecional. Pero en el mundo del comercio exterior, el riesgo toma una dimensión que no puede obviarse ni dejar expuesta al azar. De hecho, puede decirse que el riesgo en el comercio internacional es la principal barrera para su desarrollo firme.

7.1. Riesgos en las operaciones de comercio internacional

Si bien el entorno para el comercio internacional ha ido evolucionando significativamente a lo largo de los últimos años, los riesgos que deben asumir aquellas empresas que desean exportar se han mantenido prácticamente inalterables a lo largo de los años.

Estos riesgos se centran básicamente en los movimientos de capital en el exterior y en la exportación, debido a la fuerte necesidad de inversión que exigen, ya que comprometen no solo el coste directo de las materias primas y los gastos de fabricación de las mercancías que van a ser enviadas, sino también los costes de la estructura necesaria para la actividad y los costes financieros que le son asociados directa o indirectamente.

El estudio de los riesgos en las operaciones de comercio internacional debe contemplarse bajo dos perspectivas: la perspectiva legal, imprescindible para la contratación de las coberturas, y la propia perspectiva de una buena gestión empresarial, orientada al crecimiento y el desarrollo.

La Ley 8/2014 define los riesgos de internacionalización de la empresa española, y apunta: «son aquellos susceptibles de generar perjuicios en las operaciones de inversión directa o de exportación de bienes y servicios, incluidos los que lleven asociados proyectos de investigación, desarrollo e innovación, así como los derivados de la financiación de estas operaciones, y los asumidos en general en aquellas operaciones que presenten un interés estratégico para la internacionalización de la economía española».

A partir de esta definición, la ley desarrolla con amplitud los conceptos y su aplicación práctica en el Real Decreto 1006/2014, publicado con la idea de concretar los aspectos legales de la cobertura por cuenta del Estado de los riesgos de internacionalización de la economía española. Así, el capítulo III define qué situaciones constituyen riesgos comerciales, políticos y extraordinarios, para, a continuación en el capítulo IV, precisar cuáles son las distintas modalidades de cobertura. El Real Decreto detalla, especialmente por su relevancia, las condiciones para la efectividad de la cobertura, la tramitación y la verificación de los siniestros, y el pago de las indemnizaciones que puedan corresponder en cada caso.

Actividad propuesta 7.1

Material. Word.

Contexto. Texto del Apartado 7.1, introducción.

a) El texto citado contiene un mínimo de tres ideas fundamentales acerca de los riesgos en las operaciones de comercio internacional. Destácalas y redacta tus propios comentarios en dos o tres líneas.

b) Descarga la Ley 8/2014, compuesta por tres títulos y diez artículos. Prepara un esquema gráfico sencillo donde queden plasmados los ejes principales de la ley, relativos a los riesgos en las operaciones de comercio internacional.

7.1.1. Riesgos políticos

El primer factor que habrá que tener en cuenta al evaluar el riesgo de exportación es la **estabilidad** política presente en el país de destino y en su entorno geográfico. La estabilidad política vehicula a su vez la estabilidad **jurídica** y **tributaria,** imprescindibles para establecer y ejecutar contratos sólidos y confiables, necesarios para el buen fin de las operaciones internacionales.

Las tensiones políticas, si son extremas y fuera del orden, pueden ser responsables de provocar **retrasos** en las entregas de mercancías, debidos a bloqueos o alteración en las comunicaciones, transporte y almacenaje, así como posibles deterioros, alteraciones en los controles debidos a huelgas, etc. En casos más graves, pueden existir riesgos de robo y pillaje y, obviamente, las situaciones de gran violencia y guerra constituyen una fuerte barrera a la normalización del comercio y son la principal causa de riesgo político.

Por otra parte, las decisiones tomadas por los Gobiernos pueden afectar directamente a la **capacidad de gestión** de los delegados de la empresa residentes en el país de destino, o incluso pueden inhabilitar algunas de sus funciones. Por estas razones, y con independencia de la calidad democrática de las instituciones y del sistema que pueda estar vigente, el exportador debe calificar los riesgos políticos en función de la estabilidad del país a lo largo del tiempo, sin perjuicio de cambios ordenados que pudieran acontecer.

Desde el punto de vista legal y a efectos de la contratación de la cobertura, los **riesgos políticos** se definen como:

- Los que tienen su origen en las actuaciones y decisiones de las instituciones públicas extranjeras que sean causa de omisión o retraso prolongado de transferencia de los fondos objeto de la deuda.
- Los conflictos armados y la violencia política en un país extranjero, origen de la falta de convertibilidad de la moneda y de generar problemas de transferencia de capitales.

- Los acontecimientos políticos o económicos que produzcan alteraciones en la balanza de pagos o en la paridad monetaria que llegue a generar una situación de insolvencia general del país.
- La falta de cumplimiento de compromisos de entidades oficiales y compradores públicos que originen daños económicos al exportador.

Actividad propuesta 7.2

Material. Acceso a internet.

Contexto. Análisis del riesgo político en exportaciones.

a) A partir únicamente de tus conocimientos y cultura generales, confecciona un listado en el que figuren diez países del mundo que, bajo tu punto de vista, presenten riesgos políticos de exportación, sin que importe, en este caso, la posible influencia de prejuicios o falsas noticias.

b) Toma tu listado y comprueba, país por país, la calificación que le otorga CESCE, a efectos de cobertura de riesgos, aquí **http://www.cesce.es/riesgo-pais**.

c) Compara y participa en un debate en el aula, acerca de las coincidencias y las discrepancias entre el listado confeccionado como práctica y el registro oficial de CESCE. Comenta asimismo las calificaciones que recibe cada país en cuanto a la estabilidad política y el riesgo que así se califica.

d) ¿Qué países están marcados en rojo y qué significado tiene esta identificación?

7.1.2. Riesgos comerciales

Los riesgos comerciales son aquellos susceptibles de generar pérdidas derivadas de la falta de cumplimiento de los compromisos asumidos por los deudores privados. La falta de cumplimiento puede manifestarse en la fase previa a la expedición de los bienes o la prestación de servicios, o una vez que ya están enviadas las mercancías o terminada la prestación de servicios.

En la fase previa a la expedición de bienes o prestación de servicios, existe el riesgo de **resolución de contrato.** En este supuesto, el cliente extranjero toma una decisión unilateral en el sentido de cancelar el contrato antes de su ejecución o de la llegada de las mercancías adquiridas. Una decisión de estas características, amparada o no en argumentos, obliga al exportador a liquidar los productos o mercancías en fase de fabricación con fuertes pérdidas, o incluso pérdidas del total invertido en muchos casos, por lo que debe, necesariamente, prevenirse con cláusulas de penalización y cubrirse además con las pólizas de seguros adecuadas.

La otra evidente posibilidad de riesgo comercial que se presenta es el **riesgo de crédito.** En términos de economía de mercado, el riesgo de crédito es la eventualidad de soportar una pérdida a consecuencia de un impago, o más sencillamente, es el riesgo de que un cliente no pague la factura. El riesgo de crédito está relacionado directamente con la solvencia transitoria del deudor debida a circunstancias financieras temporales, o bien está relacionado con una situación de quiebra, suspensión de pagos u otra situación equivalente definida y regulada por las leyes de cada país. Cada una de estas posibilidades puede contemplarse por separado o complementariamente en la contratación de la cobertura.

Actividad propuesta 7.3

Material. Acceso a internet.

Contexto. En los últimos años, varias empresas españolas se han visto implicadas en desavenencias con el Gobierno de Colombia acerca de diversos contratos.

a) Localiza noticias y otras referencias de estos conflictos. Identifica qué empresas españolas han estado implicadas, a qué tipos de contratos se referían y qué importes aproximados estaban en riesgo.
b) Analiza los casos planteados y emite una opinión fundamentada en relación con qué tipo de riesgo se exponían las empresas.
c) Asume el papel de Tribunal de Arbitraje Internacional y juzga el caso o casos planteados.

7.1.3. Riesgos extraordinarios

Los riesgos extraordinarios definidos por la ley son aquellos susceptibles de generar pérdidas a las empresas exportadoras titulares de las coberturas derivadas de:

- Desastres producidos por **fenómenos naturales:** erupciones volcánicas, inundaciones, huracanes, terremotos, etcétera.
- **Catástrofes,** consecuencia de errores técnicos o humanos producidos de forma accidental o combinados con fenómenos naturales (por ejemplo, descarrilamiento de ferrocarriles; accidentes de aviación o de navegación marítima; accidentes nucleares, bioquímicos, etcétera).

Figura 7.1. La cobertura de los riesgos catastróficos está regulada por la ley.

Este tipo de contingencias son cubiertas por pólizas de seguro e incorporadas a los costes de las operaciones internacionales.

Actividad propuesta 7.4

Material. Ninguno.

Contexto. Sucesos catastróficos.

a) Solo a partir de tu propia memoria, cita casos de catástrofes sucedidas en la realidad, relacionadas o no con el cambio climático, que podrían haber sido motivo de pérdidas para empresas exportadoras al destino afectado.

b) Diferencia aquellas que fueron producidas por causas naturales de aquellas en la que se produjo algún error humano.

c) Elabora ejemplos hipotéticos o no de empresas que podrían haber sufrido pérdidas.

7.2. Contrato de seguro de crédito a la exportación

Para cubrir los riesgos en las operaciones de comercio internacional (operaciones de internacionalización) descritos como políticos, comerciales y extraordinarios, existe el **seguro de crédito a la exportación,** constituido por un conjunto de coberturas por cuenta del Estado, ya diseñadas para este tipo de contingencias y que ofrece la Compañía Española de Seguros de Crédito a la Exportación (CESCE). Con este mecanismo, directamente relacionado con la financiación de las operaciones, se consigue una **combinación** de instrumentos bancarios y de seguro a los que la empresa exportadora puede optar para cumplir con sus objetivos.

El seguro de crédito a la exportación define como **operaciones de internacionalización** las siguientes:

a) Exportaciones de bienes o servicios, incluidas las que lleven asociados proyectos de investigación y desarrollo.

b) Operaciones de inversión directa en el exterior.

c) Financiación de las operaciones.

d) Garantías de las operaciones.

La presencia del sector público en el soporte a la internacionalización de las empresas no es igual en toda la Unión Europea. Así, mientras que en España, Francia y Bélgica el sector público canaliza el crédito a la exportación junto con la actividad aseguradora relacionada, en Alemania el Estado únicamente se ocupa de ofrecer garantías y seguros, cediendo a los bancos privados las operaciones de financiación.

El seguro de crédito a la exportación y la financiación van siempre unidos en los contratos internacionales de importancia, no siendo posible acceder a ellos sin su firma.

Figura 7.2. El seguro de crédito a la exportación lo ofrece el Estado, a través de CESCE.

Actividad propuesta 7.5

Material. Ninguno específico.

Contexto. Texto publicitario del Banco Santander referente al seguro de crédito a la exportación:

Diseñado para empresas exportadoras que vendan a plazos generalmente cortos, con un volumen de exportación anual de hasta 1 200 000 euros y que necesiten financiación en condiciones ventajosas, el Crédito Exportador de Empresa cubre el riesgo comercial y político de las exportaciones, simplifica los trámites administrativos y aumenta su competitividad en los mercados exteriores con ventajosas condiciones de financiación. El Crédito Exportador de Empresa es una línea de financiación de Banco Santander en euros o divisas a empresas exportadoras, garantizada por la cobertura de riesgo de impago de la póliza 100 de CESCE. Dicha póliza debe subrogarse a favor del Banco Santander.

a) Identifica tres condiciones propuestas por Banco Santander para que el exportador pueda acceder a la financiación objeto del texto publicitario.

b) ¿Qué riesgos cubre y cuáles no cubre la propuesta del banco? ¿Quién asegura la operación?

c) La oferta presenta la posibilidad de solicitar la financiación en euros o en divisas. ¿Por qué razón sería interesante recibir la financiación en dólares? Ejemplariza la respuesta con un caso hipotético.

7.3. Compañía Española de Seguros de Crédito a la Exportación (CESCE)

CESCE es la agencia de crédito para la exportación (ECA) española que gestiona el seguro de crédito a la exportación por cuenta del Estado en España. Se trata de una empresa participada mayoritariamente por capital público (50,25 %) en la que participan también distintos bancos privados (45,20 %) y compañías de seguros (4,55 %). Se trata, por tanto, de una empresa mixta público/privada, cuya **función** básica es la de actuar como compañía de seguros especializada en el sector del comercio internacional, mediante el aseguramiento de las exportaciones, especialmente en los casos en los que los seguros privados no aceptan la operación o la aceptan a unos costes muy elevados. La **misión** de CESCE es cumplir con la obligación pública, como gestora del Seguro de Crédito a la Exportación, con estricto cumplimiento de la normativa aplicable.

En síntesis, la **oferta de servicios de CESCE** consiste en:

- **Seguros de impago de deudas:** es el servicio convencional de seguros que cubre el riesgo de impago de una venta de exportación. Existe la posibilidad de asegurar la totalidad de las ventas de exportación realizadas dentro de un período dado, por ejemplo, un año, o bien asegurar puntualmente una parte de las exportaciones con coberturas individuales. El aseguramiento de las exportaciones fortalece en gran medida la financiación, puesto que aporta seguridad en la operación a la entidad bancaria prestamista.
- **Servicio de *risk management*:** consiste en la disposición de un aplicativo de acceso a una gran base de datos de alcance mundial, facilitada por CESCE, donde la empresa puede evaluar cada uno de sus clientes extranjeros individualmente y seguir sus actividades, consiguiendo así una estimación acertada de sus riesgos y adquiriendo la capacidad de asegurar el riesgo comercial de impago con gran eficiencia.
- **Seguro de caución:** se utiliza para cubrir las responsabilidades ante la Administración en los supuestos de incumplimiento de obligaciones de carácter legal o contractual.

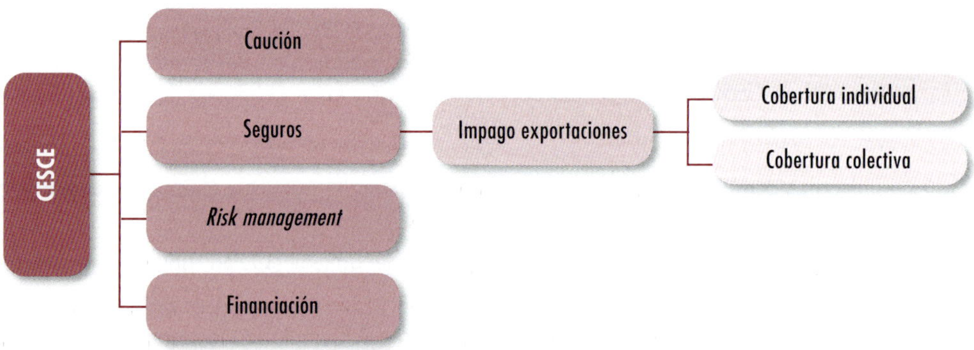

Figura 7.3. Esquema básico de los servicios de CESCE.

- **Financiación:** CESCE dispone de una línea de crédito dirigida a mantener la liquidez de la empresa, a través del producto financiero Fondo de Apoyo a Empresas, línea de crédito que financia las exportaciones hasta un 85 % del importe. El coste de intereses, comisiones u otros gastos está englobado en una única cifra de coste total, conocida y cerrada bajo solicitud de presupuesto previo, variable en función del plazo de cobro y del grado de riesgo que CESCE reconoce al deudor, según sus propios estudios, y se presenta en tres niveles: bajo, medio, muy alto.

Actividad propuesta 7.6

Material. Acceso a internet **http://www.cesce.es/politica-de-cobertura**.

Contexto. Seguros de crédito a la exportación.

a) Accede a la web citada como material de trabajo y realiza un mínimo de veinte consultas acerca de las políticas de cobertura de CESCE, país por país y de todos los continentes.

b) Clasifica los países investigados en «cobertura abierta sin restricciones» a corto y largo plazo, «cobertura abierta a corto plazo sin restricciones, limitada a largo plazo», «cobertura cerrada», y cualquier otra combinación que se presente.

c) Imagina que tu empresa pretende instalar una delegación en un país africano, en el que podría invertir 50 M. de euros. Desde la óptica de cobertura CESCE, ¿qué países le recomendarías y cuáles no?

7.4. Modalidades de pólizas para ventas-exportaciones a corto plazo

Las posibilidades de cubrir los riesgos de exportación a corto plazo ofrecidas por CESCE se identifican por su carácter flexible y adaptable a las características de las empresas exportadoras y de los mercados a los que se dirigen, por lo que su oferta es muy dinámica y adaptada a los cambios. Las más significativas son las siguientes:

- **Modalidad *Pay per Cover*:** esta opción ofrece la posibilidad de cubrir el riesgo únicamente de aquellas exportaciones que la empresa considera críticas, con un coste variable en función de los riesgos tomados en cada momento. La gestión puede ser monitorizada por la empresa, tomando las decisiones que estime más adecuadas. De las exportaciones aseguradas puede obtenerse financiación, mediante un anticipo.

- **Modalidad de Cobertura Individual:** si una empresa realiza únicamente exportaciones puntuales y discontinuas a países de bajo riesgo, y si por las características de la exportación no pueden ser aseguradas en otra modalidad, existe el tipo de póliza Cobertura Individual, que ofrece cobertura a los riesgos de resolución de contrato y de falta de pago en plazos de hasta 36 meses (riesgos comerciales) y de 24 meses (riesgos comerciales y políticos en conjunto).

Esta modalidad de seguro de exportaciones exige que el deudor pertenezca a un país de la Unión Europea (excepto Grecia) o bien a Australia, Canadá, Islandia, Japón, Nueva Zelanda, Noruega, Suiza o Estados Unidos.

- **Modalidad Crédito Suministrador:** la póliza Individual de Crédito Suministrador ofrecida por CESCE sintetiza las necesidades de cobertura de riesgos de exportación en operaciones a corto plazo, ya que contiene todos aquellos con los que la empresa exportadora puede encontrarse. Así, los riesgos que son susceptibles de cubrir son los de resolución de contrato y el de crédito, ambos bajo el carácter comercial, político y extraordinario.

  - La consideración de **resolución de contrato** se observa bajo dos aspectos:

    » **De carácter comercial.** Efectiva cuando se produce una resolución unilateral e injustificada del contrato por parte del importador, o bien por su negativa en tomar en recepción los bienes o servicios realizados, excepto que se trate de una discusión de tipo comercial, en cuyo caso quedaría sujeta a sentencia o laudo. En este supuesto, la póliza de seguro responderá de la pérdida, siempre y cuando el importador sea una entidad **privada**, no haya existido incumplimiento por parte del exportador y hayan transcurrido **seis meses** a partir de la notificación del caso.

    » **De carácter político y extraordinario.** Efectiva cuando se produce la resolución unilateral en condiciones análogas a la resolución de carácter comercial, pero en este caso por parte de una entidad **pública,** o bien ante la imposibilidad de ejecutar el contrato debido a conflictos violento, a actuaciones adoptadas por instituciones públicas con la consecuencia de impedir el objeto de la exportación, o debido a circunstancias de carácter catastrófico acaecidas en el extranjero y hayan transcurrido **seis meses** desde la notificación.

  - La consideración de **riesgo de crédito,** a efectos de la cobertura, se observa igualmente bajo los puntos de vista comercial, político y extraordinario:

    » **De carácter comercial,** efectiva cuando se produce una falta de pago total o parcial del crédito, por un período superior a **tres meses** posteriores a la fecha de vencimiento por parte de una entidad privada, habiendo cumplido el exportador con sus obligaciones y no exista discusión de tipo comercial.

    » **De carácter político y extraordinario,** efectiva cuando se produce una falta de pago total o parcial del crédito, por un período superior a **tres meses** posteriores a la fecha de vencimiento por parte de una entidad privada, cuando la causa del impago se derive de acontecimientos políticos, económicos, de medidas legislativas o administrativas generadas en el país del deudor, o bien por circunstancias de carácter catastrófico que justifiquen la falta de pago.

La póliza Individual de Crédito Suministrador va dirigida a empresas que venden regularmente a países de todo el mundo y que, por tanto, requieren suscribir pólizas de seguros a la exportación generalistas y globales que les ofrezcan una sólida cobertura a un coste razonable.

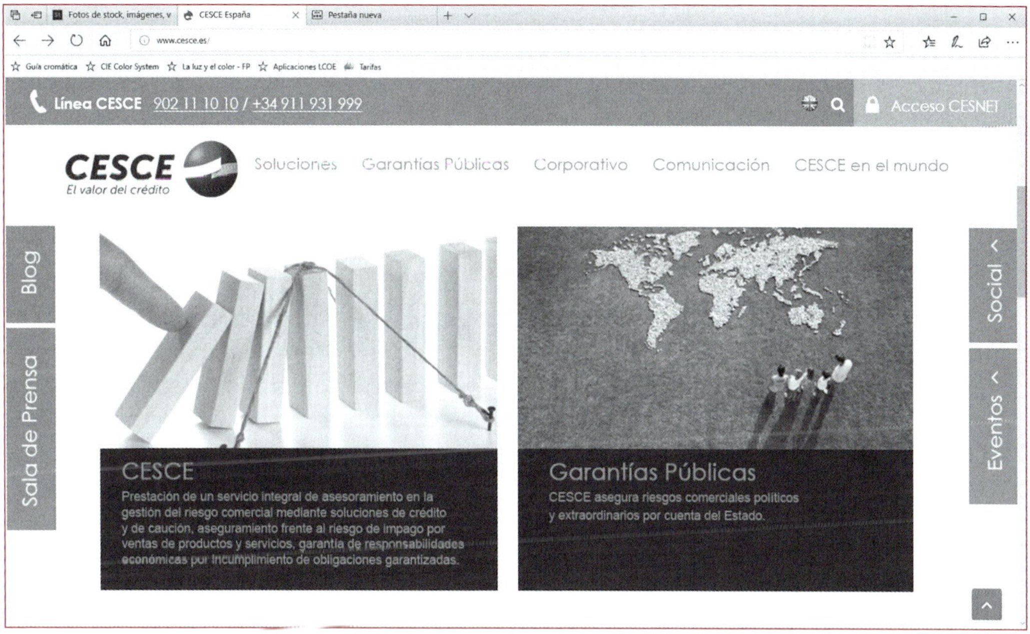

Figura 7.4. CESCE ofrece soluciones integrales para la gestión del riesgo en las operaciones de comercio internacional.

Actividad propuesta 7.7

Material. Ninguno específico.

Contexto. Seguro de crédito a la exportación.

La empresa donde trabajas tiene expectativas de realizar por primera vez una exportación, ya que un contacto en Uruguay está interesado en los productos que fabricáis. El pedido reviste una cierta relevancia y la empresa no está dispuesta a correr riesgos.

a) ¿Qué modalidad de póliza sería la más adecuada? ¿Por qué razón?

b) Otra empresa comparable a la anterior, ubicada en Islandia, está también interesada. ¿Hay alguna diferencia?

c) La empresa uruguaya queda satisfecha con el primer pedido y desea incorporar el producto de la empresa a su proceso, por lo que está interesada en realizar un pedido mensual, al menos durante dos años. ¿Qué tipo de seguro a la exportación sería interesante aplicar y por qué?

7.5. Tipos de pólizas para ventas internacionales a medio y largo plazo

Las grandes operaciones de exportación españolas a medio y largo plazo se basan singularmente en la ejecución de construcciones o instalaciones en los sectores de las comunicaciones, energía, medioambiente y análogos, junto con el contrato de mantenimiento posterior; en este tipo de contratos «llaves en mano», la empresa exportadora queda obligada a entregar al cliente extranjero una instalación equipada y operativa en el acto.

Para este tipo de situaciones y la tipología de sus riesgos, así como para el perfil del asegurado, existen diversas **opciones de seguros:**

- **Cobertura crédito al comprador:** para facilitar la exportación en países en vías de desarrollo o de recursos limitados, una opción es la de que una entidad financiera concede al comprador extranjero el crédito necesario para la operación, y, para cubrir los riesgos que asume, descritos como comerciales, políticos o extraordinarios, contrata en CESCE la cobertura del crédito al comprador (Unidad 5), siguiendo los condicionantes normativos recogidos en el Consenso OCDE. En esta opción, el asegurado es la entidad bancaria que concede el crédito para la compra de bienes de equipo, instalaciones, etcétera.
- **Cobertura del riesgo de ejecución de fianzas:** modalidad prevista para los casos en los que el exportador aporta alguna fianza ante el contratista extranjero o autoridades del país donde se ejecutará el proyecto. Existen dos opciones, en función del asegurado:
  - **Póliza a exportadores:** cubierta hasta el 99 % por el Estado, cubre únicamente la ejecución indebida de la fianza, dado el caso de perjuicio causado por el abuso de un comprador extranjero.
  - **Póliza a fiadores:** el asegurado, en este caso, es el banco o la compañía de seguros que ha prestado la fianza, frente a la ejecución de esta.
- **Cobertura de obras en el extranjero:** este tipo de pólizas están previstas para las constructoras españolas que han obtenido contratos en el extranjero de obra civil. Se vehiculan tres coberturas distintas:
  - **Cobertura del seguro de obras:** cubre los riesgos comerciales, políticos y extraordinarios en dos fases, la primera en la que se realiza la construcción o fabricación, hasta el momento en que se genera el derecho al cobro al finalizar la obra, y la segunda, desde que es aceptado el certificado de obra realizada y el momento en que se produce el pago efectivo.
  - **Cobertura del parque de maquinaria:** CESCE cubre la siniestralidad debida a incautación o destrucción por motivos políticos, no por robo o incendio. Dentro del concepto de maquinaria se incluyen todos aquellos equipos necesarios para ejecutar la obra, desde camiones y grúas hasta equipos informáticos.

- **Cobertura del fondo de maniobra:** cubre las cantidades de dinero efectivo enviadas al país de destino con el objeto de liquidar gastos que no son posibles de repatriar por motivos políticos.

- **Cobertura de créditos de prefinanciación:** en esta modalidad, análoga a la póliza de fiadores, también es el banco el asegurado, al conceder el crédito a la fase de prefinanciación, en los casos en los cuales no existe un pago anticipado y es necesario financiar el proceso de fabricación (mano de obra, materias primas, energía, etcétera).
- **Cobertura de estudios de viabilidad:** la inversión realizada en el proceso de estudio de viabilidad de un proyecto puede ser asegurada por el exportador, justificando debidamente los costes incurridos, confirmados por un auditor externo.
- **Cobertura del riesgo de resolución de contrato:** es un riesgo siempre presente, de forma indistinta por motivos comerciales o políticos, que las empresas exportadoras titulares de contratos en el exterior deben cubrir. La póliza distingue distintos porcentajes de cobertura, 99 % para riesgos políticos y 94 % para los comerciales.
- **Cobertura de riesgos de operaciones especiales:** prevista especialmente para operaciones de compensación, en la cual el exportador y el importador se comprometen a intercambiar mercancías por otras mercancías, sin intervención de divisas (operaciones *Barter*). Es una operación que realizan países con déficit en la balanza de pagos, pero con disponibilidad de materias primas que puedan ser intercambiadas por bienes de equipo.
- **Cobertura de inversiones españolas en el exterior:** posibilita cubrir el riesgo de inversión de capital por aportaciones dinerarias o no dinerarias (bienes de equipo) en un país extranjero. Su objetivo fundamental es el de permitir el establecimiento de empresas españolas o sus filiales sin la necesidad de asumir ninguna clase de riesgos políticos. Incluye la adquisición total o parcial de compañías ya existentes, y los créditos a largo plazo relacionados con la inversión efectuada.

Recuerda

El seguro de crédito a la exportación protege a las empresas exportadoras contra el riesgo de que los compradores extranjeros no paguen sus facturas debido a insolvencia, incumplimiento de contrato u otros problemas financieros.

Actividad propuesta 7.8

Material. Texto del Apartado 7.5.

Contexto. Tipos de pólizas a medio y largo plazo.

a) Selecciona un mínimo de dos modalidades de cobertura de riesgos de exportación a medio y largo plazo y construye ejemplos basados en datos realistas.

b) Plantea posibles ejemplos de mercancías y países que podrían ser objeto de operaciones *Barter*.

7.6. Proceso de contratación del seguro de crédito

El proceso de contratación de un seguro de crédito a la exportación es análogo al proceso seguido por cualquier otro seguro que sea requerido por la empresa en sus actividades en el interior. En síntesis, sigue estas **etapas:**

- El exportador analiza los riesgos de la operación que desea efectuar y los presenta detalladamente a la compañía aseguradora.
- La compañía aseguradora, a la vista de la petición recibida, informa a la empresa de los tipos de seguros disponibles que cree más adecuados en cada caso.
- De acuerdo con la información recibida, la empresa indica las características del seguro y los riesgos que desea cubrir a la compañía, mediante una comunicación simple, sin compromiso.
- El asegurador, una vez analizado el riesgo que se plantea, calcula la prima y responde con una proposición de seguro, vinculante por un período de quince días, en la que se especifica el alcance, las características y los costes de la operación.
- Si el exportador acepta las condiciones propuestas, se procede a la suscripción y firma de la póliza de seguro para la operación, documento que constituirá la acreditación y validez del contrato.

Actividad propuesta 7.9

Material. Herramientas Office.

Contexto. Seguro de crédito a la exportación.

a) La herramienta SmartArt denominada «proceso curvo repetitivo» es muy adecuada para representar procesos secuenciales. Úsala para representar el proceso de contratación del seguro de crédito.

b) Introduce en el trabajo realizado alguna acción más, no recogida en el Apartado 7.6, que creas sustancial.

7.7. Procedimiento de declaración de siniestros e indemnización por daños

Para proceder a la declaración de siniestros y acceder a la indemnización, el exportador asegurado debe informar a CESCE en un plazo máximo de 20 días siguientes a la fecha en que ha sucedido el incidente. CESCE, recibida la notificación, abre un expediente con los datos disponibles y requiere al asegurado que presente la documentación que justifica el siniestro en un plazo de 30 días. A partir de este momento, es CESCE, como asegurador, quien ostenta la dirección del procedimiento de cobro que seguir, período en el que la empresa asegurada no puede mantener contactos con el deudor sin el consentimiento explícito de CESCE, perdiendo, en caso contrario, el derecho a la indemnización.

Una vez entregada la documentación, básicamente el contrato comercial (si es necesario, con traducción jurada adjunta), el asegurador comprueba que se ha producido cualquiera de las situaciones previstas en la póliza contratada y se han cumplido todas las condiciones en términos de plazos.

En caso de conformidad, CESCE realiza el pago de la indemnización dentro de los 30 días siguientes al momento de acreditación del siniestro, en la moneda en que se ha contratado la póliza y en la cuantía prevista en el contrato, según el porcentaje de cobertura previsto en cada póliza.

Después del pago de la indemnización, CESCE se subroga automáticamente los derechos de cobro y se convierte en el acreedor de la deuda pendiente, a todos los efectos.

Actividad propuesta 7.10

Material. Acceso a internet, web **http://www.cesce.es**.

Contexto. Gestión del riesgo comercial de la exportación.

La empresa Acorde Technologies, S. A., pyme innovadora en el sector de la aeronáutica, dispone de una amplia cartera de pedidos procedentes de empresas ubicadas en pequeños países en desarrollo, de cuya solvencia desea asegurar las ventas que se produzcan, pero no en todos los casos.

https://www.youtube.com/watch?v=toeHWASvcnI

Visualiza el vídeo ofrecido como material y responde a las siguientes cuestiones:

a) ¿Qué línea de seguros debe escoger Acorde Technologies, S. A. si desea asegurar el cobro de una exportación concreta a Bangladés?

b) ¿Qué línea de seguro debe escoger si desea asegurar la totalidad de la facturación de exportación?

c) ¿Qué recurso tecnológico ofrece CESCE a las empresas para monitorizar los seguros contratados?

Actividad propuesta 7.11

Material. Acceso a internet, **http://www.cesce.es/calculadora**

Contexto. Gestión del riesgo comercial de la exportación.

La empresa Acorde Technologies, S. A. ha recibido un pedido en firme para el suministro de equipos de comunicación por satélite de Entel, empresa estatal de comunicaciones en Bolivia, y desea asegurar la operación en CESCE, con los datos siguientes: el material de origen español tiene un valor de 250 000 €; los componentes de países terceros, 100 000 €; se estima se producirán gastos locales por valor de 25 000 € y que la operación devengará una comisión comercial de 5000 €. ¿Cuál es el importe máximo que podrá asegurar en esta operación?

Actividad propuesta 7.12

Material. Acceso a internet; **http://www.cesce.es/riesgo-pais;**

https://www.cesce.es/es/cuenta-del-estado/calculadora-de-importes-maximos-de-credito-a-asegurar

Contexto. Línea de financiación de exportaciones CESCE en función del riesgo país.

Acorde Technologies, S. A. ha facturado ya los equipos de comunicación por satélite a Entel (Bolivia), por un importe de 350 000 €. De acuerdo con el contrato, espera recibir un cheque como pago de la factura dentro de 180 días.

Para financiar su fondo de maniobra solicita el presupuesto de su coste a CESCE, en base al programa Fondo de Apoyo a Empresas.

a) ¿Cuál es el importe que podrá financiarse?

b) ¿Cuál es el coste total de la operación esperado?

c) Si la exportación se hubiera producido a Siria, ¿cuál sería el coste?

d) ¿Y si la exportación se hubiera producido a Corea del Sur?

Sabías que

La cobertura de riesgos comerciales en el caso de guerra está muy limitada al ámbito del transporte internacional. Las compañías aseguradoras en todos los países excluyen por defecto los daños causados por un conflicto bélico, puesto que son desmesurados como para poder asegurarlos.

Aunque en el sector asegurador marítimo global (que incluye barcos, mercancías y aviones), la contratación de coberturas para conflictos bélicos es corriente, en otros ramos del sector se dejó de trabajar con coberturas de guerra hace tiempo. Por ejemplo, el seguro de mercancías enviadas a Gaza, a raíz del conflicto entre Hamás e Israel, cubre los riesgos de guerra únicamente mientras las mercancías se encuentran a flote en el buque que las transporta; una vez descargadas, se considera un riesgo político.

En la actualidad, las coberturas de guerra siguen presentes en el transporte internacional, pero en otros ámbitos, las aseguradoras han optado por excluir estos riesgos debido a su magnitud y complejidad.

Sabías que

Las primas de seguros emitidas en 2015 en el sector marítimo global registraron un volumen total de 17 224 millones de euros.

Conceptos importantes

Caución: en términos de derecho internacional, garantía aportada para cerciorar que una determinada obligación será cumplida.

Cobertura: operaciones orientadas a reducir o anular los riesgos en el proceso de internacionalización de las empresas.

Operaciones de internacionalización: exportaciones, inversiones en el exterior, financiación y garantías, todo ello referente al comercio internacional.

Resolución de contrato: voluntad de una o de las dos partes en dejar sin efecto el contenido de un contrato internacional.

Riesgo de crédito: posibilidad de pérdidas como consecuencia del impago de una deuda.

Riesgos de internacionalización: aquellos susceptibles de generar perjuicios en operaciones de inversión directa en el exterior o de exportación de bienes y servicios.

***Risk management*:** análisis, evaluación, tratamiento y seguimiento de los riesgos de internacionalización.

Seguro de crédito a la exportación: coberturas por cuenta del Estado de los riesgos de internacionalización, tramitadas por CESCE.

Siniestro: suceso que está cubierto por una póliza de seguros.

Tema de debate

Congelación de los activos financieros rusos

En 2024, el Consejo Europeo afirmó que hasta 260 000 millones de euros de las reservas de los bancos centrales rusos habían sido congelados en todo el mundo. La presidenta de la Comisión Europea, Ursula von der Leyen, expresó su apoyo a un plan de este tipo, el cual contaría con el soporte de Estados Unidos y Canadá. Por otra parte, países como Francia, Alemania y Hungría expresaron sus reticencias sobre esta decisión, aduciendo que las medidas podrían significar graves repercusiones legales y generar inestabilidad en los sistemas financieros. El ministro suizo Ignazio Cassis afirmó que no existía base jurídica alguna para embargar de forma permanente los activos rusos.

En tu opinión, ¿qué podría hacer la Unión Europea respecto a la idea de congelar los activos rusos de forma compatible con la legalidad internacional? ¿Hay otras opciones o alternativas?

Actividades finales

De comprobación

7.1. ¿Qué ha sucedido con los tipos de riesgos de exportación en los últimos años?

a) Se han incrementado.
b) Han disminuido.
c) Se han mantenido inalterables.
d) Han desaparecido.

7.2. ¿Dónde se centra el riesgo del comercio internacional?

a) En las importaciones y en las exportaciones.
b) En las exportaciones y en los movimientos de capital.
c) En las exportaciones fuera de la Unión Europea.
d) En las importaciones procedentes de fuera de la UE.

7.3. Las operaciones internacionales que incluyen proyectos de investigación:

a) No están incluidas en la definición oficial de riesgo de exportación.
b) Están incluidas en la definición oficial de riesgo de exportación.
c) Están excluidas de la definición oficial de riesgo de exportación.
d) Están pendientes de ser incluidas en la definición oficial.

7.4. ¿Qué factor es el más importante al evaluar el riesgo de un país?

a) La prima de riesgo.
b) La inflación de precios.
c) La democracia en el sistema político.
d) La estabilidad jurídica y tributaria.

7.5. ¿Cómo se califica la falta de cumplimiento de una entidad pública?

a) Riesgo económico.
b) Riesgo fiscal.
c) Riesgo financiero.
d) Riesgo político.

7.6. La resolución de contrato en la evaluación de riesgos consiste en:

a) La decisión unilateral de cancelar un contrato.
b) La decisión conjunta de cancelar un contrato.
c) La decisión propia de cancelar un contrato.
d) La decisión del Estado de cancelar un contrato.

7.7. A su vez, el riesgo de crédito consiste en:

a) Que el banco no conceda el crédito.
b) Que el Estado no avale el crédito.
c) Que el asegurador no cubra el crédito.
d) Que el importador no pague.

7.8. Los riesgos extraordinarios son los producidos por:

a) Deudores ocasionales.
b) Gobiernos corruptos.
c) Desastres naturales.
d) Guerras y revoluciones.

7.9. ¿Quién cubre el seguro de crédito a la exportación?

a) El acuerdo OCDE.
b) El Estado.
c) El banco.
d) El Consorcio de Seguros.

7.10. ¿En qué consiste el seguro de crédito a la exportación?

a) En un seguro simple de crédito.
b) En un crédito a la exportación.
c) En un crédito asegurado.
d) En una combinación de seguro y financiación.

7.11. Las operaciones de internacionalización no pueden ser:

a) Garantías.
b) Viajes comerciales.
c) Proyectos de investigación.
d) Créditos.

7.12. ¿Quién ostenta la mayoría accionarial de CESCE?

a) La banca privada.
b) El Consorcio de Seguros.
c) Varias empresas del IBEX 35.
d) El Estado.

7.13. La oferta de servicios de CESCE incluye:

a) Seguros de crédito a la exportación.
b) Financiación.
c) Tecnología de soporte al exportador.
d) Todas las respuestas anteriores son correctas.

7.14. ¿Es posible asegurar únicamente operaciones críticas?

a) No, en ningún caso.
b) No, salvo excepciones.
c) Sí, condicionado al crédito.
d) Sí, en una póliza específica.

7.15. ¿Qué país no puede entrar en la póliza de Cobertura Individual?

a) Grecia.
b) Nueva Zelanda.
c) Islandia.
d) Italia.

7.16. ¿Cuánto tiempo se tarda en cobrar si se produce un siniestro por resolución de contrato?

a) Un mes.
b) Tres meses.
c) Seis meses.
d) Un año.

7.17. ¿Cuánto tiempo se tarda en cobrar si se produce un siniestro por impago de la deuda?

a) Un mes.
b) Tres meses.
c) Seis meses.
d) Un año.

7.18. En caso de siniestro en una operación a largo plazo, ¿quién asume las pérdidas?

a) El asegurado, por la parte que excede el límite.
b) El Consorcio de Compensación de Seguros.
c) Los bancos que han concedido la financiación.
d) El Estado.

7.19. ¿Existe riesgo de que un Estado no devuelva la fianza?

a) Sí, y debe incluirse en la póliza de seguros.
b) Sí, pero el seguro ya está implícito en la operación.
c) Sí, pero no es posible la cobertura del riesgo.
d) No, el Estado no es insolvente nunca.

7.20. La póliza de inversiones en el exterior cubre:

a) Las obras en infraestructuras en el extranjero.
b) El dinero físico depositado en el extranjero.
c) Las instalaciones en el extranjero.
d) La inversión de capital en el extranjero.

De aplicación

7.1. La institución financiera UOB, radicada en Singapur, propone como riesgos de las operaciones de comercio internacional los siguientes:

- Buyer's Insolvency/Credit Risk
- Knowledge Inadequacy
- Documentation Risk
- Cultural Risk
- Foreign Exchange Risk
- Political/Sovereign Risk
- Buyer's Acceptance Risk
- Seller's Performance Risk
- Economic Risk
- Legal Risk
- Interest Rate Risk
- Transit Risk

a) Clasifícalos de acuerdo con la normativa española, compuesta por tres categorías.

b) Participa en un debate en el aula con el propósito de encajar en las categorías españolas aquellos riesgos reconocidos por UOB de Singapur que no tengan un referente equivalente muy evidente.

7.2. En 2018, el entonces presidente del Banco Interamericano de Desarrollo (BID), Luis Alberto Moreno hizo unas manifestaciones públicas señalando los riesgos a los que se enfrentan las empresas españolas exportadoras a Latinoamérica. Analiza las declaraciones de Luis Alberto Moreno y señala:

a) ¿Qué países son los más afectados?

b) ¿Cuál es la causa denunciada como riesgo para el exportador?

c) ¿Qué consecuencias se producen?

7.3. Durante la celebración del Foro de Internacionalización CESCE-elEconomista, uno de los ponentes afirmó: *El seguro de crédito da más facilidad para gestionar flujos, para financiar e incluso para negociar mejor los precios de la financiación. Siempre recomendamos buscar un instrumento de este tipo, ya sea un seguro de crédito o una carta de crédito para cubrir y asegurar ciertos cobros o la cancelación unilateral de un contrato, a parte de los impagos.*

a) Identifica en el texto los riesgos a la exportación que se citan y las oportunidades que ofrece el seguro de crédito a la exportación.

b) Explica en voz alta las ideas contenidas en la aportación del ponente.

7.4. El seguro que proporciona el Estado, a través de CESCE, presenta algunos límites, variables según los casos. Para conocer esta información, CESCE facilita una calculadora en línea: **http://www.cesce.es/calculadora**.

a) Laboratorios Alfa exporta a México materias primas para la elaboración de medicamentos por valor de 150 000 euros. Su filial en México recibe y procesa las materias para la fabricación de antibióticos, añadiendo un coste al proceso valorado en 200 000 euros. Se presentan unos gastos de gestión locales por valor de 25 000 euros y el delegado comercial cobrará una comisión de 3000 euros por sus gestiones. ¿Cuál es el importe máximo en que Laboratorios Alfa podrá asegurar la operación?

b) ¿Qué importe podrá percibir como anticipo de la operación?

7.5. Accede a la página web de CESCE y:

a) Esquematiza la oferta de servicios en un gráfico del tipo «jerarquía multinivel», dentro de las posibilidades ofrecidas por la herramienta SmartArt.

b) Compara el trabajo con el esquema publicado y añade aquellos servicios que ofrece CESCE que creas conveniente, marcándolos de distinto color.

c) Ensaya distintas opciones de formato de gráfico.

7.6. El 30 de noviembre de 2023, se realizó un *ranking* de los 10 principales riesgos a los que se enfrentan las empresas, según una encuesta global de gestión de riesgos de Aon. ¿Cuáles fueron los riesgos más destacados en dicho informe?

7.7. El 20 de febrero de 2024, se publicó en el diario digital *Cinco Días* un artículo que analiza los mayores riesgos financieros para las pymes en este año. Según este artículo, ¿cuáles son los principales desafíos que afectan a la rentabilidad y la competitividad de las empresas, especialmente a las que están financiadas o que operan en mercados internacionales?

Para reflexionar

7.1. En la Unidad didáctica se explica que es el Estado quien, a través de CESCE, ofrece diversas modalidades de garantías a la empresa exportadora. ¿Te parece correcto que sea el Estado, es decir, todos los contribuyentes, quien asuma los costes en caso de siniestro en una exportación? Medita la respuesta y razona acerca de las repercusiones para la ciudadanía de este tipo de disposiciones legales.

7.2. La estabilidad política del país de destino es el primer factor que tiene en cuenta la empresa en vías de internacionalización, antes de analizar los riesgos de exportación. ¿Te parece correcto? Explica tu punto de vista personal acerca de esta afirmación o posibles alternativas.

7.3. Innegablemente, las ventas interiores están, al igual que las exportaciones, sujetas a ciertos riesgos. Compara los riesgos de venta interior con los riesgos de exportación y explica las posibles diferencias.

7.4. En el Apartado 7.4 se citan algunas modalidades de pólizas para ventas-exportaciones a corto plazo sin citar tarifas, puesto que estas se calculan por CESCE al plantear la exportación real. Según tu opinión, ¿qué modalidades tendrían un coste menor y cuáles un coste mayor? Explica el porqué de tu razonamiento en cada caso.

7.5. En el Apartado 7.5 se citan distintas pólizas para ventas internacionales a medio y largo plazo. Después de leer los contenidos básicos de cada cobertura, opina: ¿qué coberturas son las más solicitadas por los exportadores y por qué razón?

7.6. Acerca del procedimiento de declaración de siniestros, ¿es posible, en tu opinión, un proceso más eficiente? Plantea las alternativas que creas oportunas.